MACROECONOMIA DO DESENVOLVIMENTO

UMA PERSPECTIVA KEYNESIANA

Respeite o direito autoral

O GEN | Grupo Editorial Nacional, a maior plataforma editorial no segmento CTP (científico, técnico e profissional), publica nas áreas de saúde, ciências exatas, jurídicas, sociais aplicadas, humanas e de concursos, além de prover serviços direcionados a educação, capacitação médica continuada e preparação para concursos. Conheça nosso catálogo, composto por mais de cinco mil obras e três mil e-books, em www.grupogen.com.br.

As editoras que integram o GEN, respeitadas no mercado editorial, construíram catálogos inigualáveis, com obras decisivas na formação acadêmica e no aperfeiçoamento de várias gerações de profissionais e de estudantes de Administração, Direito, Engenharia, Enfermagem, Fisioterapia, Medicina, Odontologia, Educação Física e muitas outras ciências, tendo se tornado sinônimo de seriedade e respeito.

Nossa missão é prover o melhor conteúdo científico e distribuí-lo de maneira flexível e conveniente, a preços justos, gerando benefícios e servindo a autores, docentes, livreiros, funcionários, colaboradores e acionistas.

Nosso comportamento ético incondicional e nossa responsabilidade social e ambiental são reforçados pela natureza educacional de nossa atividade, sem comprometer o crescimento contínuo e a rentabilidade do grupo.

MACROECONOMIA DO DESENVOLVIMENTO

UMA PERSPECTIVA KEYNESIANA

JOSÉ LUIS DA COSTA OREIRO
Professor do Instituto de Economia da Universidade Federal do Rio de Janeiro
Pesquisador Nível IB do CNPq

O autor e a editora empenharam-se para citar adequadamente e dar o devido crédito a todos os detentores dos direitos autorais de qualquer material utilizado neste livro, dispondo-se a possíveis acertos caso, inadvertidamente, a identificação de algum deles tenha sido omitida.

Não é responsabilidade da editora nem do autor a ocorrência de eventuais perdas ou danos a pessoas ou bens que tenham origem no uso desta publicação.

Apesar dos melhores esforços do autor, do editor e dos revisores, é inevitável que surjam erros no texto. Assim, são bem-vindas as comunicações de usuários sobre correções ou sugestões referentes ao conteúdo ou ao nível pedagógico que auxiliem o aprimoramento de edições futuras. Os comentários dos leitores podem ser encaminhados à **LTC — Livros Técnicos e Científicos Editora** pelo e-mail ltc@grupogen.com.br.

Direitos exclusivos para a língua portuguesa
Copyright © 2016 by
LTC — Livros Técnicos e Científicos Editora Ltda.
Uma editora integrante do GEN | Grupo Editorial Nacional

Reservados todos os direitos. É proibida a duplicação ou reprodução deste volume, no todo ou em parte, sob quaisquer formas ou por quaisquer meios (eletrônico, mecânico, gravação, fotocópia, distribuição na internet ou outros), sem permissão expressa da editora.

Travessa do Ouvidor, 11
Rio de Janeiro, RJ — CEP 20040-040
Tels.: 21-3543-0770 / 11-5080-0770
Fax: 21-3543-0896
ltc@grupogen.com.br
www.ltceditora.com.br

Capa: Hermes Gandolfo Menezes
Editoração Eletrônica: Imagem Virtual Editoração Ltda.

CIP-BRASIL. CATALOGAÇÃO NA PUBLICAÇÃO
SINDICATO NACIONAL DOS EDITORES DE LIVROS, RJ

O77m

Oreiro, José Luis da Costa
Macroeconomia do desenvolvimento : uma perspectiva keynesiana / José Luis da Costa Oreiro. - 1. ed. - Rio de Janeiro : LTC, 2016.
il. ; 23 cm.

Inclui bibliografia e índice
ISBN 978-85-216-3151-4

1. Instituições financeiras - Brasil. 2. Bancos - Brasil. 3. Desenvolvimento econômico. 4. Política monetária. 5. Economia keynesiana. I. Título.

16-32568	CDD: 332.10981
	CDU: 336.7(81)

AGRADECIMENTOS

*Constância, que nada desoriente. – Faz-te falta. Pede-a
ao Senhor e faz o que puderes para obtê-la; porque é um
grande meio para que não te separes do fecundo caminho
que empreendeste.*

(São Josemaría Escrivá de Balaguer, *Caminho*, ponto 990)

Este livro é o resultado de um longo processo de aprendizado e amadurecimento que teve seu início em março de 1989 quando ingressei no curso de ciências econômicas da FEA/UFRJ. Foi o momento que descobri minha grande paixão, a economia. Foi na FEA/UFRJ que tive o primeiro contato com as ideias de Keynes e me aventurei, aos 18 anos, a ler a *Teoria Geral do Emprego, do Juro e da Moeda*. Confesso que não entendi muito na primeira vez que li. Mas em vez de desanimar, procurei autores que me ajudassem a entender o significado dos termos novos e da teoria complexa a qual fui apresentado. Nesse caminho me deparei com três economistas brasileiros que tiveram um papel decisivo na minha formação intelectual: Edward Amadeo, Fernando Cardim de Carvalho e Mário Luiz Possas. As interpretações, por um lado díspares, por outro complementares, destes autores a respeito da obra de Keynes me ajudaram a ter uma compreensão cada vez maior da essência da teoria keynesiana; impedindo assim que eu caísse no "keynesianismo vulgar" tão em voga mesmo na heterodoxia. Posso afirmar que boa parte do material que apresento neste livro é resultado direto, em maior ou menor grau, da influência que esses três autores tiveram na minha formação. A eles fica, portanto, o meu mais profundo agradecimento pelo que sou hoje.

Nos últimos anos tive o prazer de ter um contato pessoal e profissional cada vez mais próximo com o professor e ex-ministro Luiz Carlos Bresser-Pereira. Desde então tenho me interessado cada vez mais pela questão do desenvolvimento econômico e, em particular,

AGRADECIMENTOS

pelas restrições de caráter macroeconômico ao crescimento sustentado da economia brasileira. A influência de Bresser foi decisiva para me convencer a respeito da importância central da taxa real de câmbio no desenvolvimento econômico, o que me levou a abandonar a ideia equivocada (muito difundida na heterodoxia brasileira) do crescimento puxado pelo crescimento dos salários num ritmo acima da produtividade do trabalho. Este livro é, portanto, em parte, resultado da influência de Bresser na minha formação intelectual.

Não poderia deixar de agradecer também ao meu colega e amigo, o professor Lionello Punzo da Universidade de Siena que teve a paciência de ler os originais desta obra e me estimular a publicá-los.

Minha percepção a respeito da relação entre a macroeconomia e o crescimento de longo prazo também foi decisivamente influenciada pelos trabalhos que desenvolvi com meus amigos Fernando Ferrari Filho, Luiz Fernando de Paula, Nelson Marconi e Rogerio Sobreira. Em particular, quero destacar a influência que os dois primeiros tiveram para me chamar a atenção a respeito da importância do regime de conversibilidade da conta de capitais para a estabilidade macroeconômica e, consequentemente, para o crescimento de longo prazo.

Entre os economistas da minha geração, três nomes particularmente relevantes no meu longo processo de amadurecimento intelectual são Frederico Gonzaga Jayme Junior, Gilberto Tadeu Lima e José Gabriel Porcile Meirelles. Tenho o prazer e o privilégio de tê-los como meus colegas e amigos pessoais. As conversas, debates, seminários e outros eventos que participamos juntos certamente tiveram um papel importante no processo de elaboração das ideias que apresento neste livro.

Não poderia deixar de dedicar algumas linhas para agradecer os anos de agradável convívio acadêmico que passei no Departamento de Economia da Universidade de Brasília, local onde este livro começou a ser gestado. Em particular quero agradecer aos meus colegas Adriana Amado, Joanílio Teixeira, Joaquim Andrade, Maria de Lourdes Mollo, Mauro Boianovsky, Ricardo Araujo e Roberto Ellery pelo afável convívio por mais de cinco anos na UnB.

Ao longo de mais de duas décadas de carreira no Magistério Superior tive a oportunidade de conhecer alguns alunos brilhantes com os quais pude desenvolver vários trabalhos acadêmicos, os quais foram fundamentais para o processo de elaboração deste livro. Em particular quero destacar André Neves, Breno Lemos, Breno Lobo, Eliane Araújo, Fabio Ono, Fabrício Missio, Flavio Basílio, Guilherme Jonas, Gustavo Souza, Inácio Guerberoff, Luciano Carvalho, Luciano Gabriel, Marcelo Passos, Marcos Rocha, Marcos Tostes, Marwill Dávila e Rafael Quevedo.

Quero também agradecer a Ricardo Redisch e a toda a equipe da LTC Editora pelo incentivo e empenho para a finalização desta obra.

Por fim, mas não menos importante, este livro só foi possível pelo apoio incondicional de minha esposa, Kalinka Martins da Silva. Sem seu amor, o esforço e a constância necessários para finalizar esta empreitada simplesmente não teria valido a pena.

José Luis da Costa Oreiro

PREFÁCIO

Prefácio à *Macroeconomia do desenvolvimento: Uma perspectiva keynesiana*, de José Luis Oreiro. Março de 2016.

Luiz Carlos Bresser-Pereira

José Luis Oreiro é o mais brilhante economista brasileiro de sua geração. Escreve com clareza e precisão, domina de forma segura a teoria econômica e é dotado da matemática necessária para formalizar essa teoria. Essas qualidades estão presentes em seu livro, *Macroeconomia do desenvolvimento: Uma perspectiva keynesiana*, no qual nos apresenta de maneira original os principais modelos da macroeconomia do desenvolvimento. Apresenta-os, como o título do livro já informa, a partir da visão keynesiana, o que significa que ele rejeita a tese clássica que a oferta cria a sua própria procura, e a tese neoclássica que a substituição entre os fatores de produção é perfeitamente elástica. Para ele, como para todos os keynesianos e desenvolvimentistas, o mercado não garante pleno emprego, e o desenvolvimento econômico é essencialmente puxado pela demanda.

Já na introdução ele faz uma opção entre os dois fundadores da macroeconomia — Keynes e Kalecki — a favor do primeiro. Oreiro não nega o papel fundamental que teve Kalecki na teoria econômica, mas nos modelos kaleckianos prevalece uma baixa sensibilidade do ritmo de acumulação de capital às divergências entre o grau efetivo e desejado de utilização da capacidade produtiva, o que não parece ser o que se verifica na prática. Além disso, nos modelos kaleckianos com oferta ilimitada de trabalho, como é o caso do modelo de Bhaduri e Marglin, o investimento é função da participação dos lucros na renda e do grau de utilização da capacidade produtiva, em vez de ser consequência da taxa de lucro esperada

viii   PREFÁCIO

menos o custo de capital. É essa premissa discutível que lhes permite afirmar que, se esta participação for muito baixa, o regime de crescimento será do tipo *profit-led*, enquanto para níveis elevados de participação dos lucros na renda o regime de acumulação será do tipo *wage-led*.

Oreiro apresenta e critica os modelos neoclássicos de crescimento com progresso tecnológico tanto exógeno quanto endógeno. Sua principal crítica está no fato que o modelo neoclássico pressupõe um progresso técnico "desencorpado", ou seja, independente do investimento em máquinas e equipamentos. Além disso, ele observa que, ao contrário do que afirma essa teoria, o componente cíclico da atividade econômica, que está associado às variações da demanda agregada, afeta o crescimento de longo prazo. Em outras palavras, em termos muito keynesianos, o longo prazo é a soma dos crescimentos no curto prazo. Oreiro se associa aos economistas keynesianos de primeira geração, discípulos de Keynes, aos componentes da Escola de Cambridge, Roy Harrod, Joan Robinson e Nickolas Kaldor, e aos economistas pós-keynesianos que estudaram o crescimento com limitação pelo lado do balanço de pagamentos, especialmente Anthony Thirlwall.

Ao estudar os modelos keynesianos, Oreiro os classifica em dois grupos a partir da existência ou não de oferta ilimitada de mão de obra, e é também esse critério que utiliza para distinguir as economias maduras das economias em processo de industrialização. Nas economias maduras, o crescimento econômico ou o aumento da produtividade do trabalho depende da capacidade de reduzir o hiato tecnológico. Depende, portanto, da capacidade do país de absorver a tecnologia mais avançada. O mesmo acontece no caso dos países em desenvolvimento, com a vantagem que é mais simples absorver do que desenvolver tecnologia nova. Assim, quanto mais o país investir em educação e em tecnologia, mais se desenvolverá e fará o *catching-up*, mas desde que haja demanda para os investimentos que, por sua vez, criarão a demanda por pessoal mais educado. Nas economias maduras, o desenvolvimento econômico depende do aumento da produtividade do trabalho que, por sua vez, depende da taxa de crescimento do estoque de capital por trabalhador. O progresso tecnológico ou o aumento da produtividade depende, portanto, dos investimentos. E esses dependem da existência de demanda efetiva, e não, como afirmam os neoclássicos, da poupança prévia. Ora, como aprendemos com Keynes, existe nas sociedades capitalistas a tendência à insuficiência de demanda, o problema dos *policymakers* é garantir uma demanda efetiva sustentada. Assim, Oreiro assinala que a prática de se usar políticas altamente contracionistas para lidar com choques exógenos não é aconselhável em função dos seus efeitos de longo prazo sobre produto e emprego. Contrações de demanda agregada, se necessárias, devem ser pequenas e revertidas tão logo seja possível para mitigar as suas consequências adversas de longo prazo.

Já em relação aos países em desenvolvimento, onde há restrição externa e oferta ilimitada de mão de obra, o modelo central discutido por Oreiro no Capítulo 4 é o modelo de Thirlwall. Nele, o crescimento depende, como nos modelos anteriores, da redução da assimetria produtiva existente entre os países em desenvolvimento e os países maduros, a qual, por sua vez, depende do aumento das exportações, especificamente de manufaturados. Thirlwall formalizou seu modelo nos anos 1970 a partir do conceito de restrição externa formulado pelos economistas do desenvolvimentismo clássico nos anos 1940 e 1950 — a restrição externa se definindo pelo fato de a elasticidade-renda das importações de bens primários pelos países ricos ser menor do que um, e a elasticidade-renda da importação de bens manufaturados pelos países em desenvolvimento ser maior do que um. Isto significa que o crescimento econômico dos países em desenvolvimento será sempre menor do que o crescimento de suas exportações, ou, em outras palavras, que o país em processo de sofisticação produtiva precisa de um esforço adicional para crescer. Coube a Thirlwall formalizar esse fato, que ficou chamado de lei de Thirlwall, e que se tornou canônica para os economistas pós-keynesianos, porque demonstra de forma clara e simples que o crescimento é puxado pela demanda, e, em especial, pelas exportações.

Mas de que depende o crescimento das exportações? Supondo que os termos de troca estejam constantes, Oreiro, seguindo Thirlwall, informa que, dada uma taxa de câmbio por simplicidade considerada constante, a taxa de crescimento das exportações é igual ao produto entre a elasticidade-renda das exportações e a taxa de crescimento da renda do resto do mundo. Mas será que essa simplicidade é razoável? Não seria mais razoável supor que a elasticidade-renda das exportações é uma variável endógena e tornar o crescimento das exportações função da taxa de câmbio e da variação da renda do resto do mundo? Sem dúvida, o que abre espaço para Oreiro apresentar uma tese central do novo desenvolvimentismo e sua macroeconomia desenvolvimentista: a do papel da taxa de câmbio não apenas na determinação das exportações, mas também dos investimentos.

O novo desenvolvimentismo é um sistema teórico que eu e um grupo de economistas desenvolvimentistas e pós-keynesianos vimos elaborando desde o início dos anos 2000. Nessa construção teórica José Luis Oreiro e Nelson Marconi participaram de forma significativa desde que eles se engajaram comigo em escrever *Developmental Macroeconomics* – livro publicado pela Routledge em 2014, e que está em vias de ser publicado em português. Logo em seguida, Oreiro escreveu este livro que pode ser considerado como um grande resumo da macroeconomia do desenvolvimento anterior ao novo desenvolvimentismo. Os principais modelos originais da macroeconomia do desenvolvimento que ele citou neste livro foram publicados entre os anos 1940 e 1970. Temos, depois disto, um vazio teórico, até que, nos últimos dez anos, os modelos históricos do novo desenvolvimentismo passam a integrar a macroeconomia do desenvolvimento, tendo como foco não mais a taxa de juros e o déficit público, mas, no quadro de uma economia aberta, a taxa de câmbio e o déficit em conta-corrente.

Para evitar duplicação, Oreiro não reproduz aqui os modelos da macroeconomia desenvolvimentista: a tendência à sobreapreciação cíclica e crônica da taxa de câmbio,

x PREFÁCIO

a doença holandesa, o valor e o preço da taxa de câmbio, a taxa de substituição da poupança interna pela externa, a crítica dos déficits em conta-corrente que implicam aumento de consumo, endividamento externo, crises financeiras cíclicas e baixo crescimento, e as exportações e o investimento como função da taxa de câmbio. Mas já no Capítulo 4, o novo desenvolvimentismo se faz presente, quando Oreiro discute a doença holandesa e assinala a dependência dos investimentos da taxa de câmbio — algo geralmente ausente na teoria econômica, mas que está presente no novo desenvolvimentismo, porque, ao contrário das teorias ortodoxas e heterodoxas, neoclássicas ou keynesianas, a taxa de câmbio não se limita a ser menos ou mais volátil; no novo desenvolvimentismo a taxa de câmbio, além de cíclica, tende a ser sobreapreciada cronicamente, ou seja, no longo prazo. Dessa maneira, não basta que haja demanda efetiva para que haja oportunidades de investimento lucrativo; é necessário, adicionalmente, que haja acesso a essa demanda, que depende da taxa de câmbio flutuar em torno do equilíbrio competitivo. Nas suas decisões de investimento, as empresas levam em conta essa taxa de câmbio sobreapreciada e a projetam para o futuro. Torna-se, então, clara para elas a falta de competividade das empresas existentes e também das projetadas por empresários inovadores, não obstante elas adotem a melhor tecnologia disponível no mundo, e torna-se inevitável a decisão de simplesmente desistir de investir, ou apenas investir o mínimo necessário para manter moderna a planta produtiva. Para que as empresas competentes sejam competitivas, sua taxa de câmbio deveria flutuar em torno do equilíbrio industrial, mas, dada a doença holandesa, a política de crescimento com poupança externa e a política de controle da inflação com o uso de âncora cambial, essa taxa tende a se manter sobreapreciada no longo prazo, apenas se depreciando de forma radical quando os credores externos perdem a confiança no país e a crise de balanço de pagamentos se desencadeia. Neste caso, assinala Oreiro, a sobrevalorização da taxa real de câmbio resulta em desindustrialização e redução da taxa de crescimento. Por outro lado, o autor observa que a estrutura produtiva do país e, por conseguinte, as elasticidades-renda das exportações e das importações não são constantes imutáveis, mas dependem da taxa de câmbio; mais precisamente, da relação entre o valor corrente da taxa de câmbio e a taxa de câmbio de equilíbrio industrial. Quando a taxa de câmbio está apreciada em relação ao equilíbrio industrial, que define qual é a taxa de câmbio competitiva, as empresas domésticas perdem mercado para as empresas estrangeiras, obrigando-as a substituir uma fração crescente de sua produção por importações de componentes, o que as transforma em meros representantes comerciais das empresas estrangeiras.

No Capítulo 6, Oreiro desenvolve ainda mais essas ideias. Para ele, o essencial é que haja um regime de política macroeconômica *export-led*, consistente e sustentável, que seja capaz de conciliar a obtenção de uma taxa de inflação relativamente baixa e estável, com uma taxa real de câmbio competitiva e relativamente estável ao longo do tempo, uma taxa real de juros significativamente inferior à taxa de retorno do capital, um déficit público (como proporção do PIB) ciclicamente ajustado próximo de zero, e um crescimento dos salários reais aproximadamente à mesma taxa que o ritmo de crescimento da produtividade do trabalho. Em síntese, conclui Oreiro,

> no modelo novo desenvolvimentista, o crescimento econômico é puxado pelas exportações e sustentado pelo investimento privado e público na expansão da capacidade produtiva e na infraestrutura básica. O déficit público não desempenha nenhum papel relevante na indução e/ou sustentação do crescimento. Por fim, a estabilidade da distribuição funcional da renda assegura que os gastos de consumo irão crescer a um ritmo aproximadamente igual ao PIB real no médio e no longo prazo, garantindo assim a sustentação do ritmo de crescimento pelo lado da demanda doméstica.

O fato de Oreiro enfatizar o caráter necessariamente *export-led* da estratégia de desenvolvimento visando o *catching-up* incomoda muitos economistas desenvolvimentistas que opõem o modelo *wage-led* ao *export-led* e optam pelo primeiro porque assim se estaria reduzindo a desigualdade. Existem três equívocos nesse ponto. Primeiro, a alternativa *wage-led* versus *export-led* é equivocada para países de renda média, que já têm uma indústria importante. Adotar uma política *wage-led* nessas circunstâncias é inviável, a não ser que queiramos voltar a ter altas tarifas de importação e voltar ao modelo de substituição de importações. Segundo, como os novos desenvolvimentistas partem de uma taxa de câmbio sobreapreciada no longo prazo, quando o governo logra deslocar a taxa de câmbio para o equilíbrio industrial eliminando a desvantagem competitiva da indústria, haverá necessariamente um aumento de exportações de manufaturados, o coeficiente de abertura da economia aumentará, e teremos um modelo *export-led*. Terceiro, se definirmos as estratégias de crescimento como *wage-led*, equilibrada, e *export-led* de acordo com o critério de o coeficiente de abertura de economia estar diminuindo, estável, ou crescendo, a estratégia será *export-led* apenas em um primeiro momento, até que o país chegue ao coeficiente de abertura que corresponda ao tamanho de seu mercado e às tecnologias disponíveis. A partir daí, será equilibrado. Mas não seria o modelo *export-led* concentrador de renda porque a depreciação inicial reduzirá salários? Não em relação à renda dos rentistas, porque, assim como os salários reais, também os juros, dividendos e aluguéis reais diminuirão um pouco. Sim, em relação ao lucro das empresas, mas esse é o objetivo da desvalorização: tornar a taxa de lucro esperada mais elevada ao eliminar a desvantagem competitiva causada pela sobreapreciação crônica da taxa de câmbio.

Mas Oreiro não se limita a assinalar que a estratégia de desenvolvimento deve ser *export-led* e baseada no aumento dos investimentos para que haja alcançamento. Ele salienta que o que realmente interessa é o aumento das exportações de bens manufaturados, porque é no setor industrial que existe o maior potencial de aumento da produtividade; e porque a exportação bem-sucedida de bens manufaturados é um sinal claro que a competitividade do país não é apenas monetária (garantida pela taxa de

xii PREFÁCIO

câmbio), mas é também real, garantida pela melhor tecnologia disponível no mundo. Nosso autor assinala ainda uma outra razão: o setor industrial está mais sujeito ao aumento da produtividade do que o setor primário-exportador e o de serviços. Essa é uma tese fundamental do desenvolvimentismo clássico ou estruturalismo que foi formalizada por Kaldor e Verdoorn desde os anos 1940 e transformou-se em um referencial teórico básico para os economistas brasileiros pós-keynesianos. A ideia é simples e clara: uma aceleração do ritmo de crescimento da produção industrial está associada a um aumento do ritmo de crescimento da produtividade do trabalho, porque existem na produção industrial economias dinâmicas de escala. É claro que existem também economias de escala nos demais setores da economia, mas na indústria elas seriam maiores. Este é um bom argumento a favor da industrialização, ou, como prefiro hoje dizer, a favor da sofisticação produtiva, ou seja, do processo de aumento da produtividade do país. Mas não me parece que sejam as economias dinâmicas de escala o fator mais importante. Mais importante é a existência de setores produtivos com diferentes índices de valor adicionado *per capita*, que são determinados pela maior ou menor sofisticação tecnológica envolvida, e que se expressam no pagamento de salários maiores. Dado este fato, o aumento da produtividade do país depende do aumento da produtividade em cada setor, devido ao progresso técnico que nele ocorre, e depende da transferência de mão de obra de setores menos sofisticados para setores mais sofisticados tecnologicamente. Não é simples definir qual dos dois tipos de aumento da produtividade é mais importante, mas estou convencido de que a resposta está nos setores com maior sofisticação produtiva.

No último capítulo, Oreiro aplica a teoria que desenvolveu para fazer uma breve e precisa análise da economia brasileira no período recente. Poder-se-ia argumentar que esse capítulo era dispensável, dado o caráter teórico de todo o livro. Mas a teoria keynesiana e novo desenvolvimentista é uma teoria histórica, que só vale na medida em que ela está permanentemente sendo testada pela prática. Para entender o quadro brasileiro, Oreiro parte do tripé ortodoxo que foi deixado pelo governo Fernando Henrique Cardoso, assinala que ele foi modificado ou flexibilizado pelo governo Luís Inácio Lula da Silva, que, beneficiado por um *boom* de *commodities*, logrou uma aceleração da taxa de crescimento. Em 2008, a crise financeira global levou o país a realizar uma expansão fiscal contracíclica bem-sucedida. Mas ainda nesse governo ocorreu uma brutal apreciação cambial que, conjuntamente a uma alta taxa de juros, praticamente inviabilizou o governo Dilma Rousseff, cujas taxas de investimento e de crescimento estão muito baixas. É verdade que esse governo logrou, nos primeiros dois anos, uma redução da taxa de juros, ao mesmo tempo em que ocorria uma desvalorização real, mas foi insuficiente para restabelecer a competitividade da indústria. A inflação, entretanto, cresce em função da expansão fiscal e da desvalorização. O que, somado ao baixo crescimento, foi suficiente para que o setor financeiro-rentista se organizasse e obrigasse o governo a recuar, voltando a aumentar a taxa de juros básica. Oreiro conclui que o regime de política macroeconômica desse período foi incompatível com a obtenção simultânea de uma taxa real de câmbio competitiva e uma taxa de inflação baixa e estável, foi produto do que denomina "desenvolvimentismo inconsistente". E conclui o autor sua grande narrativa teórica e prática:

> Nesse contexto, a única forma de recuperar o potencial de crescimento da economia brasileira é recuperar a competitividade da indústria de transformação, o que passa obrigatoriamente pela desvalorização da taxa real de câmbio. Como a taxa real de câmbio é definida como igual à razão entre o preço dos bens comercializáveis e o preço dos bens não comercializáveis, a desvalorização da taxa real de câmbio exige uma redução da demanda por bens não comercializáveis, notadamente serviços. É aqui que o ajuste fiscal se torna absolutamente necessário. Enquanto a inflação dos bens não comercializáveis — que roda atualmente em torno de 8 % ao ano — não ficar abaixo da inflação dos bens comercializáveis, o ajuste da taxa real de câmbio será impossível, independente da taxa de desvalorização do câmbio nominal. Em outros termos, a desvalorização do câmbio nominal só servirá para alimentar as pressões inflacionárias latentes na economia brasileira, fazendo com que, em algum momento nos próximos anos, a taxa de inflação supere a marca psicológica dos dois dígitos. Se isso ocorrer, então as condições para o retorno ao passado inglório da inflação alta estarão postas, via reativação dos mecanismos de indexação de preços e salários.

Eis aí o que nos conta José Luis Oreiro neste livro que é, antes de mais nada, teórico, mas que termina de maneira prática e objetiva. Um livro que, pelo seu alto nível de abstração e pelo domínio da teoria econômica que revela, destina-se apenas a economistas e a estudantes de economia. Um livro que é também uma grande e fascinante narrativa que me fez pensar em uma metáfora. Nessa narrativa existem dois heróis, o empresário e o investimento; sua espada, a taxa de câmbio; dois inimigos, a taxa de juros e o déficit em conta-corrente; um objetivo, o crescimento econômico com aumento dos salários; um campo de batalha, o mercado; dois limites a não serem ultrapassados, a inflação e o déficit público; e um árbitro enviesado a favor do crescimento balanceado e sustentável no longo prazo, o Estado desenvolvimentista, que precisa complementar o investimento privado e garantir as condições da acumulação privada de capital. Por enquanto, nosso herói está em desvantagem, sua espada está embotada, e os dois inimigos estão ganhando. Por quê? Porque o poder do setor financeiro-rentista é muito grande; porque a elevada preferência pelo consumo imediato dificulta tornar a taxa de câmbio competitiva e a poupança pública positiva; porque, quando no poder, tanto os economistas pós-keynesianos e desenvolvimentistas quanto os economistas liberais ou neoclássicos têm errado muito. Por incapacidade de enfrentar os interesses, pela incapacidade de criticar a teoria econômica ortodoxa, pela alienação em relação aos interesses nacionais, por incompetência? Creio que por um pouco de cada uma dessas razões. Mas quando vejo um economista jovem, na força da idade, como é José Luis Oreiro, escrever um livro desta qualidade, vejo que o pensamento ainda está vivo no Brasil.

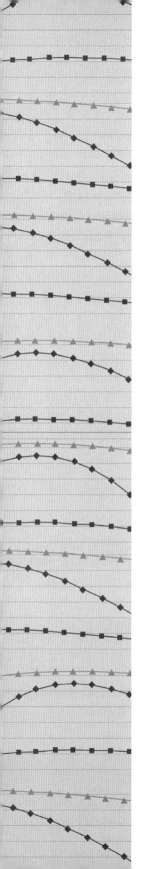

Tudo isso significa que no longo prazo a humanidade terá resolvido seu problema econômico. Eu prevejo que o padrão de vida nos países avançados daqui a cem anos será de quatro a oito vezes maior do que é hoje.

(John Maynard Keynes, 1930, pp. 325-6,
tradução nossa)

Material Suplementar

Este livro conta com o seguinte material suplementar:

- Ilustrações da obra em formato de apresentação (acesso restrito a docentes)

O acesso ao material suplementar é gratuito, bastando que o leitor se cadastre em: http://gen-io.grupogen.com.br.

GEN-IO (GEN | Informação Online) é o repositório de materiais suplementares e de serviços relacionados com livros publicados pelo GEN | Grupo Editorial Nacional, maior conglomerado brasileiro de editoras do ramo científico-técnico-profissional, composto por Guanabara Koogan, Santos, Roca, AC Farmacêutica, Forense, Método, Atlas, LTC, E.P.U. e Forense Universitária. Os materiais suplementares ficam disponíveis para acesso durante a vigência das edições atuais dos livros a que eles correspondem.

SUMÁRIO

PARTE I

DESENVOLVIMENTO DESIGUAL: FATOS A SEREM EXPLICADOS E ABORDAGENS ALTERNATIVAS 1

CAPÍTULO 1
Desenvolvimento Desigual e a Macroeconomia do Desenvolvimento 3

1.1 Introdução... 3
1.2 Trajetórias de crescimento balanceado 7
1.3 Os modelos kaleckianos de crescimento... 9
1.4 Tipologia dos modelos de crescimento de inspiração keynesiana 11
1.5 O papel da industrialização e da taxa de câmbio no desenvolvimento econômico 12
1.6 Macroeconomia do desenvolvimento.. 14
Notas.. 16

CAPÍTULO 2
Convergência e Divergência nos Níveis de Renda *per Capita*: Fatos e Crítica aos Modelos Neoclássicos de Crescimento 17

2.1 Introdução... 17
2.2 Alguns fatos estilizados sobre o crescimento econômico mundial 18
2.3 Características gerais dos modelos neoclássicos de crescimento 22
2.4 Os modelos neoclássicos de crescimento podem explicar o desenvolvimento desigual? 26
   2.4.1 O modelo de Solow com progresso técnico exógeno................................26
   2.4.2 O modelo de Mankiw, Romer e Weill 30
   2.4.3 Crescimento endógeno: o modelo de Romer (1990) 31
   2.4.4 Uma avaliação dos modelos neoclássicos de crescimento.........................38
2.5 Questões para discussão.. 39
Notas.. 40

PARTE II

MODELOS DE CRESCIMENTO DE INSPIRAÇÃO KEYNESIANA 43

CAPÍTULO 3
Modelos Keynesianos de Crescimento com Restrição de Oferta de Trabalho 45

3.1 Introdução... 45
3.2 A tecnologia de produção e a taxa natural de crescimento 46
3.3 A função de progresso técnico 48

xviii SUMÁRIO

3.4 Acumulação de capital e crescimento balanceado 51

3.5 Equilíbrio macroeconômico, investimento e poupança 53

3.6 Crescimento balanceado sob diferentes especificações da função
poupança 58

    3.6.1 O modelo harrodiano e a taxa garantida de crescimento 59

    3.6.2 O modelo kaldoriano 61

    3.6.3 O modelo pasinettiano 65

3.7 Avaliação dos modelos de crescimento com restrição de oferta de
trabalho 66

3.8 Questões para a discussão 71

Notas 72

CAPÍTULO 4
Crescimento com Oferta Ilimitada de Mão de Obra **73**

4.1 Introdução 73

4.2 Endogeneidade de longo prazo da disponibilidade dos "fatores de
produção" 75

4.3 Determinantes de longo prazo do crescimento econômico 78

4.4 Crescimento puxado pelas exportações: o modelo
Dixon-Thirwall (1975) 79

4.5 Restrições ao crescimento de longo prazo 86

    4.5.1 Restrição de balanço de pagamentos 86

    4.5.2 Restrição de capacidade 90

4.6 Um modelo Thirwall-Harrod-Kaldor de crescimento e distribuição de
renda 91

4.7 Industrialização e crescimento de longo prazo 95

4.8 Taxa real de câmbio, estrutura produtiva e investimento 97

4.9 Um modelo keynesiano-estruturalista de crescimento 101

Notas 107

CAPÍTULO 5
Crescimento com Subutilização de Capacidade Produtiva:
os Modelos Kaleckianos **109**

5.1 Introdução 109

5.2 Formação de preços, distribuição de renda e utilização da capacidade
produtiva 111

5.3 Poupança, investimento e a determinação do grau de utilização da
capacidade produtiva de equilíbrio 114

5.4 A trajetória de crescimento balanceado no modelo kaleckiano 117

5.5 Crescimento balanceado e grau normal de utilização endógeno 118

5.6 Os fatores de desenvolvimento no modelo kaleckiano: o caso de uma
economia madura 123

5.7 Regimes de acumulação no modelo kaleckiano:
wage-led ou *profit-led?* 127

5.8 Uma avaliação dos modelos kaleckianos de crescimento 132

5.9 Questões para a Discussão 133

Nota 133

Sumário **xix**

PARTE III

MACROECONOMIA DO DESENVOLVIMENTO 135

CAPÍTULO 6

Crescimento, Regimes de Política Macroeconômica e o Novo Desenvolvimentismo 137

6.1 Introdução... 137

6.2 Demanda efetiva, distribuição de renda e regimes de crescimento 138

6.3 A "dependência de trajetória" e a relação entre "ciclo" e "tendência" 141

6.4 Definição e características de um regime de política macroeconômica ideal.. 142

6.5 O novo desenvolvimentismo, *export-led growth* e regime de política macroeconômica 148

6.6 Resumo do capítulo 150

6.7 Questões para a discussão 151

Notas.. 152

CAPÍTULO 7

Metas de Inflação, Mobilidade de Capitais e Taxa de Câmbio em um Modelo de Crescimento Puxado pelas Exportações 155

7.1 Introdução 155

7.2 A estrutura do modelo teórico... 156

7.3 A trajetória de crescimento em estado estável.................................. 161

7.4 Simulação computacional do modelo teórico..................................... 164

7.5 Crescimento e estrutura produtiva: um modelo ricardiano................. 171

7.6 Taxa real de câmbio, mudança estrutural e crescimento de longo prazo.. 174

7.8 Reprise das conclusões... 177

7.9 Questões para a discussão.. 179

Notas.. 179

CAPÍTULO 8

Evolução do Regime de Política Macroeconômica no Brasil (1999-2014): do "Tripé Macroeconômico" a "Nova Matriz Macroeconômica" 181

8.1 Introdução 181

8.2 A evolução do regime de política macroeconômica no Brasil (1999-2008) 184

8.3 "Novo desenvolvimentismo" ou "desenvolvimentismo inconsistente"? (2008-2011) 192

8.4 Do "desenvolvimentismo inconsistente" ao fracasso da "nova matriz macroeconômica" 198

8.5 Pós-nova matriz macroeconômica: os desafios do segundo mandato da Presidente Dilma Rousseff.. 201

8.6 Reprise das Conclusões 204

8.7 Questões para discussão.. 205

Notas.. 205

BIBLIOGRAFIA.. 207

ÍNDICE 213

PARTE I

DESENVOLVIMENTO DESIGUAL: FATOS A SEREM EXPLICADOS E ABORDAGENS ALTERNATIVAS

CAPÍTULO 1

DESENVOLVIMENTO DESIGUAL E A MACROECONOMIA DO DESENVOLVIMENTO

1.1 INTRODUÇÃO

Este é um livro sobre desenvolvimento econômico, que é entendido como um processo mediante o qual a acumulação de capital e a incorporação sistemática de progresso técnico permitem o aumento persistente da produtividade do trabalho e do nível de vida da população.[i] Mas não se trata de mais um livro sobre teorias do desenvolvimento econômico, como tantos outros que já foram publicados. Este livro é único no sentido que faz uma apresentação da teoria do desenvolvimento econômico a partir de uma perspectiva eminentemente keynesiana. Alguns leitores poderão se perguntar o que John Maynard Keynes tem a ver com a teoria do desenvolvimento econômico, haja vista que a preocupação fundamental de seu *Magnum Opus* — a teoria geral do emprego, do juro e da moeda (1936), doravante teoria geral — era com os determinantes do nível de emprego e de utilização dos recursos produtivos num contexto em que o estoque de capital, o tamanho e a qualificação da força de trabalho e as técnicas de produção são tomados como constantes. De fato, o princípio da demanda efetiva que Keynes elaborou na teoria geral, segundo o qual o nível de produção e de emprego é determinado pela demanda agregada, foi pensado originalmente para uma economia ancorada no curto prazo marshalliano.

Coube aos discípulos de Keynes, mais especificamente Roy Harrod, Joan Robinson e Nickolas Kaldor fazer, nas décadas de 1950 e 1960, a extensão do princípio da demanda efetiva para o longo prazo, ou seja, para um contexto no qual o estoque de capital, a população

4   CAPÍTULO 1

e as técnicas de produção mudam de forma contínua ao longo do tempo. Essa geração de autores foi denominada *escola pós-keynesiana* ou ainda de *escola de Cambridge*, dado que a maior parte desses autores lecionava na Universidade de Cambridge, no Reino Unido. Os modelos e as teorias construídas por esses autores tinham em comum a ideia tipicamente keynesiana de que o investimento determina a poupança, de forma que a decisão de investimento dos empresários é fundamental para explicar o crescimento econômico no longo prazo. Em particular, esses modelos mostravam a validade do assim chamado "paradoxo da parcimônia" no longo prazo, segundo o qual um aumento da propensão a poupar, dado o montante de investimento, gera uma queda de tal magnitude no nível de atividade econômica que, ao final do processo do multiplicador, resulta na manutenção da poupança agregada no mesmo nível que se achava antes daquele aumento. Na teoria geral de Keynes o "paradoxo da parcimônia" é um dos resultados fundamentais do princípio da demanda efetiva, o qual foi formulado para uma economia que opera no curto prazo marshalliano. Os modelos desenvolvidos pela escola de Cambridge estenderam esse resultado para o contexto de uma economia em crescimento.

As teorias desenvolvidas pela escola de Cambridge foram originalmente pensadas para explicar o crescimento das economias desenvolvidas ou industrializadas. Essas economias possuem duas características fundamentais: a primeira delas é que as mesmas são *economias maduras*, ou seja, economias que já completaram o seu processo de industrialização de forma que toda a mão de obra existente no setor tradicional ou de subsistência foi transferida para o setor moderno ou capitalista. Dessa forma, a oferta de trabalho para o setor industrial não é ilimitada como nos estágios iniciais do processo de industrialização, fazendo com que os salários reais deixem de ser determinados pelo custo de reprodução da força de trabalho, também denominado "preço natural do trabalho" pelos economistas clássicos ingleses, como Adam Smith e David Ricardo. Nesse contexto, o crescimento econômico encontra um limite superior no longo prazo dado pela assim chamada *taxa natural de crescimento*, a qual consiste na soma entre a taxa de crescimento da força de trabalho e a taxa de crescimento da produtividade do trabalho.

A segunda característica fundamental das economias desenvolvidas é que elas operam na assim chamada *fronteira tecnológica*, ou seja, a estrutura de produção dessas economias incorpora as mais avançadas tecnologias de produção existentes, gerando assim produtos e serviços com o mais elevado valor adicionado *per capita* possível. Nesse contexto, o crescimento da produtividade do trabalho decorre necessariamente do avanço da fronteira tecnológica (e da sua incorporação em máquinas e equipamentos), em vez de resultar da imitação ou importação de tecnologias já existentes.

O foco em *economias maduras* e a ausência de *assimetrias tecnológicas* na estrutura dos modelos de crescimento e desenvolvimento desenvolvidos pelos autores da escola de Cambridge durante as décadas de 1950 e 1960 fez com que a teoria do desenvolvimento econômico de inspiração keynesiana fosse incapaz de explicar o *Desenvolvimento Desigual* prevalecente entre os países capitalistas, desenvolvidos e em desenvolvimento.

Com efeito, o desenvolvimento econômico ocorrido nos últimos 200 anos foi extremamente desigual, ou seja, diferentes grupos de países experimentaram diferenças grandes e sistemáticas nas taxas de crescimento da produtividade do trabalho e da renda *per capita* conforme podemos visualizar por intermédio da Tabela 1.1.

Tabela 1.1 Taxa média de crescimento do PIB *per capita*, países selecionados

Países	Período	PIB *per Capita* Inicial (US$ de 1985)	PIB *per Capita* Final (US$ de 1985)	Taxa Média de Crescimento
Japão	1890-1990	842	16.144	3,00
Brasil	1900-1987	436	3.417	2,39
Canadá	1870-1990	1.330	17.070	2,15
Alemanha	1870-1990	1.223	14.288	2,07
EUA	1870-1990	2.244	18.258	1,76
China	1900-1987	401	1.748	1,71
México	1900-1987	649	2.667	1,64
Reino Unido	1870-1990	2.693	13.589	1,36
Argentina	1900-1987	1.284	3.302	1,09
Indonésia	1900-1987	499	1.200	1,01
Paquistão	1900-1987	413	885	0,88
Índia	1900-1987	378	662	0,65
Bangladesh	1900-1987	349	375	0,08

Fonte: Elaboração própria a partir dos dados de Barro e Sala-i-Martin (1995).

As diferenças observadas nas taxas de crescimento da renda *per capita* refletem, em primeiro lugar, a existência de *assimetrias tecnológicas* entre os países, ou seja, o fato de que alguns países se encontram na fronteira tecnológica, enquanto outros países se encontram atrás, e alguns muito atrás, da mesma. Em segundo lugar, essas diferenças refletem a existência de assimetrias no processo de industrialização dos países, ou seja, a existência de países industrializados, em industrialização e não industrializados. Essas assimetrias no processo de industrialização geram grandes *assimetrias na estrutura produtiva* dos diferentes países, fazendo com que alguns países possuam uma *economia especializada* na produção e exportação de produtos primários, ao passo que outros possuem uma *economia bastante diversificada*, sendo capazes de produzir e exportar uma grande variedade de produtos manufaturados com elevado grau de intensidade tecnológica.

Os desenvolvimentos mais recentes da teoria keynesiana, notadamente a partir dos trabalhos de Anthony Thirwall (1979) e Bart Verspagen (1993), permitiram, no entanto, incorporar as assimetrias na tecnologia e na estrutura produtiva no contexto de modelos de crescimento do tipo *demand-led* ou "puxado pela demanda", isto é, modelos nos quais a taxa de crescimento do produto real e da produtividade do trabalho é determinada pelo ritmo de crescimento da demanda agregada, em

6   CAPÍTULO 1

particular, pelo ritmo de crescimento das exportações. Dessa forma, foi possível tratar o fenômeno do desenvolvimento desigual entre os países a partir de um referencial teórico eminentemente keynesiano.

Neste livro, o desenvolvimento desigual — ou seja, a ocorrência de divergências de caráter persistente entre as taxas de crescimento da produtividade do trabalho e da renda *per capita* entre os países — será o resultado da existência de assimetrias tecnológicas, para o caso das economias maduras, e da existência de assimetrias na estrutura produtiva, para o caso das economias em processo de industrialização. Está claro que se trata de uma simplificação. Certamente que existem assimetrias produtivas entre as economias maduras (por exemplo, entre os Estados Unidos e a Austrália); como também devem existir assimetrias tecnológicas entre as economias em processo de industrialização (por exemplo, entre o Brasil e a China). Mas essas assimetrias são de importância secundária quando comparadas com as que foram listadas acima, de forma que, sem perda de generalidade, podemos tomar como válido o referencial conceitual apresentado na Tabela 1.2.

Tabela 1.2 Causa principal do desenvolvimento desigual	
Economias Maduras	Economias em Processo de Industrialização
Assimetrias Tecnológicas	Assimetrias Produtivas

Fonte: Elaboração própria.

A teoria neoclássica do crescimento, tanto na sua vertente de "modelos de crescimento exógeno" *a la* Solow (1956), como na vertente de "modelos de crescimento endógeno" *a la* Romer (1990), é incapaz de explicar de forma satisfatória o problema do desenvolvimento desigual, precisamente por não incorporar na sua estrutura formal a existência de assimetrias tecnológicas e na estrutura produtiva. Com efeito, os modelos neoclássicos de crescimento, ao assumirem que a tecnologia é um bem público ou ao assumirem que a estrutura produtiva é irrelevante para o crescimento econômico, são incapazes de explicar a existência de divergências persistentes entre as taxas de crescimento da renda *per capita* entre os países, como veremos no segundo capítulo.

Os modelos de crescimento e desenvolvimento econômico que iremos apresentar na Parte II deste livro tem como ponto de partida a distinção entre economias maduras e em processo de industrialização. Para o caso de economias maduras, o desenvolvimento desigual resulta da ocorrência de divergências significativas entre os países no que se refere à taxa natural de crescimento. Essas divergências, por sua vez, são o resultado da interação entre o hiato tecnológico e a capacidade absortiva dos diferentes países, ou seja, da sua capacidade de absorver os transbordamentos de caráter tecnológico a partir da interação econômica (seja pelo comércio internacional, seja por intermédio do investimento externo direto) com os países que operam na fronteira tecnológica. Dado o nível de capacidade absortiva, a taxa natural de crescimento é, até certo ponto, uma função crescente do hiato tecnológico, de forma que os países que se encontram atrás da fronteira tecnológica tenderão a crescer mais do que os países que se encontram na dita fronteira.

Nesse contexto, os países (não muito) retardatários poderão fazer o assim chamado *catching-up* ou alcançamento dos países líderes ou tecnologicamente mais avançados. Os países retardatários, contudo, tenderão a apresentar uma distribuição de renda e de riqueza mais concentrada nas mãos dos "capitalistas" do que os países que operam na fronteira tecnológica, ou seja, a concentração de renda e de riqueza tende a ser uma função decrescente do hiato tecnológico. Daqui se segue que os modelos de crescimento apresentados neste livro estabelecem a existência de uma relação positiva entre a taxa natural de crescimento e a participação dos lucros (e do capital) na renda (riqueza) nacional para o caso de economias maduras. Essa relação entre crescimento e distribuição (funcional) da renda (e da riqueza) define a existência de um regime de crescimento do tipo *profit-led* ou "puxado pelos lucros" para essas economias.

No caso de economias em processo de industrialização, a oferta de trabalho para o setor moderno ou capitalista é ilimitada, de forma que a taxa de crescimento do produto não é restrita pela disponibilidade de mão de obra, mas pelo balanço de pagamentos. Nesse contexto, as diferenças nas taxas de crescimento da produtividade do trabalho e da renda *per capita* decorrem de assimetrias na estrutura produtiva, ou seja, de diferenças no nível de especialização produtiva entre os países. Essas assimetrias na estrutura produtiva dão origem a diferenças significativas na taxa de crescimento do produto que é compatível com a restrição de balanço de pagamentos. Dessa forma, podemos classificar as economias, *grosso modo*, em dois grandes grupos, a saber: diversificadas e primário-exportadoras. As economias diversificadas, mesmo que ainda não tenham completado o seu processo de industrialização (como é o caso da China nos dias atuais), produzem uma grande variedade de produtos manufaturados, alguns deles com alta intensidade tecnológica. Dessa forma, sua pauta de exportações é bastante diversificada. Já as economias primário-exportadoras tem uma estrutura produtiva especializada na produção para a exportação de alguns produtos primários (minério de ferro, soja, carne, etc.). O valor adicionado ao longo do processo produtivo é baixo, a pauta de exportações é concentrada em quatro ou cinco produtos primários, cuja demanda por parte do resto do mundo é pouco dinâmica. Está claro que a taxa de crescimento compatível com a restrição de balanço de pagamentos é maior para as economias diversificadas do que para as economias primário-exportadoras.

1.2 TRAJETÓRIAS DE CRESCIMENTO BALANCEADO

Na análise teórica sobre as causas do desenvolvimento desigual realizada neste livro iremos focar naquelas trajetórias de crescimento que são *sustentáveis* no longo prazo. A ideia subjacente a esta escolha é que apenas trajetórias sustentáveis são objeto de interesse por parte da teoria do desenvolvimento econômico. Isso não significa dizer que trajetórias de crescimento insustentáveis são impossíveis de ocorrer. A experiência histórica das economias capitalistas desenvolvidas e em desenvolvimento é rica em exemplos de trajetórias de crescimento que são insustentáveis por estarem associadas a desequilíbrios macroeconômicos crescentes. A razão de nossa escolha é que apenas as

CAPÍTULO 1

trajetórias sustentáveis de crescimento são duradouras o suficiente para afetar de forma permanente o bem-estar da população. Surtos de crescimento do tipo *stop-and-go* (para e acelera), muito comuns nos países da América Latina, por exemplo, são irrelevantes nesse sentido.

Como podemos saber se uma trajetória de crescimento é sustentável? Uma condição suficiente, embora não necessária, para a sustentabilidade de uma trajetória de crescimento é que a mesma seja *balanceada*, isto é, que as variáveis econômicas relevantes estejam crescendo a mesma taxa; de forma que as proporções entre elas sejam mantidas constantes ao longo do tempo. Por exemplo, se o nível de produção e a capacidade produtiva (leia-se estoque de capital) estão crescendo a mesma taxa de, digamos, 2 % ao ano, então o grau de utilização da capacidade produtiva será constante ao longo do tempo. Observe que uma trajetória de crescimento no qual o grau de utilização da capacidade produtiva estivesse aumentando ou diminuindo de forma persistente ao longo do tempo seria claramente insustentável. Isso porque, no primeiro caso, a economia rapidamente chegaria ao limite físico de produção que corresponde a 100 % de utilização da capacidade produtiva. A partir desse ponto, o ritmo de crescimento de produção teria que se ajustar ao ritmo de crescimento da capacidade produtiva, de forma que a trajetória de crescimento anterior seria, portanto, insustentável. No segundo caso, a utilização da capacidade produtiva chegaria a zero num intervalo finito de tempo, de forma que a economia se encontraria com um excesso crônico de capital. Muito antes disso, contudo, os empresários seriam levados a reduzir o ritmo de expansão da capacidade produtiva, diminuindo abruptamente seus gastos de investimento. Outra vez constamos que uma trajetória de crescimento na qual o grau de utilização da capacidade não é constante é insustentável no longo prazo.

Neste livro optamos, portanto, por focar na análise das *trajetórias de crescimento balanceado*, na medida em que tais trajetórias são sustentáveis ao longo do tempo. Deve-se deixar claro, no entanto, que esta não é a única opção metodológica possível. Nos últimos anos tem-se difundido entre os economistas pós-keynesianos o uso da simulação numérica em computador para a análise de sistemas dinâmicos.[ii] A grande vantagem dessa metodologia é que o grau de complexidade dos modelos teóricos usados para tratar de temas diversos não precisa ser arbitrariamente reduzido, com o intuito de tornar factível a obtenção de uma solução analítica. Dependendo da estrutura do modelo, ou seja, da relação existente entre as variáveis endógenas e os parâmetros, a metodologia de simulação permite a obtenção de inúmeras trajetórias não explosivas para as variáveis de interesse. Mas este não foi o caminho que escolhemos para o estudo das propriedades dos modelos de desenvolvimento econômico apresentados na Parte II do livro. A razão para isso é de cunho eminentemente didático. A apresentação de modelos teóricos com vistas à simulação em computador tornaria a exposição da teoria extremamente complexa e, mais importante, extremamente dependente dos valores numéricos utilizados para "calibrar" o modelo, ou seja, usados como valores dos parâmetros.

1.3 OS MODELOS KALECKIANOS DE CRESCIMENTO

Os modelos de crescimento apresentados no terceiro e quarto capítulos deste livro têm uma característica em comum, qual seja: assumir que a economia opera com um grau de utilização da capacidade produtiva que é constante e igual ao desejado pelas firmas. Nesse contexto, variações da demanda agregada dão origem a mudanças na distribuição funcional da renda, no caso dos modelos de crescimento com restrição de oferta de trabalho, ou a mudanças na taxa de crescimento do produto, no caso de modelos com oferta limitada de mão de obra.

A igualdade entre o grau efetivo e desejado de utilização da capacidade produtiva requer uma elevada sensibilidade da taxa de acumulação de capital com respeito a divergências entre as duas magnitudes.[iii] Dessa forma, se o grau efetivo de utilização da capacidade produtiva superar o nível desejado pelas firmas, então os empresários irão acelerar o ritmo de crescimento do estoque de capital, fazendo com que o grau efetivo de utilização da capacidade se reduza até o nível desejado por eles. Analogamente, se o grau efetivo de utilização da capacidade produtiva for menor do que o desejado, a resposta dos empresários será desacelerar o ritmo de crescimento do estoque de capital, fazendo com que o grau efetivo de utilização da capacidade aumente até o nível por eles desejado.

Sendo assim, a acumulação de capital, apresentada nos modelos do terceiro e quarto capítulos, obedece a seguinte equação dinâmica (Skott e Ryoo, 2008, p. 840):

$$\frac{d}{dt}\hat{K} = \mu(u - u^*); \; \mu > 0 \qquad (1.1)$$

Onde: $\hat{K}$ é a taxa de crescimento do estoque de capital; u é o grau efetivo de utilização da capacidade produtiva e u^* é o grau desejado ou *normal* de utilização da capacidade produtiva.

Mas nem todos os modelos de crescimento de inspiração keynesiana compartilham dessa hipótese a respeito da sensibilidade do ritmo de acumulação de capital às divergências entre o nível efetivo e desejado de utilização da capacidade produtiva. Com efeito, os assim chamados modelos kaleckianos de crescimento se baseiam na ideia de que o grau de utilização da capacidade produtiva é uma variável endógena que se ajusta em face de mudanças na demanda agregada. Essa endogeneidade, por sua vez, é a contrapartida necessária da baixa sensibilidade do ritmo de acumulação de capital às divergências entre o grau efetivo e desejado de utilização da capacidade produtiva.

Essa baixa sensibilidade da acumulação de capital faz, contudo, que o grau de utilização da capacidade produtiva seja hipersensível às variações dos parâmetros do modelo, particularmente às variações na propensão a poupar. Esse "excesso de sensibilidade" do grau de utilização da capacidade produtiva não parece estar em acordo com o comportamento empiricamente observado dessa variável, razão pela qual os modelos kaleckianos de crescimento estão caindo em desuso entre os economistas pós-keynesianos.

CAPÍTULO 1

Mas existem outras razões para a perda de interesse por essa classe de modelos no seio da teoria keynesiana do desenvolvimento. Como veremos no quinto capítulo, os modelos kaleckianos de crescimento apresentam dois resultados teóricos fundamentais. O primeiro é a validade do "paradoxo da parcimônia" do qual falamos anteriormente. Nesses modelos, o grau de utilização da capacidade produtiva e a taxa desejada de acumulação de capital são uma função inversa da propensão a poupar, de maneira que um aumento da parcimônia leva a uma redução do nível e do ritmo de crescimento da atividade econômica. O segundo resultado é a ocorrência de um regime de crescimento do tipo *wage-led* ou liderado pelos salários. Isso porque sendo a propensão a consumir a partir dos salários maior do que a propensão a consumir a partir dos lucros, um aumento da participação dos salários na renda nacional gera um aumento do consumo e do nível de utilização da capacidade produtiva, fazendo com que os empresários respondam a isso por intermédio de um aumento da taxa desejada de acumulação de capital.

O problema com esses resultados é que eles não se sustentam quando impomos aos modelos o requerimento de crescimento balanceado. Nesse caso, os modelos de crescimento kaleckianos irão apresentar duas posições de equilíbrio de longo prazo. A primeira posição, a qual será denominada "equilíbrio baixo", se caracteriza pela existência de um baixo nível de utilização da capacidade produtiva e uma elevada participação dos lucros na renda; já a segunda posição, que será denominada "equilíbrio alto", é caracterizada pela existência de um elevado nível de utilização da capacidade produtiva e uma baixa participação dos lucros na renda. Nessas condições, um aumento da propensão a poupar irá resultar numa redução do grau de utilização da capacidade produtiva apenas no "equilíbrio baixo", pois no "equilíbrio alto" verificaremos justamente o contrário, ou seja, um aumento do grau de utilização. Daqui se segue que o "paradoxo da parcimônia" não é um resultado de caráter geral dos modelos kaleckianos de crescimento.

Além disso, a ocorrência de um regime de crescimento do tipo *wage-led* é extremamente sensível a especificação da função investimento. Com efeito, se a taxa desejada de acumulação de capital for uma função separável da participação dos lucros na renda e do grau de utilização da capacidade produtiva — como fazem Amit Bhaduri e Stephen Marglin —, então o regime de crescimento prevalecente na economia é condicional a participação dos lucros na renda. Para níveis muito baixos de participação dos lucros na renda, o regime de crescimento será do tipo *profit-led*. Já para níveis elevados de participação dos lucros na renda o regime de acumulação será do tipo *wage-led*.

No que se refere a fonte do crescimento de longo prazo, os modelos kaleckianos de crescimento atribuem a mesma fonte ao investimento autônomo relacionado com o ritmo de progresso tecnológico. Nesse contexto, os modelos kaleckianos se mostram compatíveis com a existência de diferenças persistentes nos *níveis* de hiato tecnológico entre os países, mas não são capazes de explicar a existência de diferenças persistentes no ritmo de crescimento da renda *per capita*, haja vista que a fonte do crescimento, tal como nos modelos neoclássicos de crescimento *a la* Solow, é tida como exógena.

1.4 TIPOLOGIA DOS MODELOS DE CRESCIMENTO DE INSPIRAÇÃO KEYNESIANA

Os modelos de crescimento de inspiração keynesiana, que serão objeto de estudo na Parte II deste livro, podem ser classificados em três grandes grupos com base em dois critérios fundamentais, a saber: a elasticidade da oferta de trabalho e a existência de capacidade excedente não planejada.

O primeiro grupo, que será estudado no terceiro capítulo, é constituído por modelos nos quais a oferta de trabalho é inelástica (*economias maduras*) e onde as firmas operam continuamente com um nível de utilização da capacidade produtiva igual ao desejado. Os modelos apresentados nesse capítulo derivam, em larga medida, dos trabalhos seminais de Nickolas Kaldor (1956; 1957) e Luigi Pasinetti (1961-62), razão pela qual eles serão denominados modelos Kaldor-Pasinetti.

Nesse contexto, o ritmo de crescimento do produto real no longo prazo é determinado pela *taxa natural de crescimento*, constituída pela soma entre a taxa de crescimento da força de trabalho e a taxa de crescimento da produtividade do trabalho. As diferenças observadas nas taxas de crescimento da produtividade do trabalho e da renda *per capita* entre os países se devem a existência de assimetrias tecnológicas que se expressam no tamanho do assim chamado *hiato tecnológico*, ou seja, a diferença no conhecimento técnico existente entre um determinado país e o país que opera na fronteira tecnológica. O equilíbrio macroeconômico, ou seja, a igualdade entre os planos de investimento e de poupança dos agentes econômicos se dá, nessa classe de modelos, por intermédio do ajuste da distribuição funcional da renda entre salários e lucros.

O segundo grupo, que será objeto de estudo no quarto capítulo, consiste em modelos nos quais a oferta de trabalho é ilimitada, de maneira que não existem restrições do lado da oferta agregada para a expansão contínua do nível de produção; e as firmas operam com um nível de utilização da capacidade produtiva igual ao desejado, ou seja, a capacidade excedente não planejada é igual a zero. Os modelos apresentados neste capítulo são aplicáveis a economias que ainda não completaram o seu processo de industrialização. Nestas, o ritmo de crescimento de longo prazo é restrito/determinado pelo equilíbrio do balanço de pagamentos.

Os modelos apresentados neste capítulo são derivados dos trabalhos seminais de Nickolas Kaldor (1972) e Anthony Thirwall (1979), razão pela qual serão denominados "modelos Kaldor-Thirwall".

As diferenças observadas nas taxas de crescimento da produtividade do trabalho e da renda *per capita* são decorrência, nessa classe de modelos, da existência de assimetrias na estrutura produtiva entre os países, principalmente no que diz respeito ao grau de industrialização dessas economias, medido pela participação da indústria no produto interno bruto. Essas assimetrias na estrutura produtiva dão ensejo a diferenças nas taxas de crescimento que são compatíveis com o equilíbrio do balanço de pagamentos fazendo com que as economias com uma estrutura produtiva diversificada e com uma pauta de exportações, baseada em produtos manufaturados, possuam uma taxa de crescimento

12 CAPÍTULO 1

compatível com o equilíbrio do balanço de pagamentos maior do que as economias especializadas na produção e exportação de bens primários.

Por fim, o terceiro grupo, que será objeto de estudo no quinto capítulo, é constituído por modelos nos quais as empresas operam com subutilização de capacidade produtiva, ou seja, onde a capacidade excedente não planejada é maior do que zero. Esses modelos podem ser igualmente aplicados para economias em processo de industrialização, quando não há restrição de oferta de trabalho, como para economias maduras, onde o ritmo de crescimento de longo prazo deve ser necessariamente igual a taxa natural de crescimento. Contudo, optamos neste livro restringir a apresentação dos modelos kaleckianos para o caso de economias maduras.

Nessa classe de modelos, o equilíbrio macroeconômico é obtido por intermédio do ajuste do grau de utilização da capacidade produtiva, tomando-se a distribuição funcional da renda como uma variável exógena ao sistema.

Os modelos apresentados no quinto capítulo são derivados dos trabalhos seminais de Robert Rowthorn (1981), Amit Bhaduri e Stephen Marglin (1990), os quais são inspirados nos escritos do economista polonês Mickael Kalecki. Sendo assim, os modelos apresentados nesse capítulo serão denominados modelos kaleckianos de crescimento.

Ao contrário dos modelos apresentados nos capítulos três e quatro, os modelos do quinto capítulo não são capazes de explicar a existência de diferenças nas taxas de crescimento da produtividade do trabalho e da renda *per capita* entre os países, mas apenas diferenças nos níveis dessas variáveis.

A tipologia dos modelos de crescimento que serão objeto de estudo na segunda parte deste livro pode ser resumida pela Tabela 1.3.

Tabela 1.3 Tipologia dos modelos de crescimento de inspiração keynesiana		
	Economias Maduras	**Economias em Processo de Industrialização**
Capacidade excedente não planejada igual a zero	Modelos Kaldor-Pasinetti (Capítulo três)	Modelos Kaldor-Thirwall (Capítulo quatro)
Capacidade excedente não planejada maior do que zero	Modelos kaleckianos (Capítulo cinco)	-------------------

Fonte: Elaboração própria.

1.5 O PAPEL DA INDUSTRIALIZAÇÃO E DA TAXA DE CÂMBIO NO DESENVOLVIMENTO ECONÔMICO

Nos modelos que serão apresentados no quarto capítulo deste livro verificaremos que um crescimento robusto da produção industrial é condição fundamental para o crescimento da economia como um todo com taxas significativas. Isso porque a indústria de transformação é o setor onde predominam os *retornos crescentes de escala*, materializados na chamada lei de Kaldor-Verdoorn, que estabelece a existência de uma relação estrutural entre a taxa de crescimento da produtividade do trabalho (dentro e fora da indústria de transformação) e a taxa de crescimento da produção industrial. Nesse contexto, uma expansão robusta da produção industrial gera os ganhos de produtividade que permitem um crescimento acelerado da economia como um todo, ao mesmo tempo em que mantêm a inflação em patamares baixos e estáveis.

Outro canal pelo qual o desenvolvimento industrial afeta o crescimento de longo prazo é por intermédio da restrição externa. Com efeito, um aumento da participação da indústria de transformação no PIB está, em geral, associado a um aumento do *grau de diversificação da estrutura produtiva*, viabilizando assim um aumento da elasticidade-renda das exportações (modelo *export-led*) e/ou uma redução da elasticidade-renda das importações (modelo de substituição de importações). Nesse contexto, ocorre um aumento da taxa de crescimento que é compatível com o equilíbrio de balanço de pagamentos, ou seja, um relaxamento da restrição externa ao crescimento.

As elasticidades-renda das exportações e das importações não são, contudo, variáveis exógenas, mas dependem do valor da taxa real de câmbio ou, mais precisamente, da diferença entre esta e o assim chamado "equilíbrio industrial", o qual consiste no nível da taxa real de câmbio para o qual as empresas domésticas que operam com tecnologia no estado da arte mundial são competitivas no mercado internacional. Quando a taxa real de câmbio está sobrevalorizada, ou seja, num patamar inferior ao equilíbrio industrial, então as empresas domésticas irão substituir a produção doméstica por importações, primeiramente de insumos intermediários e bens de capital, e, posteriormente, bens finais, como estratégia defensiva para manter suas vendas e seus lucros. Esse processo resulta numa mudança da estrutura produtiva da economia, com a progressiva redução do adensamento das cadeias produtivas, do valor adicionado e da diversificação no processo produtivo. O resultado final será um aumento da elasticidade-renda das importações e uma redução da elasticidade-renda das exportações, as quais levarão a uma diminuição da taxa de crescimento que é compatível com o equilíbrio do balanço de pagamentos. A restrição externa se torna, portanto, mais apertada como resultado da sobrevalorização cambial, o que leva a uma redução do ritmo de desenvolvimento econômico.

A sobrevalorização da taxa de câmbio pode ter sua gênese na assim chamada "doença holandesa", que foi gerada a partir da exploração de recursos naturais escassos. Com efeito, as rendas ricardianas originadas da escassez de recursos naturais permitem que o balanço de pagamentos fique em equilíbrio com níveis mais baixos de taxa real de câmbio. Em outras palavras, haverá um descolamento entre a taxa de câmbio de equilíbrio industrial e a taxa de câmbio que permite o equilíbrio do balanço de pagamentos, tornando-se esta última mais apreciada do que a primeira, fenômeno esse conhecido como *doença holandesa*.[iv] Nesse contexto, a taxa real de câmbio irá se apreciar, dando origem a uma mudança estrutural perversa na economia, ou seja, a economia passará por um processo de desindustrialização e de reprimarização da pauta de exportações, a qual irá induzir a uma redução da elasticidade-renda das exportações e a um aumento da elasticidade-renda das importações. Dessa forma, a "doença holandesa", caso não

14 CAPÍTULO 1

seja neutralizada, leva a um aumento da restrição externa e a uma redução do ritmo de crescimento da economia no longo prazo, transformando-se assim numa fonte de "desenvolvimento desigual".

1.6 MACROECONOMIA DO DESENVOLVIMENTO

Foi dito na introdução que este livro tem por objetivo tratar da questão do desenvolvimento econômico de uma perspectiva keynesiana, o que significa pensar o desenvolvimento como um processo que é induzido, principalmente, pelas condições de demanda prevalecentes na economia. Mas existe outra razão pela qual este livro é eminentemente keynesiano, qual seja: a ideia de que a condução da política macroeconômica influencia o ritmo de desenvolvimento de econômico. Isso porque a teoria keynesiana não aceita a dicotomia típica na teoria neoclássica, onde a demanda agregada explica apenas as flutuações cíclicas de curto prazo, ao passo que as condições de oferta determinam a tendência de crescimento de longo prazo. Para keynesianos, as flutuações cíclicas e a tendência de crescimento são ambas afetadas pelas condições de demanda prevalecentes na economia, de maneira que as políticas macroeconômicas que afetem as condições de demanda no curto prazo também terão efeito — embora não necessariamente o mesmo — sobre o crescimento de longo prazo.

A integração existente a nível teórico entre "ciclo" e "tendência" permite a definição do que, na falta de um melhor nome, podemos chamar de "macroeconomia do desenvolvimento". A Macroeconomia do Desenvolvimento tem por objetivo analisar o impacto da condução da política macroeconômica e, mais especificamente, do *regime de política macroeconômica* sobre a trajetória de crescimento de longo prazo das economias desenvolvidas e em desenvolvimento. Por regime de política macroeconômica entendemos o conjunto de objetivos, metas e instrumentos[v] de política macroeconômica assim como o *arcabouço institucional* no qual essas políticas são executadas. Dessa forma, a macroeconomia do desenvolvimento trata do impacto das políticas monetária, fiscal, cambial e salarial sobre a trajetória de crescimento de longo prazo das economias capitalistas.

A Macroeconomia do Desenvolvimento será apresentada na Parte III deste livro. No sexto capítulo, que abre a Parte III, iremos apresentar a relação existente entre o regime de crescimento econômico, o regime de política macroeconômica e o "novo desenvolvimentismo". Neste contexto, iremos argumentar que o único regime de crescimento que é sustentável no longo prazo no caso de economias em desenvolvimento que não dispõe de moeda conversível é o regime *export-led ou induzido pelas exportações*. A característica fundamental desse regime é que o crescimento de longo prazo é induzido pelo crescimento das exportações de manufaturados. O investimento e o consumo se ajustam, no longo prazo, ao ritmo de crescimento que é induzido pela expansão das exportações. Isso não significa, contudo, que a participação das exportações no produto interno bruto tenha que ser crescente ao longo do tempo, como parece ser a interpretação corrente entre alguns teóricos do desenvolvimento, por exemplo, Bresser-Pereira (2014, p. 378-9); pelo contrário, como o foco de análise é a *trajetória de crescimento balanceado*, segue-se que as exportações estarão crescendo aproximadamente ao mesmo ritmo do produto interno bruto ao longo dessa trajetória. Crescimento liderado pelas exportações significa apenas que as exportações se constituem na fonte de crescimento autônomo e, portanto, *exógeno* da demanda agregada. Os demais componentes da demanda agregada, particularmente o consumo e o investimento são *endógenos*, isto é, se ajustam ao ritmo de crescimento do produto que é determinado pelo ritmo de crescimento das exportações.

A emergência de um regime de crescimento do tipo *export-led* não é espontânea, mas depende da existência de um regime de política macroeconômica que possui uma série de propriedades específicas, em particular, a consistência no sentido de Timbergen. Essas propriedades serão exploradas na segunda parte do sexto capítulo, onde definiremos as características de um regime ideal de política macroeconômica. O "novo desenvolvimentismo" nada mais é do que a combinação de um regime de crescimento *export-led* com um regime ideal de política macroeconômica.

No sétimo capítulo, iremos aprofundar o estudo da relação entre o regime de crescimento e o regime de política macroeconômica por intermédio da apresentação de um modelo de crescimento liderado pelas exportações que representa uma economia que opera num contexto de mobilidade imperfeita de capital e câmbio flutuante e onde a política monetária é conduzida dentro do arcabouço do regime de metas de inflação. Nesse contexto, iremos analisar os efeitos sobre a trajetória de crescimento balanceado de mudanças nos parâmetros das políticas monetária e cambial. Um resultado importante obtido com o modelo é que o nível da taxa real de câmbio é afetado, de forma não linear, pela escolha da meta de inflação. Mais especificamente, demonstra-se que para níveis intermediários da meta de inflação, a taxa real de câmbio tende a ser mais alta (mais depreciada) do que para níveis muito altos ou muito baixos dessa meta. Dessa forma, a fixação de uma meta de inflação muito baixa pode resultar numa forte apreciação da taxa real de câmbio, a qual acaba por induzir um aumento do grau de especialização produtiva da economia, diminuindo assim a taxa de crescimento ao longo da trajetória de crescimento balanceado.

O oitavo capítulo faz uma análise da evolução dos regimes de política econômica prevalecentes no Brasil no período 1999-2014. Nesse capítulo iremos argumentar que os regimes de política econômica desse período não foram compatíveis com o estabelecimento de um regime de crescimento do tipo *export-led*, sendo essa a razão fundamental pela qual o crescimento econômico foi medíocre ao longo de boa parte do mesmo. Em particular, iremos argumentar que o regime de política macroeconômica adotado no final do governo Lula e no primeiro mandato da Presidente Dilma Rousseff não pode ser classificado como "novo desenvolvimentista", pois não se mostrou compatível com a obtenção de uma taxa de câmbio competitiva e um razoável equilíbrio fiscal. Em função da inconsistência entre as metas e os objetivos do regime de política macroeconômica adotado nesse período, o mesmo deve ser classificado como "desenvolvimentismo inconsistente".

NOTAS

i) Ver Bresser-Pereira, Oreiro e Marconi (2015, p. 12).

ii) Alguns exemplos de modelos de simulação são Oreiro e Ono (2007) e Possas e Dweck (2005).

iii) A esse respeito ver Skott (2012).

iv) A esse respeito ver Bresser-Pereira (2008, 2009).

v) Com base em Tinbergen (1988, p. 83), a política econômica é definida como a manipulação deliberada de certos meios ou instrumentos com vistas a obtenção de determinados fins ou objetivos. Os objetivos mais gerais da política macroeconômica são a obtenção do pleno-emprego da força de trabalho, estabilidade da taxa de inflação, crescimento robusto e sustentável do produto real e equidade da distribuição de renda. Os instrumentos de política macroeconômica são a taxa básica de juros, os impostos, os gastos do governo, a taxa de câmbio (nas economias onde prevalece o regime de câmbio administrado) e os diversos instrumentos regulatórios (depósito compulsório, taxação sobre certos tipos de entrada de capitais e etc.) que permitem um controle mais ou menos direto da taxa de expansão do crédito bancário e do ingresso de capitais externos. Em função do hiato temporal envolvido entre a mudança nos valores dos instrumentos e a obtenção dos objetivos da política econômica, deve-se definir uma estratégia para a obtenção desses objetivos, o que envolve a fixação de valores numéricos para certas variáveis-chave, como a taxa de inflação e o ritmo de expansão do PIB. Esses valores numéricos são as *metas operacionais* da política econômica.

CAPÍTULO 2

CONVERGÊNCIA E DIVERGÊNCIA NOS NÍVEIS DE RENDA *PER CAPITA*: FATOS E CRÍTICA AOS MODELOS NEOCLÁSSICOS DE CRESCIMENTO

2.1 INTRODUÇÃO

Neste capítulo iremos apresentar alguns fatos sobre a experiência de desenvolvimento das economias capitalistas nos últimos dois séculos. Como veremos na sequência, o desenvolvimento capitalista se caracteriza por ser essencialmente desigual, ou seja, os diferentes países experimentaram taxas diferenciadas de crescimento da renda *per capita*, com um pequeno grupo de países crescendo sistematicamente mais do que o resto do mundo. Isso não impede, contudo, que alguns países inicialmente retardatários no processo de desenvolvimento econômico sejam bem-sucedidos no sentido de fazer o *catching-up* ou "alcançamento" com respeito aos países situados na fronteira tecnológica. Em outras palavras, o desenvolvimento econômico é desigual não apenas entre países, mas também ao longo do tempo.

A teoria dominante na área de crescimento/desenvolvimento econômico é a teoria neoclássica, surgida após os trabalhos seminais de Robert Solow (1956-57). Esta teoria apresenta o crescimento econômico como determinado pelas condições de oferta da economia, e a demanda agregada não desempenha nenhum papel relevante nesse

18 CAPÍTULO 2

processo. Mais especificamente, o crescimento econômico é o resultado da acumulação de fatores de produção e do progresso tecnológico.

Como veremos ao longo deste capítulo, a teoria neoclássica dominante não consegue dar conta do fenômeno do desenvolvimento desigual. Com efeito, os modelos neoclássicos de crescimento, na sua versão "crescimento exógeno", só podem explicar diferenças nos níveis de renda *per capita* entre os países, mas não explicam as diferenças nas suas taxas de crescimento. Dessa forma, diferenças nas taxas de crescimento da renda *per capita*, se existirem, serão puramente temporárias, geradas durante a convergência em direção à trajetória de crescimento balanceado. Já a versão "crescimento endógeno" é incapaz de explicar porque alguns países convergem em seus níveis de renda *per capita*, ou seja, fazem o *catching-up*, ao passo que alguns países divergem, ou seja, fazem o *falling-behind*.

2.2 ALGUNS FATOS ESTILIZADOS SOBRE O CRESCIMENTO ECONÔMICO MUNDIAL[i]

Uma simples inspeção nos dados relativos aos níveis internacionais de renda *per capita* permite verificar facilmente a existência de países muito ricos e países muito pobres, havendo um grande número de países numa região intermediária, tentando ao mesmo tempo fugir da pobreza e alcançar altos níveis de desenvolvimento e crescimento econômico (Darity, 1994, p. 97). Enquanto há grupos de países que conseguem manter altos níveis de renda *per capita*, há outros que não conseguem sair de uma situação de baixo crescimento e desenvolvimento. De acordo com Jonathan Temple (1999, p. 112), aproximadamente 80 % da população mundial vive em países em vias de desenvolvimento (ou países do Terceiro Mundo). Na Tabela 2.1 podemos constatar a existência de países muito ricos e muito pobres.

Outro fato relevante é que as taxas de crescimento da renda *per capita* variam entre os diversos países do mundo. Quanto a essas diferenças, vê-se na Tabela 2.2 que a magnitude delas é considerável, havendo inclusive casos em que a taxa de crescimento da renda *per capita* é negativa.

Qual a relação entre esses dois fatos? O desenvolvimento desigual decorre da existência de diferentes níveis e taxas de crescimento do progresso técnico entre os países, o que gera diferenças significativas e persistentes entre as taxas de crescimento da renda *per capita*. Na Tabela 2.1, a taxa média anual de crescimento é calculada pela variação anual média do logaritmo do PIB por trabalhador, sendo este uma aproximação razoável para se medir a produtividade da mão de obra de um país (Jones, 2000, pp. 5-6), todavia os diferentes níveis e taxas de crescimento do progresso técnico são essencialmente motivados pela existência de distintos níveis e taxas de crescimento da produtividade do trabalho (Dosi, Pavitt e Soete, 1990). Tal situação pode ser explicada pelas diferenças no grau de estabilidade macroeconômica — influenciando no investimento em bens de capital, em especial equipamentos — e na distribuição de renda (Temple, 1999). Com isso, demonstra-se que o nível e o crescimento da

Convergência e Divergência nos Níveis de Renda *per Capita*: Fatos e Crítica aos Modelos Neoclássicos de Crescimento

Tabela 2.1 Diferenças nos níveis de renda *per capita* e na taxa de crescimento da produtividade do trabalho

	PIB *per capita*, 1990 (em US$)	PIB por trabalhador, 1990 (em US$)	Taxa média anual de crescimento, 1960-90 (%)
Países "ricos"			
EUA	18.073	36.810	1,4
Alemanha Ocidental	14.331	29.488	2,5
Japão	14.317	22.602	5,0
França	13.896	30.340	2,7
Reino Unido	13.223	26.767	2,0
Países "pobres"			
China	1.324	2.189	2,4
Índia	1.262	3.230	2,0
Zimbábue	1.181	2.435	0,2
Uganda	554	1.142	−0,2
"Milagres de crescimento"			
Hong Kong	14.854	22.835	5,7
Cingapura	11.698	24.344	5,3
Taiwan	8.067	18.418	5,7
Coreia do Sul	6.665	16.003	6,0
"Desastres de crescimento"			
Venezuela	6.070	17.469	−0,5
Madagascar	675	1.561	−1,3
Mali	530	1.105	−1,0
Chade	400	1.151	−1,7

Fonte: Elaboração própria com base nos dados de Jones (2000).

Tabela 2.2 Taxa de crescimento anual da renda real *per capita* (em %)

	1965-80	1980-1989
Leste da Ásia*	5,0	6,3
Sul da Ásia	1,5	2,9
África Subsaariana	1,1	−1,2
América Latina	3,5	−0,5

* inclui China.
Fonte: Elaboração própria com base nos dados de Dosi & Fabiani (1994).

CAPÍTULO 2

produtividade são diferenciados entre as diversas economias, possibilitando a existência de diferenças nas taxas de crescimento da renda *per capita* e, consequentemente, nos seus níveis (Fagerberg, 1994).

A princípio, poderíamos imaginar que tais divergências são causadas por diferenças nas *condições iniciais* do processo de desenvolvimento econômico; como, por exemplo, diferenças nas condições geográficas, nos aspectos culturais, a presença (ou ausência) de incentivos governamentais para a poupança e outros fatores de caráter institucional (Darity, 1994, p. 107-8).

No entanto, com base na Figura 2.1, poderemos observar que tanto os países que hoje são considerados ricos como os países que hoje são pobres iniciaram suas trajetórias de crescimento econômico partindo de níveis de renda *per capita* bastante similares. Contudo, ao longo do tempo, esses níveis foram se distanciando entre si, pois um grupo de países (os do Primeiro Mundo) apresentou taxas de crescimento da renda *per capita* bastante superiores aos países que hoje são pobres (ou do Terceiro Mundo).

Outra observação importante é a de que, mesmo entre os países pobres, houve uma divergência nos níveis de renda *per capita* a partir dos anos 1960. Com efeito, conforme De la Fuente (1996), houve um aumento da dispersão da renda relativa[ii] numa amostra de 118 países[iii] entre 1960 e 1985. Tal divergência também pode ser creditada à existência de diferenças nas taxas de crescimento da renda *per capita* entre os países, pois se houve aumento da dispersão, é sinal que alguns países tiveram taxas de crescimento mais elevadas do que outros.

Em suma, nos últimos dois séculos, a nível mundial, o que prevaleceu foi a divergência nos níveis de renda *per capita*. Esse fato ocorreu devido à existência de taxas de crescimento da renda *per capita* diferenciadas entre os países (motivadas por diferenças

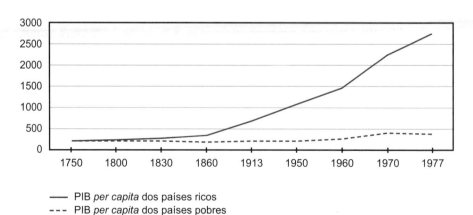

Figura 2.1 Evolução do nível de renda *per capita* (1750-1977).

Fonte: Elaboração própria com base em Dosi & Fabiani (1994, p. 123) por meio dos dados da Tabela 6.2.

na produtividade do trabalho). Dessa forma, não há porque esperar convergência de nível de renda *per capita* a nível mundial, já que os países mais pobres (que são a grande maioria) não estão conseguindo acompanhar o crescimento econômico dos países do Primeiro Mundo.

Ao contrário do resto do mundo, a convergência nos níveis de renda *per capita* foi uma realidade na Europa depois da Segunda Guerra Mundial. Segundo De la Fuente (1996), a dispersão da renda relativa aumenta no resto do mundo e se reduz nos países da OCDE. Dessa forma, nota-se que os países membros dessa organização experimentaram uma convergência crescente nos seus níveis de renda *per capita*.

Deve-se observar, contudo, que a ocorrência de convergência não necessariamente significa que há *catching-up*. Isso porque a convergência implica apenas a redução da dispersão da renda relativa, ao passo que o *catching-up* implica o "alcançamento" do país líder em termos de produtividade do trabalho por parte dos países retardatários. Mas no caso europeu, os dois fenômenos ocorreram. Analisaremos o *catching-up* em seguida.

O período do pós-guerra (em especial entre 1950 e 1973) se caracterizou por um rápido crescimento da renda *per capita* dos países europeus, ao mesmo tempo em que estes conseguiram reduzir o diferencial de produtividade que os separava dos Estados Unidos, realizando então o *catching-up* com este país (Fagerberg, 1994). Tal fato pode ter sido explicado por diversos fatores, tais como a difusão tecnológica dos Estados Unidos para a Europa (via importação de bens de capital americanos, que eram tecnologicamente mais avançados, permitindo assim ganhos de produtividade que estimularam o investimento),[iv] "pacto social" (acordo firmado entre empresários e trabalhadores, no qual estes últimos consentiriam com uma "moderação salarial", em troca da promessa do patronato reinvestir integralmente seus lucros na aquisição de novos bens de capital), reformulação e criação de instituições supranacionais (como a Comunidade Europeia para o Carvão e Aço e GATT), dentre outros.

Vejamos então como ocorreu esse fenômeno ao analisar a Figura 2.2. Nesta figura estão apresentados os diferenciais de produtividade (aproximados pelas diferenças de PIB por hora trabalhada) entre os Estados Unidos e uma amostra de 12 países europeus[v] entre 1870 e 1987. Dessa forma, observamos que de 1870 até ao final da Segunda Guerra Mundial, os Estados Unidos aumentaram progressivamente o diferencial de produtividade com os países analisados, até atingir o seu ápice por volta de 1950, não sendo alcançado em termos de produtividade do trabalho nem por esses países e nem por nenhum outro (Nelson, 1994). A partir desta data, os 12 países europeus analisados começam a se aproximar da produtividade americana, reduzindo a distância tecnológica que os separava e permitindo então a ocorrência de um *catching-up*.

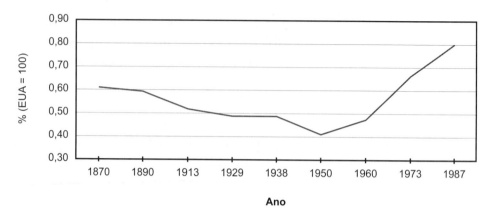

Figura 2.2 PIB por hora trabalhada de 12 países europeus em relação aos Estados Unidos.

Fonte: Elaboração própria com base em Fagerberg (1994), por meio dos dados da Tabela C.11 de Maddison (1991).

Em resumo, os estudos empíricos revelam a existência de dois traços de caráter geral a respeito das divergências internacionais nos níveis de renda *per capita*, a saber:

1. As taxas de crescimento da renda *per capita* são diferenciadas entre os países; fazendo com que o hiato de renda *per capita* entre os países desenvolvidos e do terceiro mundo aumente de forma persistente ao longo do tempo.

2. No período pós-Segunda Guerra Mundial ocorreu um processo de convergência entre os níveis de renda *per capita* dos países desenvolvidos; em particular, a Europa e o Japão reduziram o hiato de renda *per capita* com relação aos Estados Unidos, após um longo período de aumento contínuo desse *gap*. Em outras palavras, constatou-se a ocorrência de um processo de *catching-up* entre os Estados Unidos e os demais países desenvolvidos.

Com base nesses achados podemos concluir que o *desenvolvimento desigual*, tanto entre países como ao longo do tempo, é uma característica geral e persistente da dinâmica das economias capitalistas.

2.3 CARACTERÍSTICAS GERAIS DOS MODELOS NEOCLÁSSICOS DE CRESCIMENTO

Os modelos neoclássicos de crescimento, desenvolvidos a partir do trabalho seminal de Solow (1956-57), supõem que o limite fundamental ao crescimento de longo prazo é dado pelas condições de oferta da economia. Mais especificamente, esses modelos consideram que o crescimento de longo prazo do produto real é determinado pela taxa de acumulação de fatores de produção (capital e trabalho) e pelo ritmo de progresso tecnológico. A demanda agregada é relevante apenas para explicar o grau de utilização da capacidade produtiva, mas não tem nenhum impacto direto na determinação do ritmo de sua expansão. No longo prazo vale a "Lei de Say", ou seja, a oferta (disponibilidade de fatores de produção) determina a demanda agregada.

Na perspectiva neoclássica, os fatores do lado da oferta da economia determinam a *tendência* de crescimento das economias capitalistas no longo prazo. A demanda agregada é responsável apenas pelas flutuações que a economia descreve ao longo de sua tendência de longo prazo (Figura 2.3), ou seja, aquilo que os economistas denominam *ciclo econômico*. Sendo assim, a essência da abordagem neoclássica para o crescimento de longo prazo consiste em considerar que a tendência de crescimento das economias capitalistas é *independente* da demanda agregada.

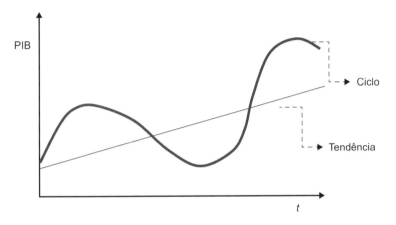

Figura 2.3 Tendência e ciclo econômico.

A estimação da tendência de longo prazo é feita com base na assim chamada "contabilidade de crescimento", a qual foi originalmente desenvolvida por Robert Solow num artigo publicado em 1957. Nesse artigo, Solow tenta quantificar a contribuição da acumulação de capital para o crescimento da economia americana na primeira metade do século XX. Para tanto, Solow supõe a existência de uma função macroeconômica de produção na qual a quantidade produzida num dado período de tempo é uma função da quantidade empregada de capital e de trabalho, de tal forma que $Q = A \cdot F(K,L)$, em que Q é a quantidade produzida de bens e serviços, K é a quantidade empregada de capital, L é a quantidade empregada de trabalho e A é uma variável que representa o "estado das artes" da economia, ou seja, o nível tecnológico existente na economia num dado ponto do tempo. Supõe-se que a função $F(.)$ seja homogênea linear, ou seja, os retornos de escala são tidos como constantes. Por fim, prevalece a concorrência perfeita em todos os mercados, de tal forma que cada fator de produção é remunerado com base na sua produtividade marginal. Daqui se segue que toda a renda gerada na economia é integralmente gasta na remuneração dos fatores de produção com base em suas produtividades marginais (Sargent, 1987, cap. 1). Não sobra nada da renda

24 CAPÍTULO 2

agregada para remunerar o esforço de pesquisa e desenvolvimento de novas tecnologias. Nesse contexto, o progresso tecnológico só pode ser tratado como exógeno ao sistema econômico.

Nesse contexto, a taxa de crescimento do produto real pode ser decomposta com base nos seus determinantes de acordo com a seguinte equação:

$$\frac{\dot{Q}}{Q} = \frac{\dot{A}}{A} + \eta_L \frac{\dot{K}}{K} + \eta_K \frac{\dot{L}}{L} \tag{2.1}$$

em que: $\dfrac{\dot{Q}}{Q}$ é a taxa de crescimento do produto real; $\dfrac{\dot{A}}{A}$ é a taxa de crescimento da "produtividade total dos fatores de produção"; $\dfrac{\dot{K}}{K}$ é a taxa de crescimento do estoque de capital; $\dfrac{\dot{L}}{L}$ é a taxa de crescimento da força de trabalho; η_K é a participação dos lucros no valor adicionado e $\eta_L = 1 - \eta_K$ é a participação dos salários no valor adicionado.

Variantes da fórmula de Solow são aplicadas para se "estimar" o crescimento potencial da economia brasileira. Por exemplo, Barbosa (2006) estima a taxa potencial de crescimento da economia brasileira tomando como base os seguintes valores numéricos para os parâmetros da Equação 2.1:

- Participação dos lucros no valor adicionado: 0,4
- Participação dos salários no valor adicionado: 0,6
- Taxa de crescimento da força de trabalho: 1,5 % a.a.
- Taxa de crescimento do estoque de capital: 4 % a.a.[vi]

Está claro que esses valores não são suficientes para se estimar a taxa potencial de crescimento da economia brasileira, uma vez que a Equação 2.1 apresenta ainda duas incógnitas, a saber: a taxa de crescimento do produto real e a taxa de crescimento da "produtividade total dos fatores de produção".

No artigo de 1957, Solow contorna esse problema ao tornar a produtividade total dos fatores de produção uma variável puramente residual, determinada pela diferença entre a taxa média de crescimento do produto real observada no passado e o crescimento do produto real que poderia ser explicado pela acumulação dos fatores de produção, isto é, pela soma da taxa de crescimento do estoque de capital (ponderado pela participação dos lucros no valor adicionado) e pela taxa de crescimento da força de trabalho (ponderado pela participação dos salários no valor adicionado). Em outras palavras, o "progresso tecnológico" nos modelos de crescimento *a la* Solow é tão simplesmente uma "medida da nossa ignorância", ou seja, aquela parte do crescimento de longo prazo que não conseguimos explicar por intermédio da acumulação dos fatores de produção.[vii]

O problema mais grave com esse procedimento é que o comportamento passado da economia passa a determinar as estimativas do seu crescimento potencial. Assim, como bem lembra o estudo publicado pelo IEDI em março de 2006,[viii] se o passado recente foi de lento crescimento então a "estimativa" da taxa de crescimento da produtividade total dos fatores de produção será baixa, "sinalizando" assim uma situação na qual o crescimento do produto potencial também é reduzido. Contudo, se o crescimento se acelerasse durante um período suficientemente longo de tempo (por exemplo, uns 10 anos), as estimativas do crescimento da produtividade total dos fatores de produção seriam revistas para cima e, consequentemente, o crescimento do produto potencial. Dessa maneira, a fórmula de Solow é incapaz de fornecer uma estimativa do crescimento do produto potencial que seja ela própria independente do comportamento recente da taxa de crescimento do produto real.

Além do evidente problema de "circularidade lógica" existente na estimativa da taxa de crescimento do produto potencial com base na fórmula de Solow; poderíamos somar a essas dúvidas outros questionamentos advindos do debate que ficou conhecido como a "Controvérsia do Capital". Com efeito, durante a década de 1950, Joan Robinson e Piero Sraffa levantaram sérios questionamentos a respeito da metodologia utilizada pela teoria neoclássica para mensurar o estoque de capital. O argumento fundamental de Robinson e Sraffa é que o valor do estoque de capital não é independente da distribuição funcional da renda entre salários e lucros, de tal forma que não é possível calcular o valor e/ou a taxa de crescimento do estoque de capital de forma independente da participação do capital no valor adicionado.[ix] Em outras palavras, *não existe nenhuma forma metodologicamente aceitável de se separar a taxa de crescimento do estoque de capital da participação dos lucros no valor adicionado.* Nesse contexto, a fórmula de Solow simplesmente não pode ser aplicada em função da incapacidade de se calcular a contribuição do capital para o crescimento econômico de longo prazo.

Além dos problemas teóricos e metodológicos envolvidos nos exercícios de "contabilidade de crescimento", a abordagem neoclássica tem se defrontado, mais recentemente, com problemas de natureza empírica. Mais especificamente, os desenvolvimentos recentes da econometria das séries temporais tem mostrado que é incorreta a decomposição do comportamento do produto real em "tendência" e "ciclo". Isso porque as séries de tempo para o produto interno bruto, tanto dos países desenvolvidos como para os países em desenvolvimento, apresentam "raiz unitária", de forma que choques temporários — seja de demanda ou de oferta — têm efeitos permanentes sobre o produto real.[x] Sendo assim, o componente cíclico da atividade econômica, tradicionalmente associado às variações da demanda agregada no curto prazo, afeta a tendência de crescimento das economias capitalistas no longo prazo. Nesse contexto, a tendência de crescimento passa a ser dependente da trajetória que as economias capitalistas efetivamente descreveram ao longo do tempo. Esse fenômeno é conhecido na literatura como "dependência de trajetória".

Diversas explicações têm sido apresentadas na literatura para o fenômeno da "dependência de trajetória". Choques de demanda agregada podem afetar a tendência de crescimento de longo prazo em economias onde os retornos de escala são crescentes ou onde existam equilíbrios múltiplos devido à presença de histerese no mercado de trabalho.[xi]

Esse fenômeno da "dependência de trajetória" tem implicações fortes para a teoria e a política macroeconômica. Em termos da teoria macroeconômica, a "dependência de trajetória" mostra que não é aceitável a divisão tradicional da macroeconomia entre

26 CAPÍTULO 2

"curto prazo", no qual as questões relacionadas com a demanda agregada são relevantes, e "longo prazo", onde essas questões não possuem relevância alguma (Dutt e Ros, 2007, p. 97). Isso porque, o que acontece no curto prazo tem efeitos no longo prazo. Em termos da política macroeconômica, a prática de se usar políticas altamente contracionistas para lidar com choques exógenos, como parece ser a experiência histórica dos países da América Latina, não é aconselhável em função dos seus efeitos de longo prazo sobre produto e emprego. Contrações de demanda agregada, se necessárias, devem ser pequenas e revertidas tão logo que seja possível para mitigar as suas consequências adversas de longo prazo (Idem, pp. 97-98).

2.4 OS MODELOS NEOCLÁSSICOS DE CRESCIMENTO PODEM EXPLICAR O DESENVOLVIMENTO DESIGUAL?

Na Seção 2.2 vimos que a característica fundamental do desenvolvimento econômico a nível mundial é ser *desigual*, ou seja, os países apresentam taxas diferenciadas de crescimento da renda *per capita* ao longo do tempo; com um pequeno grupo de países crescendo sistematicamente mais do que a imensa maioria. Nesta seção iremos avaliar a capacidade dos modelos neoclássicos de crescimento de darem conta do problema do desenvolvimento desigual. Mais especificamente iremos focar nos modelos de crescimento de Solow (1956; 1957), Mankiw, Romer e Weill (1992) e Romer (1990). Esses modelos são bastante representativos da teoria neoclássica de crescimento, englobando tanto os assim chamados "modelos de crescimento exógeno" (nos quais o progresso tecnológico é exógeno ao modelo), como os modelos de crescimento endógeno (nos quais o progresso técnico resulta das decisões racionais dos agentes econômicos).

2.4.1 O modelo de Solow com progresso técnico exógeno

Este foi o primeiro modelo de crescimento econômico a prever um nível de renda *per capita* de equilíbrio no longo prazo. Trata-se de um modelo neoclássico, pois o mesmo assume total flexibilidade de preços e salários, concorrência perfeita, pleno emprego e identidade entre poupança e investimento.

A estrutura do modelo de Solow é a seguinte. Consideremos uma economia que produz um único bem (Y) a partir de dois insumos: capital (K) e trabalho (L), bem esse que pode ser usado tanto para consumo como para investimento. A quantidade produzida em cada instante do tempo é determinada como base na seguinte função de produção:

$$Y_t = F(K_t, A_t L_t) \tag{2.2}$$

em que:

$$F_K = \frac{\partial F(.)}{\partial K} > 0; \; F_L = \frac{\partial F(.)}{\partial L} > 0; \; F_{KK} = \frac{\partial^2 F(.)}{\partial K^2} < 0; \; F_{NN} = \frac{\partial^2 F(.)}{\partial N^2} < 0; \; F_{KL} = \frac{\partial^2 F(.)}{\partial K \partial L} > 0$$

Assume-se que a função de produção apresenta retornos constantes de escala. A contribuição do trabalho para a quantidade produzida não depende apenas do número de unidades usadas deste insumo, mas também do valor de "A", podendo este ser considerado um coeficiente de eficiência do fator trabalho, que cresce ao longo do tempo de acordo com a seguinte equação:

$$\dot{A} = A(0)\exp gt \qquad (2.3)$$

O termo "A(0)" é o nível inicial de eficiência do trabalho e g é a sua taxa de crescimento ao longo do tempo, considerada constante e exógena.

Pode-se chamar a Equação 2.3 de *função de progresso técnico*, já que esta faz com que o produto aumente mesmo que os outros fatores produtivos mantenham-se constantes ao longo do tempo.

Algumas observações adicionais são necessárias a respeito da Equação 2.3. Em primeiro lugar, o progresso tecnológico aí representado é *neutro* no sentido de Harrod. O progresso tecnológico é dito neutro no sentido de Harrod se a participação dos salários e dos lucros na renda agregada for mantida constante ao longo do tempo (Sala-i-Martín, 1990a, p. 31). A representação do progresso tecnológico por intermédio da Equação 2.3 permite que a participação dos salários e dos lucros na renda seja constante no modelo de Solow; caracterizando aquele como neutro no sentido de Harrod.

Tal caracterização do progresso tecnológico é motivada por fatores empíricos e teóricos. No nível empírico, a referida caracterização é vista como a única compatível com a *estabilidade* da distribuição funcional da renda entre salários e lucros que é observada na maior parte dos países capitalistas avançados. No nível teórico, trata-se da única representação do progresso tecnológico que é compatível com a existência de uma *trajetória de crescimento em estado estável* para a economia em consideração (Idem, p. 32).

Em segundo lugar, o progresso tecnológico é tido como *desincorporado* (*disembodied*) das máquinas e equipamentos. Em outras palavras, o progresso tecnológico aumenta não só a produtividade das máquinas e equipamentos recentemente adquiridos; como também a produtividade de todo o estoque de capital, independentemente da data na qual os equipamentos foram adquiridos.

Como os retornos de escala são constantes e prevalece concorrência em todos os mercados – em particular nos mercados de fatores de produção –, vale o assim chamado teorema de *Euller-Wicksteed* ou "teorema da exaustão do produto", segundo o qual toda a produção é gasta na remuneração dos fatores de produção de acordo com suas respectivas produtividades marginais. Com isso, não há a possibilidade de haver remuneração para a atividade de pesquisa e desenvolvimento de novas tecnologias. Dessa forma, *a tecnologia é um bem público*, disponível para quem quiser utilizá-la. A única definição de tecnologia que é compatível simultaneamente com o atributo de bem público exigido pela hipótese de retornos constantes de escala e com a *desincorporação* da mesma com

28 CAPÍTULO 2

relação às máquinas e equipamentos é a fornecida por Arrow (1962), a saber: tecnologia é *informação* de aplicabilidade geral e com reprodução fácil.

Iremos supor que as famílias poupam uma parcela constante "s" da sua renda, poupança esta que será totalmente canalizada para o investimento. Portanto, toda a poupança será utilizada para a compra de novos bens de capital, fazendo com que acumulação de capital ao longo do tempo seja dada por:

$$\dot{K} = sF(K_t, A_t L_t) \tag{2.4}$$

A força de trabalho cresce à mesma taxa que o resto da população (n), sendo esta também constante e exógena, de forma que a taxa de participação permanece constante ao longo do tempo. Nesse contexto, vamos definir uma nova variável, qual seja: o estoque de capital por unidade de trabalho efetivo ($k = K_t/A_t L_t$). Ao se diferenciar "k" com relação ao tempo,[xii] obtemos a função de acumulação de capital por unidade de trabalho efetivo:

$$\dot{k} = sF(k_t, 1) - (n + g)k_t \tag{2.5}$$

A Equação 2.5 é a assim chamada *equação fundamental de crescimento de Solow*. Essa equação nos diz que a dinâmica do estoque de capital por unidade de trabalho eficiente depende da diferença entre o *investimento realizado* por unidade de trabalho eficiente e o *investimento requerido* para manter o estoque de capital por unidade de trabalho eficiente constante. Quando o primeiro termo dessa subtração é maior do que o segundo, o investimento nessa economia será mais do que suficiente para: (I) compensar a depreciação do estoque de capital e (II) equipar os novos trabalhadores com a mesma "quantidade de equipamento" utilizada pelos trabalhadores antigos. Nesse contexto, ocorre um aumento da intensidade de capital, isto é, a quantidade de capital por unidade de trabalho eficiente aumenta.

Podemos também obter o produto por trabalhador efetivo ($y = Y_t/A_t L_t$) como função de "k", ao dividir (1.2) por "$A_t L_t$", obtendo

$$y_t = F(k_t, 1) = f(k_t) \tag{2.2a}$$

Uma trajetória de *crescimento em estado estável* (*steady-state growth*) é definida como aquela na qual as variáveis relevantes estão crescendo a uma taxa constante ou nula (Jones, 1975, p. 52). Um caso particular de trajetória de crescimento em estado estável é a assim chamada *trajetória de crescimento balanceado* (*balanced growth*) na qual as variáveis relevantes crescem a mesma taxa, de forma que as proporções entre elas são mantidas constantes ao longo do tempo. Esse tipo de trajetória é muito importante na teoria do desenvolvimento econômico porque representa uma trajetória de crescimento que é sustentável no longo prazo.

A obtenção da trajetória de crescimento em estado estável do modelo de Solow pode ser feita ao tomarmos $\dot{k} = 0$ na Equação 2.5. Dessa forma, o estoque de capital por unidade eficiência de trabalho ao longo da trajetória de crescimento em estado estável é dado por:

$$k^* = \frac{sf(k^*)}{n+g} \qquad (2.6)$$

Como o estoque de capital por unidade de trabalho eficiente é constante na trajetória de crescimento em estado estável, segue-se que o estoque de capital agregado cresce a mesma taxa que a soma entre a taxa de crescimento da força de trabalho e a taxa de crescimento da eficiência da força de trabalho, ou seja, $g + n$.

O produto por unidade de trabalho eficiente é dado por:

$$y^* = f(k^*) \qquad (2.7)$$

Tal como no caso anterior, como o produto por unidade de trabalho eficiente é constante, segue-se que a taxa de crescimento do produto agregado ao longo da trajetória de crescimento balanceado é igual à soma entre a taxa de crescimento da força de trabalho e a taxa de crescimento da eficiência da força de trabalho.

Por fim, como a relação capital-produto (K/Y), pode ser expressa igualmente como a razão entre o capital por unidade de trabalho eficiente e o produto por unidade de trabalho eficiente; segue-se que na trajetória de crescimento em estado estável a relação capital-produto é constante, de forma que a economia também se encontra numa trajetória de crescimento balanceado.

A visualização da determinação do estoque de capital por unidade de trabalho eficiente ao longo da trajetória de crescimento em estado estável pode ser feita pela Figura 2.4:

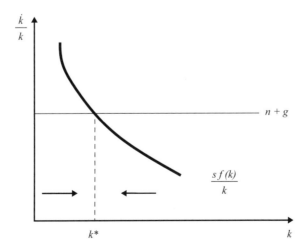

Figura 2.4 Convergência para a trajetória de crescimento em estado estável no modelo neoclássico.

30 CAPÍTULO 2

Neste modelo todos os países chegarão a uma posição de equilíbrio de longo prazo no qual o produto por unidade de trabalho eficiente será constante. Nesse equilíbrio de longo prazo, a renda ou produto *per capita* estará crescendo a taxa constante "g". Como a tecnologia é um bem público, segue-se que não há nenhuma razão que nos leve a crer na existência de *assimetrias tecnológicas* entre os países, ou seja, todos os países deverão ter acesso a mesma tecnologia. Nesse caso, a taxa de crescimento da eficiência do trabalho deverá ser igual em todos os países de maneira que, ao longo da trajetória de crescimento em estado estável, não pode haver diferenças nas taxas de crescimento da renda *per capita*. A existência de diferenças nas taxas de crescimento da renda *per capita* é, portanto, um fenômeno temporário, associado ao intervalo de tempo requerido para a convergência em direção a trajetória de crescimento em estado estável. Daqui se segue que o modelo de Solow não é capaz de explicar o desenvolvimento desigual como uma característica persistente da dinâmica de longo prazo das economias capitalistas.

2.4.2 O modelo de Mankiw, Romer e Weill

O modelo de crescimento de Solow, embora não consiga explicar a existência de divergências persistentes na taxa de crescimento entre os países, pode explicar a existência de diferenças entre os níveis de renda *per capita*. Contudo, mesmo nesse caso, o referido modelo não é capaz de explicar *a magnitude* de tais diferenças.

Essa afirmação pode ser corroborada se assumirmos que a função de produção 2.2 toma a forma de uma função de produção Cobb-Douglas do seguinte tipo:

$$Y_t = K_t^{\alpha}(A_t L_t)^{1-\alpha} \tag{2.2b}$$

Após alguns algebrismos chegamos a seguinte expressão:

$$\frac{d\gamma}{\gamma} = \left(\frac{\alpha}{1-\alpha}\right)\frac{ds}{s} \tag{2.8}$$

em que: $\gamma = \dfrac{Y}{L}$ é o produto *per capita*.

Na Equação 2.8 observamos que a variação do produto ou renda *per capita* é uma função da variação da taxa de poupança/investimento. O termo entre parêntesis é a razão entre a participação dos lucros e salários na renda, já que "α" e "$1 - \alpha$" são, respectivamente, os coeficientes associados ao capital e ao trabalho efetivo em 2.2b. Esse termo pode ser considerado igual a $1/2$.[xiii] Dessa forma, se houver uma diferença entre as taxas de poupança/investimento de dois países da ordem de 4, seus níveis de renda *per capita* terão que ter diferenças da ordem de 2. Todavia, as evidências empíricas apontam para a existência de diferenças nos níveis de renda *per capita* da ordem de 10 ou mais (Oreiro, 1999, p. 51).

Dessa forma, podemos concluir que o modelo de Solow pode explicar a existência de diferenças nos níveis de renda *per capita* entre os países, mas não explica uma magnitude tão grande entre eles. É com base nessa constatação que Mankiw, Romer e Weill (1992) resolvem propor alterações na estrutura básica do modelo de Solow. Para estes, a subestimação das diferenças observados entre os níveis de renda *per capita* ocorre porque o capital é definido de forma muito limitada no modelo de Solow, já que se considera apenas o capital físico, o que leva a uma subestimação do valor de "α" na Equação 2.8.

A reformulação proposta neste novo modelo é que se deve ampliar a definição de capital, para que este inclua não somente o físico (K), mas também o humano (H), de tal maneira a aumentar a participação do capital na renda agregada. Para tanto, deve-se reformular a Equação 2.2b do seguinte modo:

$$Y_t = (K_t)^\alpha (H_t)^\beta (A_t L_t)^{1-\alpha-\beta} \qquad (2.9)$$

em que: β é a participação do capital humano na renda.

Dessa forma temos que:

$$\frac{d\gamma}{\gamma} = \left(\frac{\alpha+\beta}{1-\alpha-\beta}\right)\frac{ds}{s} \qquad (2.10)$$

Podemos observar que a participação do capital na renda agregada aumentou de "α" para "$\alpha+\beta$", enquanto a participação do trabalho se reduziu no mesmo montante.

Os autores estimaram o valor da participação do capital (agora incorporando o físico e humano) na renda agregada como 2/3, com 1/3 para o capital físico e 1/3 para o capital humano. Com isso, o termo $\boxed{\dfrac{\alpha+\beta}{1-\alpha-\beta}}$ passa a ser igual a 2. A implicação prática deste resultado é a de que se as diferenças na taxa de poupança/investimento entre dois países for da ordem de 4, as diferenças correspondentes nos níveis de renda *per capita* serão da ordem de 8. Segundo os autores essa magnitude das diferenças nos níveis de renda *per capita* é perfeitamente compatível com a experiência internacional.

Essa reformulação ajuda a explicar a existência de diferenças persistentes, mas constante, nos níveis de renda *per capita* entre os diferentes países do mundo; uma vez que, ao longo da trajetória de crescimento em estado estável continua sendo verdade que a taxa de crescimento da renda *per capita* deve ser igual entre todos os países do mundo.

2.4.3 Crescimento endógeno: o modelo de Romer (1990)

Ao contrário da abordagem de Solow e Mankiw, Romer e Weill, o progresso técnico será agora tratado como endógeno. O modelo de crescimento econômico proposto por Romer (1990) se baseia numa nova definição do progresso técnico, sendo este agora o resultado da busca *intencional* de lucro por parte de um setor que se dedica especialmente a produzir inovações (o setor de pesquisa e desenvolvimento), que cobra um preço

32 CAPÍTULO 2

para disponibilizá-lo para quem o procura. Essa situação é possível com o fim de duas hipóteses básicas dos modelos analisados anteriormente: o uso público da tecnologia e a da concorrência perfeita.

A primeira hipótese é modificada no momento em que se assume que a tecnologia é um bem *não rival*, porém *excluível*. Isso significa que ela está disponível para todos que estejam dispostos a utilizá-la, com a condição de que paguem para obtê-la. Dessa forma, ela pode ser apropriada privadamente (através de alguma licença ou patente), sendo utilizada da forma que o seu comprador desejar. Podemos citar como exemplo de bem não rival porém excluível o projeto de um novo produto (*blueprint*), onde o uso do projeto por um agente não concorre com o seu uso por parte de outros agentes. Mas no momento em que algum agente econômico pague por ele, então só ele poderá utilizá-lo, impedindo o uso e posse por parte dos demais. Em suma, a tecnologia passa a ser um bem econômico, com preço e propriedade privada.

A segunda hipótese não pode ser mais aplicada porque no setor de inovações prevalece a concorrência imperfeita. A concorrência imperfeita passa a existir porque, com o surgimento de um setor de inovações, tem que haver uma remuneração para este. Desta forma, não há como se aplicar o teorema de *Euller-Wicksteed*. Havendo então concorrência imperfeita, o preço se torna superior ao custo marginal de produção. Isso ocorre porque, no momento em que se inicia uma pesquisa, há um montante de recursos que devem ser gastos, acarretando na existência de um custo fixo. No entanto, só haverá ingresso de receitas no momento em que a inovação estiver pronta e começar a ser vendida. Então é através da cobrança de um preço de monopólio que se consegue cobrir os custos iniciais.

Na economia que iremos considerar existem três setores: o setor de pesquisa e desenvolvimento, o setor de bens intermediários e o setor de bens finais. Eles utilizam quatro insumos básicos em seus processos produtivos, quais sejam: capital físico (K), capital humano (H), trabalho (L) e conhecimento tecnológico (A). O capital humano divide-se entre aquele utilizado no setor de pesquisa e desenvolvimento (H_A) e o empregado pelo setor de bens finais (H_Y). Assume-se que a população, a força de trabalho e o estoque de capital humano estão constantes ao longo do tempo.

Agora podemos descrever o processo produtivo desta economia. O setor de pesquisa e desenvolvimento utiliza capital humano e o estoque de conhecimento existente em um determinado instante do tempo para elaborar novos projetos de bens de capital, projetos esses que serão adquiridos pelo setor de bens intermediários, para serem justamente transformados em novos bens de capital. Cada firma deste setor, ao comprar o projeto, torna-se o produtor exclusivo do bem de capital projetado por um tempo indefinido de tempo, já que adquire uma patente — sem limite de tempo — que impede outras firmas de produzir aquele produto especificamente. Assim, neste setor, há concorrência imperfeita, já que cada firma detém um monopólio no seu ramo de atividade.

Nesse contexto, iremos supor que a produção de bens finais é uma função do volume empregado de trabalho, da fração do estoque de capital humano empregado nesse setor e da quantidade e da *variedade* de bens intermediários empregados para esse fim. Nesse contexto, o progresso tecnológico aumenta a produtividade do trabalho ao aumentar a variedade e não a qualidade, dos bens intermediários utilizados na produção de bens finais. Sendo assim, a função de produção utilizada pelas firmas dessa economia pode ser apresentada por intermédio da seguinte equação:

$$Y = H_Y^\alpha L^b \sum_1^\infty X_i^{1-a-b} \qquad (2.11)$$

em que : H_Y é a fração do estoque de capital humano utilizado na produção de bens finais.

Algumas observações são necessárias a respeito da Equação 2.11. Em primeiro lugar, estamos supondo que a função de produção é aditivamente separável nos insumos intermediários. Isso equivale a afirmar que cada unidade monetária investida no insumo X_i não influencia a produtividade marginal do insumo X_j (no qual $i \neq j$). Essa hipótese descarta a existência de qualquer relação de complementariedade e/ou substitubilidade entre os bens intermediários . Em segundo lugar, como a função de produção descrita pela Equação 2.11 é homogênea de grau um, segue-se que a produção de bens finais pode ser determinada a partir do problema de maximização de lucros de uma única firma competitiva.

Se supusermos que os bens intermediários são perfeitamente divisíveis, a Equação 2.10 pode ser reescrita da seguinte forma:

$$Y = H_Y^\alpha L^b \int_1^\infty X_i^{1-a-b} \, di \qquad (2.12)$$

O setor de bens intermediários adquire projetos de bens de capital do setor de pesquisa e desenvolvimento, pagando um preço P_A por projeto. Esse preço consiste no valor que as firmas pagam por uma *patente* infinita sobre cada projeto de bem de capital; sendo que essa patente dá o direito exclusivo de produção do bem intermediário correspondente ao referido projeto. Uma vez que uma das firmas desse setor tenha adquirido um projeto para a produção do bem intermediário i, ela pode converter η unidades de produção final em uma unidade do bem em consideração. Se a firma j produzir X_i unidades do bem intermediário i, então ela poderá alugar os serviços do mesmo à um preço $P(i)$ para as firmas do setor de bens finais. Deve-se observar que esse preço é uma variável que está sobre controle das firmas do setor de produção de bens intermediários, ou seja, nesse setor prevalecem condições de *concorrência imperfeita*.

Temos, portanto, que o estoque de capital existente num determinado instante do tempo pode ser definido pela seguinte equação:

$$K = \eta \sum_1^A X_i \qquad (2.13)$$

em que: A é o nível de conhecimento tecnológico.

No que se refere ao setor de pesquisa e desenvolvimento, iremos supor que todos os agentes engajados em pesquisa tem acesso livre ao estoque total de conhecimento, ou seja, o conhecimento é um *bem público* no setor em consideração. No entanto, o

34 CAPÍTULO 2

arranjo institucional vigente nessa economia permite que, de alguma forma não especificada, os projetos resultantes desse esforço de pesquisa possam ser privadamente apropriados por intermédio de patentes, de forma que é possível cobrar pelo uso dos mesmos. Sendo assim, a acumulação de conhecimento tecnológico pode ser descrita pela seguinte equação:

$$\dot{A} = \& H_A A \qquad (2.14)$$

Na Equação 2.14, o termo do lado esquerdo representa a taxa instantânea de produção de novos projetos de bens intermediários. Essa taxa é uma função da fração do estoque de capital humano empregado no setor de pesquisa e desenvolvimento (H_A), do estoque de conhecimento e de projetos existentes num determinado instante do tempo (A) e de uma constante de eficiência (&). Fica claro na equação acima que a produtividade do capital humano empregada no setor de pesquisa e desenvolvimento aumenta com os acréscimos no estoque existente de conhecimento. Isso evidencia o caráter do conhecimento como um bem público no referido setor.

Como no setor em consideração não existem insumos que sejam do domínio exclusivo de alguns indivíduos ou firmas, segue-se que a entrada de novas firmas é inteiramente livre. Sendo assim, cada firma deverá obter lucro econômico igual a zero. Definindo-se W_h como a taxa de remuneração do capital humano nesse setor, a seguinte condição deve prevalecer:

$$P_A A \& = W_h \qquad (2.15)$$

Por fim, o capital humano empregado no setor de produção de bens finais mais o estoque de capital humano empregado no setor de pesquisa e desenvolvimento devem ser iguais ao estoque total de capital humano existente na economia. Sendo assim, temos que:

$$H_A + H_Y = H \qquad (2.16)$$

A firma representativa do setor de bens finais toma a lista de preços de bens intermediários $\{P(i) : i \in e \ \Re\}^{xiv}$ como um dado e escolhe a quantidade $X(i)$ de cada bem intermediário de forma a maximizar os seus lucros. Temos, portanto, que o problema de otimização dessa firma pode ser apresentado da seguinte forma:

$$MAX_x \int_0^\infty \left[H_Y^\alpha L^b X_i^{1-a-b} - P(i)X(i) \right] di \qquad (2.17)$$

Diferenciando 2.17 com respeito a $X(i)$, temos:

$$(1 - \alpha - \beta)H_Y^\alpha L^\beta X(i)^{-(\alpha+\beta)} = P(i) \qquad (2.18)$$

A Equação 2.18 nada mais é do que a função de demanda inversa do bem intermediário i.

A firma produtora do bem intermediário i toma a Equação 2.18 como um dado ao escolher o aluguel que vai cobrar pelo uso do referido bem por parte das firmas do setor produtor de bens finais. O problema de maximização das firmas do referido setor pode ser expresso da seguinte forma:

$$MAX_x\pi = P(X) - r\eta\mathbf{X}$$
$$\mathbf{s.a.}\ (1 - \alpha - \beta)H_Y^\alpha L^\beta X(i)^{-(\alpha+\beta)} = P(X) \tag{2.19}$$

Das condições de primeira ordem para a solução de (2.19), temos que:

$$P(i) = \overline{P} = \frac{r\eta}{1 - \alpha - \beta} \tag{2.20}$$

A Equação 2.20 mostra que as firmas produtoras de bens intermediários fixam a taxa de aluguel dos bens com base num *mark-up* sobre os custos unitários. Definindo como a quantidade do bem intermediário i que a firma em consideração põe a venda no mercado, segue-se que o seu lucro é dado por:

$$\pi = (\alpha + \beta)\overline{P}\,\overline{X} \tag{2.21}$$

As firmas do setor em consideração não devem só decidir a respeito da quantidade a ser produzida de cada bem intermediário, como também devem decidir sobre a compra de novos projetos de bens intermediários. Essa decisão nada mais é do que uma decisão de investimento, onde a firma compara o fluxo descontado de receitas provenientes do aluguel dos bens intermediários com o custo P_A decorrente do investimento em novos projetos.

Supondo que o mercado de novos projetos de bens intermediários seja *eficiente*, segue-se que o preço dos novos projetos de investimento deve ser igual ao valor descontado de suas perspectivas futuras de lucro. Nesse caso, temos que:

$$P_A(t) = \int_t^\infty \left\{ exp - \left[\int_t^\tau r(s)ds \right] \right\} \pi(\tau)d\tau \tag{2.22}$$

Diferenciando (2.22) com respeito ao tempo, temos após os algebrismos necessários que:

$$\pi(t) = r(t)P_A \tag{2.23}$$

A Equação 2.23 mostra que as firmas do setor de bens intermediários só estarão dispostas a adquirir um novo projeto se, a cada ponto do tempo, o excesso de receita sobre o custo marginal for suficiente para cobrir o custo de oportunidade desse projeto, igual ao produto entre a taxa de juros e o preço do mesmo.

CAPÍTULO 2

Por fim, para fechar o modelo, consideremos que os consumidores tenham uma função utilidade intertemporal dada pela seguinte equação:

$$U = \int_0^\infty \left\{ \frac{c^{1-\sigma} - 1}{1 - \sigma} \right\} \exp(-\rho t) dt \tag{2.24}$$

em que: c é o consumo *per capita*, ρ é a taxa subjetiva de desconto intertemporal e σ é a recíproca da elasticidade de substituição intertemporal de consumo.

A condição de Keynes-Ransey para taxa de juros constante é dada por:

$$\gamma_c = \frac{r - \rho}{\sigma} \tag{2.25}$$

Na Equação 2.25, a taxa de crescimento do consumo *per capita* é constante e igual a $\left(\dfrac{r - \rho}{\sigma} \right)$.

Resta agora determinar se existe uma trajetória de crescimento em estado estável para a economia em consideração, ou seja, se é possível demonstrar que o nível de conhecimento tecnológico, o estoque de capital físico e o nível de produção crescem a taxas constantes ao longo do tempo.

Com base na Equação 2.14, observamos que o nível conhecimento tecnológico A crescerá à uma taxa constante se e somente se a parcela de capital humano que é empregada no setor de pesquisa e desenvolvimento permanecer constante ao longo do tempo. Para que isso ocorra faz-se necessário que os preços e os salários vigentes na economia sejam tais que H_y e H_A sejam constantes.

Substituindo 2.21 em 2.23 temos que:

$$P_A = \left\{ \frac{(\alpha + \beta)}{r} \right\} \overline{P}\, \overline{X} \tag{2.26}$$

Substituindo 2.20 em 2.26 temos que:

$$P_A = \left\{ \frac{(\alpha + \beta)}{r} \right\} (1 - \alpha - \beta) H_Y^\alpha L^b X^{1-\alpha-\beta} \tag{2.27}$$

Paralelamente, o capital humano deve ser igualmente remunerado nos setores de produção de bens finais e de bens intermediários. Sendo assim, a seguinte condição deve se verificar:

$$P_A \,\&\, A = \alpha H_Y^{\alpha-1} L^\beta \int_0^\infty \overline{X}^{1-\alpha-\beta} di \tag{2.28}$$

Substituindo 2.27 em 2.28, temos:

$$H_Y = \frac{\alpha}{\left[\&(1 - \alpha - \beta)(\alpha + \beta) \right]^r} \tag{2.29}$$

De 2.12 temos que:

$$Y = H_Y^\alpha L^b A \overline{X}^{1-\alpha-\beta} \qquad (2.30)$$

Na Equação 2.30 observamos que Y cresce à mesma taxa que A, se H_y, L e $\overline{X}$ forem constantes. A força de trabalho L é constante por hipótese. H_y e $\overline{X}$ serão constantes se a taxa de juros for constante. Analogamente, se $\overline{X}$ for fixo, então $K = \eta A \overline{X}$ também deve crescer à mesma taxa que A. Por outro lado, como $\partial K/\partial t = Y - C$, segue-se que se K e Y crescerem à mesma taxa — o que será verdade se r for constante — então C e Y irão crescer à mesma taxa. Em suma, se r for constante, podemos definir a existência de uma trajetória de crescimento balanceado onde:

$$g = \gamma_c = \gamma_Y = \gamma_K = \&H_A \qquad (2.31)$$

Como $H_y = H - H_A$, a Equação 2.31 pode ser escrita da seguinte forma:

$$g = \&H - \Psi r \qquad (2.32)$$

em que: $\Psi = \dfrac{\alpha}{(1 - \alpha - \beta)(\alpha + \beta)}$.

A Equação 2.32 mostra que a taxa de aumento do nível de conhecimento tecnológico é uma função inversa da taxa real de juros r. Se a taxa real de juros aumentar, então isso irá reduzir o valor presente dos rendimentos obtidos com o aluguel dos bens intermediários na Equação 2.27, fazendo com que o preço (P_A) que as firmas desse setor estão dispostas a pagar por novos projetos de bens intermediários se reduza. Isso, por seu turno, irá reduzir os rendimentos do capital humano no setor de pesquisa e desenvolvimento. Tal redução estimulará uma realocação do estoque de capital humano deste último para o setor produtor de bens intermediários, ou seja, um aumento de H_y na Equação 2.29. A redução do estoque de capital humano empregado no setor de pesquisa e desenvolvimento, por seu turno, tem o efeito de reduzir a taxa de crescimento do nível de conhecimento tecnológico; o que, por sua vez, impõe uma redução na taxa de crescimento do nível de produção e do estoque de capital.

A Equação 2.32 apresenta duas incógnitas, g e r. Para determiná-las é necessária uma outra equação que apresente a taxa de crescimento como uma função da taxa real de juros. Essa equação consiste na condição de Keynes-Ramsey apresentada em 2.25.

Colocando r em evidência na Equação 2.25, e substituindo a resultante na Equação 2.31, temos que:

$$g = \frac{\&H - \Psi\rho}{1 + \Psi\sigma} \qquad (2.33)$$

Na Equação 2.33 fica claro que a taxa de crescimento da renda *per capita* g é uma função crescente do estoque de capital humano existente nessa economia e uma função

38 CAPÍTULO 2

inversa da taxa de impaciência intertemporal (ρ) e da taxa de substituição intertemporal no consumo (σ). Considerando que os países diferem substancialmente entre si no que refere às diversas medidas possíveis do estoque de capital humano (como, por exemplo, o nível médio de escolaridade da população); segue-se que a Equação 2.33 é compatível com a existência de diferentes taxas de crescimento da renda *per capita* entre os diversos países do mundo (Romer, 1990, p. 96).

O ponto fraco do modelo de Romer consiste no fato de que ele não é compatível com a existência de uma taxa de crescimento positiva para o estoque de capital humano, ou seja, a consistência interna do modelo exige que o estoque de capital humano seja constante ao longo do tempo. Como é demonstrado por Sala-i-Martín (1990a, p. 5), no caso em que os retornos de escala são crescentes, só podemos definir a existência de uma trajetória de crescimento em estado estável para a economia em consideração se a taxa de crescimento da população for igual a zero. A consideração da tecnologia como um bem não rival faz com que os retornos de escala sejam claramente crescentes quando consideramos todos os insumos utilizados na produção de bens finais. Sendo assim, a taxa de crescimento da população deve ser igual a zero para que se possa determinar o crescimento em estado estável da economia em questão com base na Equação 2.33. Como nao é possível que o capital humano cresça sistematicamente à uma taxa mais rápida do que a população (Romer, 1990, p. 80), segue-se que a taxa de crescimento do estoque de capital humano deve ser também igual a zero.

Se o estoque de capital humano é fixo para sempre, então a taxa de crescimento da renda *per capita* não deverá nunca mudar. Nesse caso, os países que iniciaram suas trajetórias de crescimento apresentando baixas taxas de crescimento nos seus níveis de renda *per capita* deverão permanecer sempre nessa situação; ao passo que os países que apresentaram altas taxas de crescimento nos seus níveis de renda *per capita* deverão continuar indefinidamente nessa posição. Em outras palavras, o modelo de Romer não é capaz de explicar porque alguns países tem conseguido realizar o processo de *catching-up* com relação aos países que possuem níveis de renda *per capita* mais elevados.

2.4.4 Uma avaliação dos modelos neoclássicos de crescimento

A questão que surge, após esta análise, é de que forma os modelos neoclássicos apresentados anteriormente conseguem explicar os fatos estilizados sobre o crescimento econômico mundial. De uma maneira geral, os três modelos analisados não explicam por completo os fatos ocorridos nestes últimos dois séculos. Quando muito, os explicam em parte.

Como podemos observar ao longo do presente capítulo, uma série de países se destacaram no crescimento da produtividade e da renda *per capita*, enquanto a grande maioria manteve-se num ciclo de baixo crescimento e pouca acumulação de riqueza. Dessa forma, com apenas um seleto grupo de economias crescendo a níveis crescentes e sustentados, não poderíamos esperar um resultado diferente da grande divergência nos níveis de renda *per capita* a nível mundial, conforme demonstrado.

Vejamos então o fato da divergência nos níveis de renda *per capita* ao redor do mundo nestes últimos dois séculos. Só o modelo de Romer apresenta uma explicação razoável para o fato, porque prevê que cada país terá a sua própria taxa de crescimento da renda *per capita*, possibilitando então sua divergência. Entretanto, como nenhuma explicação é dada a respeito dos determinantes do estoque de capital humano, essa classe de modelos de crescimento é incapaz de explicar o porquê da taxa de crescimento do nível de renda *per capita* de certos países (Europa e Japão) ter se acelerado no período posterior a Segunda Guerra Mundial, permitindo que tais países realizassem um processo de *catching-up* com relação aos Estados Unidos.

No entanto, houve alguma convergência nos níveis de renda *per capita*, que ocorreu em espaços relativamente curtos de tempo e em ocasiões especiais. Conforme vimos, houve um caso especial de convergência, que foi a ocorrida entre os países europeus.

No que diz respeito à convergência nos níveis de renda *per capita* entre os países europeus no pós-guerra, o modelo de Solow com progresso técnico e o de Mankiw, Romer e Weill mostram que esta situação poderia acontecer se os diferentes países tivessem a mesma taxa de poupança/investimento. Mais uma vez, os dados não confirmaram a validade dessa hipótese, com a ocorrência de convergência concomitantemente à existência de diferentes taxas de investimento. O modelo de Romer não prevê esse tipo de situação, pois já que as taxas de crescimento da renda *per capita* têm que ser constantes em *steady-state*, segue-se que as diferenças nos níveis desta variável terão também que se manter inalteradas ao longo do tempo.

Desse razoado se segue que os modelos neoclássicos de crescimento econômico não conseguem explicar de uma maneira satisfatória os diferentes níveis e taxas de crescimento da renda *per capita*. Porém, eles são unânimes em afirmar que o progresso técnico é o grande motor do crescimento econômico de longo prazo, pois as diferenças observadas entre os níveis de renda *per capita* se devem à existência de diferentes níveis tecnológicos. Assim sendo, fenômenos como a convergência só ocorrem quando há uma redução dos diferenciais de produtividade que separam os países. Conforme também foi demonstrado, o grande motivador de tais disparidades produtivas é a existência de diferentes níveis de produtividade do trabalho.

2.5 QUESTÕES PARA DISCUSSÃO

1) Um "fato estilizado" sobre a dinâmica do crescimento econômico mundial é a ocorrência de *divergências* entre as taxas de crescimento da renda *per capita*, ou seja, a constatação de que os diferentes países do mundo apresentam taxas de crescimento diferenciadas da renda *per capita*. Essas diferenças nas taxas de crescimento fazem com que o hiato de renda *per capita* entre os países ricos e os países pobres se amplifique, em vez de se reduzir ao longo do tempo. Com base nessas considerações, explique por qual razão os modelos neoclássicos de crescimento são, em geral, incapazes de dar uma explicação satisfatória para esse fenômeno.

40   CAPÍTULO 2

2) Por que a tecnologia tem que ser tratada como um bem público no modelo de crescimento de Solow? Quais as implicações dessa hipótese para o debate a respeito da divergência entre as taxas de crescimento da renda *per capita* a nível mundial? De que maneira o modelo de crescimento de Romer consegue contornar essas deficiências?

NOTAS

i) É necessário que se faça uma distinção entre *catch-up* e convergência. Neste capítulo, serão usadas as seguintes definições: (I) convergência trata-se da redução da desigualdade de renda *per capita* entre um grupo de países em torno de uma média; (II) *catching-up* ocorre quando um país reduz o hiato de renda *per capita* que o separa do líder de produtividade ou da "fronteira tecnológica".

ii) O conceito de renda *per capita* relativa é uma definição de Angel de la Fuente (1996, p. 27) e corresponde, aproximadamente, à diferença percentual entre a renda *per capita* de um país (ou território) num determinado ano e a média geométrica da amostra de rendas *per capita* dos demais países (ou territórios) ao longo do mesmo ano.

iii) Esses 118 países são considerados como "o resto do mundo" por Angel de la Fuente (1996, p. 6).

iv) De acordo com Dosi, Pavitt & Soete (1990), quanto maior a automação/mecanização da produção e a inovação e a incorporação desta nos bens de capital, maior será o progresso técnico atingido por cada país.

v) Os 12 países em questão são: Áustria, Bélgica, Dinamarca, Finlândia, França, Alemanha Ocidental, Itália, Holanda, Noruega, Suécia, Suíça e Reino Unido.

vi) Esse valor é obtido da seguinte forma. A taxa de crescimento do estoque de capital pode ser expressa como: $\dfrac{\dot{K}}{K} = \dfrac{I - \delta K}{K} = \dfrac{I}{Y}\dfrac{Y}{K} - \delta = \dfrac{f}{\sigma} - \delta$; em que: f é o investimento como proporção do PIB, σ é a relação capital-produto e δ é a taxa de depreciação do estoque de capital. Nos últimos 25 anos, a taxa de investimento tem se situado em torno de 20% do PIB, de forma que podemos supor $f = 0.2$. A relação capital-produto se encontra atualmente em torno de 3,1 segundo dados do IPEADATA. Por fim, podemos estimar uma taxa de depreciação do estoque de capital em torno de 4% a.a. Dessa forma, chega-se a uma taxa "potencial" de crescimento do estoque de capital da ordem de 4% a.a.

vii) Em tempo: Solow estimou que cerca de 7/8 do crescimento da economia norte-americana na primeira metade do século XX não poderia ser explicado pelo crescimento dos estoques de capital e trabalho. Em outras palavras, 7/8 do crescimento da economia norte-americana da primeira metade do século XX não têm explicação com base na teoria econômica neoclássica.

viii) Produto Potencial e Crescimento. IEDI, Março de 2006.

ix) Uma boa resenha da Controvérsia do Capital pode ser encontrada em Harcourt (1972).

x) Para um estudo sobre a existência de raiz unitária nas séries de tempo do PIB dos países da América Latina ver Libânio (2009).

xi) A histerese no mercado de trabalho se origina da perda de eficiência produtiva que os trabalhadores desfrutam por conta do tempo em que permanecem desempregados. Dessa forma, quanto maior for o tempo que um determinado trabalhador permanece desempregado, maior será a sua perda de eficiência produtiva, o que irá reduzir a probabilidade de recontratação do mesmo se e quando a economia retomar a trajetória de crescimento. A esse respeito ver Dutt e Ros (2007).

xii)
$$\dot{k} = \frac{\dot{K}(AL) - K(\dot{A}L + A\dot{L})}{(AL)^2} = \frac{\dot{K}}{AL} - \frac{\dot{A}}{A}\frac{K}{AL}\frac{L}{L} - \frac{\dot{L}}{L}\frac{K}{AL}\frac{A}{A}$$

$$\dot{k} = \frac{\dot{K}}{AL} - \frac{\dot{A}}{A}\frac{K}{AL} - \frac{\dot{L}}{L}\frac{K}{AL} = \frac{sF(K,AL)}{AL} - gk - nk$$

xiii) Esse valor vem do fato de que, pelos dados da economia americana, a participação dos lucros na renda se situa em torno de 1/3 (Oreiro, 1999, p. 51).

xiv) Os bens intermediários que ainda não foram inventados tem preço P(i) = $\propto$.

PARTE II

MODELOS DE
CRESCIMENTO
DE INSPIRAÇÃO
KEYNESIANA

CAPÍTULO 3

MODELOS KEYNESIANOS DE CRESCIMENTO COM RESTRIÇÃO DE OFERTA DE TRABALHO

3.1 INTRODUÇÃO

Neste capítulo iremos analisar os determinantes do crescimento de uma *economia madura*, ou seja, uma economia que já terminou o seu processo de industrialização de forma que toda a força de trabalho disponível no setor tradicional ou de subsistência já foi transferida para o setor industrial moderno. Nesse contexto, a oferta de trabalho com a qual a economia se defronta não é ilimitada, mas se expande ao longo do tempo a partir do crescimento da população. No curto e no médio prazo, a força de trabalho pode crescer a uma taxa superior a do crescimento da população em função de mudanças na jornada de trabalho e na taxa de participação. No longo prazo, contudo, tanto a jornada de trabalho como a taxa de participação devem ser constantes, de maneira que o ritmo de crescimento da oferta de trabalho estará determinado pelo ritmo de crescimento da população.

Nesse contexto, a taxa potencial de crescimento da economia será determinada pela assim chamada *taxa natural de crescimento*, que consiste na soma entre a taxa de crescimento da força de trabalho e a taxa de crescimento da produtividade do trabalho. Na medida em que o progresso técnico é, em grande parte, incorporado em novas máquinas e equipamentos, segue-se que o ritmo de crescimento da produtividade do trabalho será determinado pela taxa de crescimento do estoque de capital por trabalhador, relação conhecida como

45

46 CAPÍTULO 3

função de progresso técnico. A endogenização do progresso técnico permite classificar os modelos que serão apresentados neste capítulo como *modelos de crescimento endógeno*.

Uma economia madura não necessariamente opera na *fronteira tecnológica*. Dessa forma, a função de progresso técnico que iremos apresentar neste capítulo leva em conta os efeitos (positivos ou negativos) que o hiato tecnológico tem sobre a taxa de crescimento da produtividade do trabalho.

No que se refere ao mercado de bens, iremos supor que a oferta será inelástica e a distribuição de renda entre salários e lucros deverá desempenhar o papel de variável de ajuste entre a taxa natural de crescimento e a taxa de crescimento compatível com o equilíbrio macroeconômico entre poupança e investimento, a qual é conhecida na literatura como *taxa garantida de crescimento*.

Os modelos apresentados ao longo deste capítulo se inserem no contexto mais geral dos modelos keynesianos de crescimento uma vez que em todos eles a poupança é determinada pelo investimento. O que irá diferenciar os modelos a serem apresentados neste capítulo é a especificação da função poupança.

3.2 A TECNOLOGIA DE PRODUÇÃO E A TAXA NATURAL DE CRESCIMENTO

Consideremos uma economia que produz um único bem homogêneo (por exemplo, trigo) que serve tanto para consumo como para investimento. A produção é realizada por intermédio de firmas que empregam apenas capital e trabalho no processo produtivo. No que se refere ao trabalho, iremos supor que ele é um insumo homogêneo, ou seja, os trabalhadores possuem as mesmas habilidades e qualificações. O capital, contudo, é constituído por máquinas e equipamentos produzidos em pontos diferentes do tempo, incorporando, portanto, níveis diferentes de conhecimento tecnológico, de forma que as máquinas e equipamentos de "safras" diferentes terão níveis diferenciados de eficiência produtiva. A agregação dos tipos diferentes de capital numa única medida de capital, no entanto, não é uma tarefa fácil; razão pela qual iremos abstrair a heterogeneidade existente entre os bens de capital, supondo que o estoque de capital também é homogêneo.

A produção é feita a partir de uma tecnologia de produção de coeficientes fixos *a la Leontieff*, ou seja, capital e trabalho são combinados em proporções fixas no processo produtivo. Isso significa que capital e trabalho são vistos como *complementares perfeitos* no processo de produção, não havendo a possibilidade de substituir um pelo outro em função de mudanças nos preços dos insumos.

Sendo assim, a quantidade produzida no instante *t* do tempo é dada por:

$$Y = \min(aL; uvK) \tag{3.1}$$

Em que: Y é a quantidade produzida, $\overline{Y}$ é o produto potencial,[i] L é a quantidade empregada de trabalho, K é a quantidade empregada de capital, a é a produtividade média do trabalho, $u = \dfrac{Y}{\overline{Y}}$ é o grau de utilização da capacidade produtiva, $v = \dfrac{\overline{Y}}{K}$ é a relação produto-potencial-capital.

As firmas estarão usando de forma eficiente os insumos capital e trabalho se a seguinte condição for atendida:

$$Y = aL = uvK \tag{3.2}$$

A partir da Equação 3.2 podemos deduzir a quantidade de trabalho que as firmas estão dispostas a empregar. Com efeito, tomando a primeira igualdade na Equação 3.2 e resolvendo para L, temos que:

$$L = \frac{1}{a}Y \tag{3.3}$$

A Equação 3.3 mostra que a quantidade de trabalho que as firmas estão dispostas a empregar num momento qualquer do tempo é proporcional ao seu nível de produção.

Aplicando o logaritmo natural na Equação 3.3 e diferenciando a expressão resultante com respeito ao tempo, obtemos a seguinte expressão:

$$\hat{L} = \hat{Y} - \hat{a} \tag{3.4}$$

Em que: $\hat{L}$ é a taxa de crescimento do emprego, $\hat{Y}$ é a taxa de crescimento do produto, $\hat{a}$ é a taxa de crescimento da produtividade do trabalho.

A Equação 3.4 nos mostra que o emprego irá aumentar (diminuir) ao longo do tempo se a taxa de crescimento da produção for maior (menor) do que a taxa de crescimento da produtividade do trabalho.

Dado que estamos considerando uma economia madura, vamos supor que a taxa de crescimento do emprego é igual a taxa de crescimento da oferta de trabalho.[ii] Sendo η a taxa de crescimento da força de trabalho, temos que:

$$\hat{Y} = \eta + \hat{a} \tag{3.5}$$

Na Equação 3.5 lemos que a taxa de crescimento do produto deve ser igual à soma entre a taxa de crescimento da força de trabalho e a taxa de crescimento da produtividade do trabalho. Essa é a taxa máxima de crescimento da economia no longo prazo. Se a taxa de crescimento for maior do que esse máximo, o emprego irá crescer mais rapidamente do que a oferta de trabalho, de maneira que a taxa de desemprego irá convergir para zero num horizonte finito de tempo. Isso significa que em algum momento a economia ficará sem trabalhadores disponíveis para continuar crescendo a essa taxa, ou seja, trata-se de uma *trajetória de crescimento que é insustentável no longo prazo*. Por outro lado, se a economia crescer a uma taxa menor do que a dada pela Equação 3.5, então o emprego vai crescer a um ritmo menor do que a oferta de trabalho, fazendo com que a

48 CAPÍTULO 3

taxa de desemprego convirja para 100% num horizonte finito de tempo. É igualmente claro que se trata de uma trajetória insustentável de crescimento.

Para que a economia apresente uma trajetória de crescimento balanceada — ou seja, uma trajetória de crescimento na qual a taxa de desemprego seja constante ao longo do tempo — é necessário que a economia cresça a uma taxa igual à dada pela Equação 3.5. A taxa de crescimento do produto que permite a obtenção de uma trajetória de crescimento balanceada é chamada de *taxa natural de crescimento*.

Denominando a taxa natural de crescimento de g_N temos que:

$$g_N = \eta + \hat{a} \tag{3.6}$$

3.3 A FUNÇÃO DE PROGRESSO TÉCNICO

Agora é chegado o momento de nos debruçarmos sobre os determinantes do crescimento da produtividade do trabalho. Na teoria convencional ou neoclássica, o crescimento da produtividade do trabalho pode ser decomposto em duas partes: uma parte que é atribuível ao aumento do estoque de capital por trabalhador, ou seja, aquela que decorre do aumento da intensidade do capital; e outra que decorre de uma mudança no assim chamado "estado das artes", isto é, o nível de conhecimento tecnológico que a sociedade dispõe num dado ponto do tempo. Essa separação é possível de ser feita numa economia onde o *progresso técnico é desincorporado*, ou seja, onde os avanços no "estado das artes" podem dar-se sem a necessidade de se materializarem na forma de novas máquinas e equipamentos. Contudo, como a maior parte do progresso técnico é incorporado em máquinas e equipamentos, segue-se que é difícil, para não dizer impossível, separar o crescimento da produtividade do trabalho que é atribuível apenas a maior "mecanização" do processo produtivo daquela que é atribuível a uma melhoria no "estado das artes".

Nesse contexto, iremos expressar, tal como Kaldor (1957), a taxa de crescimento da produtividade do trabalho como uma *função simples* da taxa de crescimento do estoque de capital por trabalhador. Temos, então, que:

$$\hat{a} = \alpha_0 + \alpha_1\hat{k} \qquad \alpha_0 > 0 \qquad \alpha_1 > 1 \tag{3.7}$$

Em que: $\hat{k}$ é a taxa de crescimento do estoque de capital por trabalhador.

Podemos entender a lógica da função de progresso técnico de outra forma. Tanto o emprego de mais capital por trabalhador implica na introdução de técnicas de produção superiores (e, portanto, num aumento da produtividade do trabalho); como também a maioria das inovações técnicas que são capazes de elevar a produtividade da mão de obra necessita utilizar mais capital por trabalhador (seja por um equipamento mais elaborado, como pelo uso de maior potência mecânica).

O termo α_0 na Equação 3.7 representa a parcela do progresso técnico que é autônoma com relação ao esforço de acumulação de capital. Trata-se, portanto, da parcela do progresso técnico que é desincorporada das máquinas e equipamentos. Ou seja, trata-se dos ganhos de produtividade decorrentes de mudanças organizacionais que permitem um aumento da produção sem a realização de investimento adicional.

O termo $\alpha_1\hat{k}$, por sua vez, representa a parcela do progresso técnico que é incorporada em máquinas e equipamentos, sendo induzido, portanto, pelo esforço de acumulação de capital. O coeficiente α_1 representa a sensibilidade da taxa de crescimento da produtividade do trabalho a variações do ritmo de crescimento do estoque de capital por trabalhador. Esse coeficiente capta a capacidade de se transformar o fluxo de novas ideias e conhecimento em aumento de produtividade via investimento.

Esse coeficiente de indução do crescimento da produtividade pela acumulação de capital depende, por sua vez, do tamanho do assim chamado *hiato tecnológico*, ou seja, da distância entre o nível de conhecimento tecnológico possuído pela economia em consideração com relação a fronteira tecnológica.

Qual a relação entre o hiato tecnológico e o coeficiente de indução da função de progresso técnico? Até certo ponto, os países que se acham atrás da fronteira tecnológica podem aumentar rapidamente a sua produtividade simplesmente por intermédio da imitação e do aprendizado dos métodos de produção empregados pelos países que se encontram na fronteira tecnológica. Ou seja, dentro de certos limites, os quais serão detalhados mais a frente, a taxa de crescimento da produtividade do trabalho de uma economia que se acha atrás da fronteira tecnológica é uma função positiva da distância que a separa com respeito a essa mesma fronteira. Como a imitação envolve, ao menos em parte, a compra de máquinas e equipamentos produzidos nos países que se situam nessa fronteira, segue-se que o coeficiente de indução da função de progresso técnico deve depender do tamanho do hiato tecnológico. Dessa forma, os países que estão atrás da fronteira tecnológica podem se beneficiar dos efeitos de transbordamento positivos do conhecimento técnico possuído pelos países líderes em tecnologia.

Deve-se ressaltar, contudo, que essa relação positiva entre o coeficiente de indução da função de progresso técnico e o hiato tecnológico depende da *capacidade de aprendizado* ou *capacidade absortiva* possuída por um país. A capacidade absortiva, por sua vez, depende da própria distância que o país se encontra com relação a fronteira tecnológica. Se essa distância for muito grande, então o país não será capaz de aproveitar os efeitos de transbordamento positivos dos países líderes em tecnologia. Nesse caso, o coeficiente de indução da função de progresso técnico será uma função decrescente do hiato tecnológico.[iii]

Definindo-se $G = \dfrac{T_N}{T_S}$ como o hiato tecnológico,[iv] em que T_N é o nível de conhecimento na fronteira tecnológica, e T_S é o nível de conhecimento tecnológico no país retardatário, iremos supor, com base em Verspagen (1993), que:

$$\alpha_1 = a_2 G e^{-\frac{G}{\delta}} \tag{3.8}$$

50 CAPÍTULO 3

Em que: δ é um parâmetro que representa a capacidade de aprendizado tecnológico da economia em consideração (também conhecida como capacidade absortiva).

Na Equação 3.8 observamos que se o hiato tecnológico for igual a um, o coeficiente de indução da função de progresso técnico será constante e igual a $a_2 e^{-\frac{1}{\delta}}$. Se diferenciarmos a Equação 3.8 com relação a G, obtemos a seguinte expressão:

$$\frac{\partial \alpha_1}{\partial G} = a_2 e^{-\frac{G}{\delta}}\left(1 - \left(\frac{G}{\delta}\right)^2\right) \tag{3.9}$$

Na Equação 3.9 fica claro que $\frac{\partial \alpha_1}{\partial G}$ será positivo se e somente se $\left(1 - \left(\frac{G}{\delta}\right)^2\right) > 0$, ou seja, se $\delta > G$. Em palavras, o coeficiente de indução da função de progresso técnico será uma função crescente do hiato tecnológico se e somente se o hiato tecnológico for menor do que o parâmetro que representa a capacidade de aprendizado tecnológico da economia.

Sabemos que o crescimento do estoque de capital por trabalhador é dado por:

$$\hat{k} = \hat{K} - n \tag{3.10}$$

Em que: $\hat{K}$ é a taxa de crescimento do estoque de capital (o qual será designado por g_K daqui para a frente).

Substituindo 3.8 e 3.10 em 3.7, temos que:

$$\hat{a} = \alpha_0 + \left(a_2 G e^{-\frac{G}{\delta}}\right)(g_k - n) \tag{3.11}$$

A Equação 3.11 é a forma final da *função de progresso técnico*. Nessa equação podemos perceber que a taxa de crescimento da produtividade do trabalho depende da taxa de crescimento do estoque de capital, da taxa de crescimento da força de trabalho e do hiato tecnológico.

Um exemplo numérico pode nos ajudar a visualizar a relação entre a taxa de crescimento da produtividade do trabalho e o hiato tecnológico. Consideremos uma economia na qual o coeficiente α_0 que representa a parcela desincorporada do progresso tecnológico é igual a 0,01. Suponha também que $\alpha_2 = 0,8$ e que o parâmetro δ que representa a capacidade de aprendizado tecnológico (também conhecida como capacidade absortiva) é igual a 1,5. Por fim, suponha que o estoque de capital cresce a taxa de 2 % a.a e a força de trabalho cresce a taxa de 1,0 % a.a. A visualização da relação entre a taxa de crescimento da produtividade do trabalho e o hiato tecnológico pode ser feita pela Figura 3.1.

Na Figura 3.1 observamos que a taxa de crescimento da produtividade do trabalho é uma função não linear do hiato tecnológico. Para níveis do hiato tecnológico superiores a capacidade absortiva da economia, a taxa de crescimento da produtividade

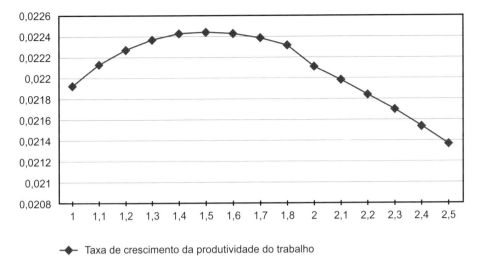

Figura 3.1 Taxa de crescimento da produtividade do trabalho como função do hiato tecnológico. Fonte: Elaboração do autor.

do trabalho é uma função decrescente do hiato tecnológico; ou seja, à medida que o país reduz sua distância da fronteira tecnológica, maior será o crescimento da produtividade do trabalho. Contudo, uma vez que o hiato tecnológico tenha caído abaixo do nível da capacidade absortiva, a taxa de crescimento da produtividade do trabalho irá se reduzir à medida que o país se aproximar mais e mais da fronteira tecnológica.

3.4 ACUMULAÇÃO DE CAPITAL E CRESCIMENTO BALANCEADO

Com base na condição de eficiência econômica no uso dos insumos (Equação 3.2) a quantidade produzida num dado ponto do tempo pode ser expressa por:

$$Y = uvK \quad (3.12)$$

A Equação 3.12 estabelece que a quantidade produzida é uma função do estoque de capital existente na economia dados o grau de utilização da capacidade e a relação produto-potencial-capital.

Aplicando o logaritmo natural na Equação 3.12 e diferenciando a expressão resultante com relação ao tempo, chegamos a seguinte expressão:

$$g_Y = g_u + g_v + g_K \quad (3.13)$$

Em que: g_Y é a taxa de crescimento do produto, g_u é a taxa de crescimento do grau de utilização da capacidade produtiva, g_v é a taxa de crescimento da relação produto-potencial-capital.

52 CAPÍTULO 3

O termo g_v na equação 3.13 nos dá a taxa de crescimento da produtividade do capital, o qual depende da natureza do progresso tecnológico.[v] Se a produtividade do capital estiver aumentando ao longo do tempo, dizemos que o progresso técnico é poupador de capital. No caso em que a produtividade do capital estiver diminuindo ao longo do tempo, dizemos que o progresso técnico é dispendioso de capital. Por fim, se a produtividade do capital for constante ao longo do tempo, então o progresso técnico é dito neutro.

As evidências empíricas apresentadas por Kaldor (1957) apontam para a estabilidade da relação capital-produto no longo prazo e, portanto, para a ocorrência de um progresso técnico do tipo neutro.

O termo g_u na Equação 3.13 apresenta a taxa de variação do grau de utilização da capacidade produtiva. A esta altura, deve estar claro para o leitor que o único valor de g_u que é sustentável no longo prazo é zero, ou seja, o grau de utilização da capacidade produtiva deve ser constante ao longo da trajetória de crescimento balanceado. Isso não significa, contudo, que a economia esteja operando com plena utilização da capacidade produtiva ou que as firmas estejam com uma capacidade excedente igual a planejada. Em outras palavras, uma trajetória de crescimento onde a utilização da capacidade é constante ao longo do tempo é compatível com subutilização de capacidade produtiva.

Assumindo que o progresso técnico é neutro e que a economia se encontra numa trajetória de crescimento balanceado temos que:

$$g_Y = g_K \qquad (3.14)$$

Ou seja, a taxa de crescimento do produto é igual a taxa de crescimento do estoque de capital.

Na segunda seção deste capítulo, vimos que, ao longo da trajetória de crescimento balanceado, o produto deve crescer a uma taxa igual a natural, dada pela soma entre a taxa de crescimento da força de trabalho e a taxa de crescimento da produtividade do trabalho. Sendo assim, substituindo 3.11 em 3.6 temos que:

$$g_N = \left(1 - \left(a_2 Ge^{-\frac{G}{\delta}}\right)\right)n + \alpha_0 + \left(a_2 Ge^{-\frac{G}{\delta}}\right)g_K \qquad (3.15)$$

Finalmente, ao substituir 3.14 em 3.15 e resolvendo a expressão resultante para g_N chegamos em:

$$g_N = n + \frac{\alpha_0}{\left(1 - \left(a_2 Ge^{-\frac{G}{\delta}}\right)\right)} \qquad (3.16)$$

A Equação 3.14 nos dá a expressão final para a taxa natural de crescimento, a qual depende da taxa de crescimento da força de trabalho e do hiato tecnológico.

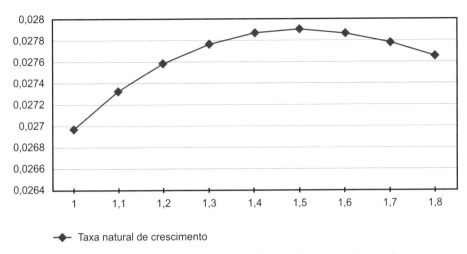

Figura 3.2 Taxa natural de crescimento como função do hiato tecnológico. Fonte: Elaboração do autor.

A partir da Equação 3.16 podemos constatar que a taxa natural de crescimento será uma função crescente do hiato tecnológico para aqueles países nos quais $\delta > G$.

Um exemplo numérico pode nos ajudar a visualizar a relação entre a taxa natural de crescimento e o hiato tecnológico. Consideremos uma economia na qual a força de trabalho cresce a uma taxa de 1,0 % a.a; o coeficiente α_0 que representa a parcela desincorporada do progresso tecnológico seja igual a 0,01. Suponha também que α_2 = 0,8 e que o parâmetro δ que representa a capacidade de aprendizado tecnológico seja igual a 1,5. A Figura 3.2 apresenta a taxa natural de crescimento da economia em consideração para uma constelação de valores do hiato tecnológico.

Na Figura 3.2 observamos que para a economia que se encontra na fronteira tecnológica, a taxa natural de crescimento é igual a 2,69 % a.a. Na medida em que a economia se distancia da fronteira tecnológica, a taxa natural de crescimento aumenta até um máximo de 2,79 % a.a no ponto em que o hiato tecnológico é igual a 1,5. A partir desse ponto, a taxa natural de crescimento cai com o progressivo afastamento da economia com respeito a fronteira tecnológica. Daqui se segue, portanto, que a taxa natural de crescimento é uma função não linear (na forma de U invertido) do hiato tecnológico.

3.5 EQUILÍBRIO MACROECONÔMICO, INVESTIMENTO E POUPANÇA

Agora iremos voltar nossa atenção para o lado da demanda agregada dessa economia. Para fins de simplicidade de exposição, iremos considerar uma economia fechada e desprovida de atividades governamentais. Essas hipóteses tem por objetivo tornar o modelo o mais simples possível, para que possamos focar nossa atenção nas relações entre a demanda e a oferta agregada ao longo de uma trajetória de crescimento balanceada.

54   CAPÍTULO 3

Uma característica fundamental dos modelos keynesianos de crescimento é supor que os gastos planejados de investimento são autônomos com respeito à poupança planejada. A autonomia do investimento com relação à poupança se baseia na existência de um sistema bancário desenvolvido, no qual os bancos são capazes de criar a liquidez necessária para as firmas iniciarem os seus projetos de investimento.[vi] Nesse contexto, um aumento do investimento pode ser realizado de forma independente de um aumento prévio da poupança, sendo viabilizado pela expansão do crédito bancário.

Com base nesse raciocínio, iremos supor que o investimento planejado (I) é exógeno e dado por:

$$I = \overline{I} \tag{3.17}$$

A poupança total da economia (S) é composta pela soma entre a poupança das firmas (S_F) e a poupança das famílias (S_H). Na maior parte dos modelos keynesianos de crescimento se supõe que as famílias não são compostas por agentes homogêneos, mas podem ser divididos em dois grupos, a saber: "capitalistas" e trabalhadores.

Os "capitalistas" são aquelas unidades familiares que auferem sua renda unicamente a partir do lucro distribuído pelas firmas (Pasinetti, 1962). Trata-se, portanto, de uma classe de "barões hereditários", na terminologia empregada por Kaldor (1966), a qual tem muito pouco a ver com a figura tradicional do capitalista industrial típico do século XIX, o qual era simultaneamente proprietário e gestor do seu capital. Os "capitalistas" aqui estão mais próximos daquilo que poderíamos denominar de "rentistas", ou seja, unidades familiares que obtêm sua renda unicamente do fato de serem proprietárias de uma parte do estoque de capital.

Os trabalhadores, por seu turno, são as unidades familiares que auferem renda tanto na forma de salários como na forma de lucros distribuídos pelas firmas. Nessa categoria inclui-se não apenas os operários do "chão da fábrica", como também aqueles indivíduos que trabalham direta ou indiretamente na gestão das empresas.

Segundo Pasinetti (1962), os "capitalistas" teriam uma propensão a poupar (s_c) superior a propensão a poupar dos trabalhadores (s_w), ou seja, os capitalistas tenderiam a poupar uma fração maior da sua renda do que os trabalhadores. A justificativa para essa hipótese, contudo, não é muito convincente. Com efeito, a diferenciação entre as propensões a poupar dos capitalistas e dos trabalhadores parece se basear na velha concepção ricardiana de que os salários tendem ao "nível de subsistência" da força do trabalho. Nessas condições, a acumulação de capital por parte da classe trabalhadora seria impossível e, portanto, faria sentido supor que a propensão a poupar dos trabalhadores é igual zero (e menor que a propensão a poupar dos capitalistas). Mas não é isso o que Pasinetti assume. De fato, no modelo de Pasinetti os trabalhadores são capazes de acumular capital, pois sua propensão a poupar é maior do que zero. Por que razão então a sua propensão a poupar seria menor do que a propensão a poupar da classe dos "barões hereditários"? Pasinetti nunca deu uma resposta convincente para esta pergunta.

Uma hipótese mais razoável do que a propensão a poupar diferenciada com base na filiação de classe é a hipótese kaldoriana de que a propensão a poupar depende do tipo de renda. Mais especificamente, Kaldor (1966) supõe que a propensão a poupar a partir dos lucros é maior do que a propensão a poupar a partir dos salários. Essa diferenciação não depende das preferências dos indivíduos que compõe esta ou aquela classe social, mas deve-se a *natureza da renda empresarial*. De acordo com Kaldor, num mundo no qual prevalecem as economias dinâmicas de escala, as empresas são forçadas pela concorrência a se expandir ou morrer, uma vez que os ganhos de produtividade (e, portanto, a redução de custo de produção) estão relacionados com o aumento da produção ao longo do tempo. Nesse contexto, um elevado coeficiente de retenção de lucros é uma condição necessária para a sobrevivência das firmas no longo prazo, pois os lucros retidos são a fonte primária de financiamento dos planos de expansão das firmas. Famílias, diferentemente de firmas, não estão sujeitas a essa pressão competitiva, razão pela qual podem se contentar com um ritmo mais lento de acumulação de riqueza.

A partir desse razoado, podemos escrever o seguinte sistema de equações:

$$S = S_F + S_H \tag{3.18}$$

$$S_H = S_W + S_C \tag{3.19}$$

$$S_W = s_w(W + P_w) \tag{3.20}$$

$$S_C = s_c P_c \tag{3.21}$$

$$S_F = P_R \tag{3.22}$$

$$P_R = \varepsilon P \tag{3.23}$$

$$P = P_R + P_D \tag{3.24}$$

$$P_D = P_W + P_C \tag{3.25}$$

$$P_w = k_w P_D \tag{3.26}$$

$$P_C = (1 - k_w)P_D \tag{3.27}$$

Em que: W é a massa de salários, P_w é o montante de lucros que é apropriado pelos trabalhadores, P_C é montante de lucros apropriado pelos capitalistas, P_R é o montante de lucros retidos pelas firmas, P_D é o montante de lucros distribuído pelas firmas (aos capitalistas e trabalhadores), P é o montante total de lucros, ε é o coeficiente de retenção de lucros, k_w é a fração do estoque de capital que é de propriedade dos trabalhadores.

Vamos começar com a poupança das firmas, substituindo 3.23 em 3.22 temos:

$$S_F = \varepsilon P = \varepsilon \frac{P}{K} K = \varepsilon r K \tag{3.28}$$

Em que: r é a taxa de lucro.

A taxa de lucro, por sua vez, é dada por:

$$r = \frac{P}{K} = \frac{P}{Y} \frac{Y}{\overline{Y}} \frac{\overline{Y}}{K} = huv \tag{3.28a}$$

Na Equação 3.28a observamos que a taxa de lucro pode ser expressa como o produto entre a participação dos lucros na renda (h), o grau de utilização da capacidade produtiva (u) e a relação produto-potencial-capital.

Substituindo 3.26 em 3.20 e lembrando que $P_D = (1 - \varepsilon)P$, temos que:

$$S_W = s_w W + s_w k_w (1 - \varepsilon) r K \tag{3.29}$$

Por fim, substituindo 3.27 em 3.21, temos que:

$$S_C = s_c (1 - k_w)(1 - \varepsilon) r K \tag{3.30}$$

Somando as Equações 3.28 e 3.30 chegamos a seguinte expressão para a poupança agregada:

$$S = \{\varepsilon + (1 - \varepsilon)[s_w k_w + s_c (1 - k_w)]\} r K + s_w W \tag{3.31}$$

A Equação 3.31 é a expressão geral para a poupança planejada. Podemos observar que a poupança planejada depende (I) da taxa de lucro e do tamanho do estoque de capital; (II) da massa de salários; (III) da distribuição do estoque de capital entre "capitalistas" e trabalhadores; (IV) do coeficiente de retenção de lucros das firmas; (V) da propensão a poupar dos "capitalistas" e (VI) da propensão a poupar dos trabalhadores.

A partir da Equação 3.31 podemos derivar quatro casos particulares, a saber: função poupança ricardiana, a função poupança harrodiana, a função poupança pasinettiana e a função poupança kaldoriana.

A função poupança ricardiana é deduzida a partir da Equação 3.31 ao supormos que a propensão a poupar dos trabalhadores é igual a zero e que as firmas distribuem todos os seus lucros. Nesse caso, temos que:

$$S = s_c r K \tag{3.31a}$$

A função poupança harrodiana, por sua vez, é deduzida ao supormos que a propensão a poupar dos trabalhadores é igual a propensão a poupar dos capitalistas ($s_w = s_c = s$) e que as firmas, tal como no caso anterior, distribuem todos os seus lucros. Nesse caso, temos que:

$$S = s\,P + s\,W = s\,Y \tag{3.31b}$$

O caso pasinettiano consiste numa situação em que a propensão a poupar dos "capitalistas" é maior do que a propensão a poupar dos trabalhadores, e as firmas distribuem todos os seus lucros. Dessa forma, temos que:

$$S = \{[s_w k_w + s_c(1 - k_w)]\}rK + s_w W \tag{3.31c}$$

Por fim, o caso kaldoriano se refere a uma situação na qual as firmas retém uma parte de seus lucros, mas a propensão a poupar dos "capitalistas" é igual a propensão a poupar dos trabalhadores. Sendo assim, temos que:

$$S = \{\varepsilon + (1 - \varepsilon)s_F\}rK + s_F W \tag{3.31d}$$

Neste último caso, a propensão a poupar a partir dos lucros é dada por ($s_P = \{\varepsilon + (1 - \varepsilon)s_F\}$), que é maior do que a propensão a poupar das famílias (s_F).

A condição de equilíbrio no mercado de bens é dada pela seguinte equação:

$$\overline{I} = S \tag{3.32}$$

Dividindo-se ambos os lados de (3.32) por K, temos:

$$g_K = \sigma \tag{3.33}$$

Em que: $\sigma = \dfrac{S}{K}$ é a poupança como proporção do estoque de capital.

Em palavras: o mercado de bens estará em equilíbrio quando a taxa na qual os empresários desejam ampliar o estoque de capital for igual a poupança desejada como proporção do estoque de capital.

58 CAPÍTULO 3

3.6 CRESCIMENTO BALANCEADO SOB DIFERENTES ESPECIFICAÇÕES DA FUNÇÃO POUPANÇA

A característica fundamental dos modelos de crescimento que estamos apresentando neste capítulo é que a economia opera com um grau de utilização da capacidade produtiva igual ao desejado pelos empresários ao longo da trajetória de crescimento balanceado. Isso significa que o nível de capacidade ociosa da economia é aquele que corresponde aos planos das firmas que operam nessa economia. Dessa forma, nessa classe de modelo iremos supor que:

$$u = u^n \tag{3.34}$$

Em que: u^n é o grau normal de utilização da capacidade produtiva.

À primeira vista, pode parecer estranho que as firmas planejem operar com certa ociosidade na sua capacidade de produção. Mas se levarmos em conta o fato de que o comportamento das vendas não é perfeitamente previsível, apresentando "picos" em determinados momentos, então entenderemos que a existência de certo nível de capacidade excedente é necessário para que as firmas sejam capazes de atender a variações não previstas na demanda pelos seus produtos.

Como o grau de utilização da capacidade produtiva é igual ao "normal" ou desejado, então o ajuste entre oferta e demanda é feito, não por intermédio de variações do grau de utilização da capacidade, mas por intermédio de variações nas margens de lucro, ou seja, variações na relação entre preços e custo de produção. Isso significa que, quando confrontadas com uma queda prevista da demanda pelos seus produtos, as firmas irão reduzir a sua margem de lucro, mantendo o grau de utilização da capacidade produtiva igual ao normal. Analogamente, quando ocorrer um aumento previsto da demanda, as firmas irão aumentar as suas margens de lucro.

Se considerarmos os gastos com a folha de pagamentos dos trabalhadores como sendo o único custo direto de produção, então a margem de lucro (h) pode ser expressa por:

$$h = \frac{p - c}{p} = \frac{p - wa_0}{p} = 1 - \frac{w}{p}a_0 \tag{3.35}$$

Em que: p é o preço do produto, c é o custo unitário de produção, w é a taxa de salário nominal, $a_0 = \dfrac{L}{Y}$ é o requisito unitário de trabalho, ou seja, a quantidade de trabalho que é tecnicamente necessária para produzir uma unidade de produto.

Como toda a renda ou valor adicionado produzido nessa economia se divide entre salários e lucros, temos que:

$$pY = wL + P \tag{3.36}$$

Dividindo-se a Equação 3.35 por pY, obtemos a seguinte expressão:

$$1 = \frac{w}{p}a_0 + \frac{P}{pY} \qquad (3.37)$$

O último termo do lado direito da Equação 3.37 nada mais é do que a razão entre a massa de lucros e a renda monetária da economia. Essa razão é denominada de participação dos lucros na renda. Sendo assim, o outro termo do lado direito dessa equação só pode ser a participação dos salários na renda.

Substituindo 3.35 em 3.37 concluímos que:

$$h = \frac{P}{pY} \qquad (3.38)$$

A Equação 3.38 nos mostra que a margem de lucro das firmas determina, ao nível da economia como um todo, a participação dos lucros na renda. Daqui se segue, portanto, que variações da margem de lucro irão resultar em variações na participação dos lucros (e dos salários) na renda agregada.

Nessa classe de modelos kaldorianos iremos incluir três tipos diferentes de modelos, com base na especificação da função poupança, a saber: o modelo harrodiano, o modelo kaldoriano e o modelo pasinettiano.

3.6.1 O modelo harrodiano e a taxa garantida de crescimento

O modelo harrodiano de crescimento se caracteriza pela homogeneidade entre as unidades familiares no que se refere a propensão a poupar. Dessa forma, mudanças na distribuição de renda não afetam a propensão a poupar da economia como um todo.

Esse modelo é constituído, portanto, pelo seguinte sistema de equações:

$$g_N = n + \frac{\alpha_0}{\left(1 - \left(a_2 Ge^{-\frac{G}{\delta}}\right)\right)} \qquad (3.16)$$

$$\sigma = s\frac{Y}{K} = s\frac{Y}{\overline{Y}}\frac{\overline{Y}}{K} = suv \qquad (3.31a')$$

$$u = u^n \qquad (3.34)$$

$$g_K = g_Y \qquad (3.14)$$

$$g_Y = g_N \qquad (3.14a)$$

$$g_K = \sigma \qquad (3.33)$$

60 CAPÍTULO 3

O sistema apresentado anteriormente tem cinco variáveis endógenas, a saber: a taxa natural de crescimento (g_N), a taxa de crescimento do produto (g_Y), o grau de utilização da capacidade produtiva (u), a taxa de crescimento do estoque de capital (g_K) e a poupança como proporção do estoque de capital (σ). No entanto, o sistema é formado por seis equações linearmente independentes, o que implica que o mesmo se acha sobredeterminado. Em outras palavras, ao menos uma das variáveis endógenas deve assumir dois valores diferentes no modelo em consideração, indicando que o sistema é logicamente inconsistente.

Essa inconsistência se deriva do fato de que a taxa de crescimento do produto que é compatível com o equilíbrio no mercado de bens é, em geral, diferente da taxa de crescimento do produto que é compatível com a obtenção de uma taxa de desemprego que é constante ao longo do tempo.

Com efeito, substituindo 3.31a′, 3.33 e 3.34 em 3.14, encontramos a seguinte expressão:

$$g_Y = s \cdot u^n v \tag{3.39}$$

A taxa de crescimento do produto que é compatível com a igualdade entre poupança e investimento ao longo do tempo é igual ao produto entre a propensão a poupar (s), o grau normal de utilização da capacidade produtiva (u^n) e a relação produto-potencial-capital. Harrod denominou essa taxa de *taxa garantida de crescimento* (g_w).

Para que seja possível uma trajetória de crescimento balanceado, a taxa garantida de crescimento deve ser igual a taxa natural de crescimento, constituída pela soma entre a taxa de crescimento da força de trabalho e a taxa de crescimento da produtividade. A taxa natural é dada pela Equação 3.16.

Sendo assim, a condição necessária para o crescimento balanceado é que:

$$n + \frac{\alpha_0}{\left(1 - \left(a_2 Ge^{-\frac{G}{\delta}}\right)\right)} = s \cdot u^n v \tag{3.40}$$

O problema é que essa condição será atendida apenas por uma "feliz coincidência", haja vista que todas as variáveis na Equação 3.40 são determinadas de forma exógena ao modelo; não havendo, portanto, nenhum mecanismo capaz de assegurar o atendimento dessa condição no caso em que os valores iniciais dessas variáveis resultem numa desigualdade entre os lados direito e esquerdo dessa expressão.

Dessa forma, o modelo harrodiano de crescimento não é, em geral, capaz de produzir uma trajetória de crescimento balanceado. Segundo esse modelo, as economias capitalistas, deixadas a própria sorte, deverão apresentar uma trajetória de crescimento na qual a taxa de desemprego deverá aumentar (diminuir) de forma persistente ao longo do tempo no caso que em a taxa natural de crescimento for maior (menor) do que a taxa garantida de crescimento. Na literatura de crescimento isso é denominado "primeiro problema de Harrod".

3.6.2 O modelo kaldoriano

No modelo kaldoriano de crescimento não existe diferenciação entre a propensão a poupar das diferentes unidades familiares, mas apenas entre a propensão a poupar das firmas (ou dos lucros) e a propensão a poupar das famílias (ou da renda pessoal disponível). Como foi visto na seção anterior, a distinção entre as propensões a poupar não depende da existência de uma classe de "barões hereditários"; mas se baseia na tese de que as firmas possuem uma propensão a poupar maior do que as unidades familiares em função da pressão competitiva a que estão sujeitas num ambiente marcado pela presença de economias estáticas e dinâmicas de escala.

Nesse contexto, o modelo kaldoriano é constituído do seguinte sistema de equações:

$$g_N = n + \frac{\alpha_0}{\left(1 - \left(a_2 Ge^{-\frac{G}{\delta}}\right)\right)} \tag{3.16}$$

$$\sigma = \{\varepsilon + (1 - \varepsilon)s_F\}huv + s_F(1 - h)uv \tag{3.31a'}$$

$$u = u^n \tag{3.34}$$

$$g_K = g_Y \tag{3.14}$$

$$g_Y = g_N \tag{3.14a}$$

$$g_K = \sigma \tag{3.33}$$

Uma distinção importante com respeito ao modelo harrodiano é que a poupança como fração do estoque de capital não é uma constante, mas varia com a distribuição funcional da renda entre salários e lucros. Dessa forma, estabelece-se um mecanismo pelo qual a taxa garantida de crescimento pode se ajustar a taxa natural, garantindo assim a existência de uma trajetória de crescimento balanceado no longo prazo.

Assumindo, para fins de simplificação, que o coeficiente de retenção de lucros é igual a um, a taxa garantida de crescimento é dada por:

$$g_w = u^n v(s_F + h(1 - s_F)) \tag{3.41}$$

Na Equação 3.41 observamos que dados o grau normal de utilização da capacidade produtiva, a relação produto-potencial-capital e a propensão a poupar das unidades familiares, a taxa garantida de crescimento é uma função crescente da participação dos lucros na renda. Isso porque, sendo a propensão agregada a poupar a média ponderada pela participação dos lucros na renda entre a propensão a poupar das firmas (igual a um) e a propensão a poupar das unidades familiares, um aumento da participação dos lucros na renda irá redistribuir renda das unidades com menor propensão a poupar (as famílias) para as unidades com maior propensão a poupar (as firmas), levando assim a um aumento da propensão agregada a poupar e, portanto, da taxa garantida de crescimento.

Esse efeito pode ser visualizado por intermédio da Figura 3.3:

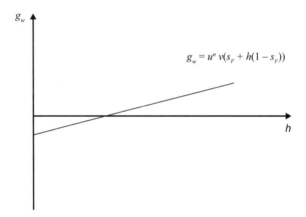

Figura 3.3 Taxa garantida de crescimento e participação dos lucros na renda.

No modelo kaldoriano a distribuição funcional da renda será, portanto, o mecanismo de ajuste entre a taxa garantida e a taxa natural de crescimento. Substituindo 3.16 em 3.41 e resolvendo para h, temos que:

$$h^* = \left(\frac{1}{1-s_f}\right)\left\{\frac{n}{u^n v} + \frac{\alpha_0}{u^n v\left(1 - \alpha_2 G e^{-\frac{G}{\delta}}\right)}\right\} - \left(\frac{s_F}{1-s_F}\right) \qquad (3.42)$$

A Equação 3.42 determina a participação dos lucros na renda para a qual a taxa garantida de crescimento se ajusta ao valor da taxa natural. A visualização desse processo pode ser feita por intermédio da Figura 3.4.

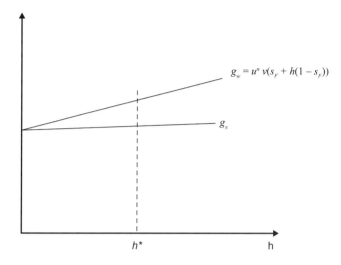

Figura 3.4 Ajuste entre a taxa garantida e a taxa natural de crescimento.

Uma inferência importante a partir do modelo kaldoriano é que a distribuição funcional da renda entre salários e lucros é uma função não linear do hiato tecnológico. Nesse contexto, pode-se mostrar que a participação dos lucros na renda é uma função crescente do hiato tecnológico até o ponto em que o mesmo alcança o limite dado pela capacidade de aprendizado da economia.

Consideremos uma economia na qual a força de trabalho cresce a uma taxa de 1,5 % a.a. O coeficiente α_0 que representa a parcela desincorporada do progresso tecnológico é igual a 0,015. Suponha também que $\alpha_2 = 0,9$ e que o parâmetro δ que representa a capacidade de aprendizado tecnológico é igual a 1,5. Suponha que o grau normal de utilização da capacidade produtiva é igual a 0,7, que a relação produto-potencial-capital é igual a 0,5, e que a propensão a poupar das famílias é igual a 0,05.

A evolução da participação dos lucros na renda como função do hiato tecnológico pode ser visualizada na Figura 3.5.

Na Figura 3.5 constatamos que, à medida que o hiato tecnológico se reduz, a participação dos lucros na renda inicialmente aumenta até alcançar um patamar máximo no ponto em que o hiato tecnológico se iguala a *capacidade absortiva* (G = 1,5). A partir desse ponto, a participação dos lucros na renda começa a cair, até o momento em que o hiato tecnológico é eliminado. Esse comportamento da participação dos lucros na renda está relacionado com o comportamento da taxa natural de crescimento. Com efeito, para valores do hiato tecnológico superiores a capacidade absortiva da economia, a taxa natural de crescimento é uma função decrescente do hiato tecnológico. Sendo assim, a redução do hiato tecnológico levará a um aumento da taxa natural de crescimento e, portanto, da taxa de crescimento do estoque de capital ao longo da trajetória de crescimento balanceado. O equilíbrio no mercado de bens irá exigir, por seu turno, um aumento da poupança como proporção do estoque de capital, o que demandará uma redistribuição de renda em favor das unidades que têm maior propensão a poupar,

CAPÍTULO 3

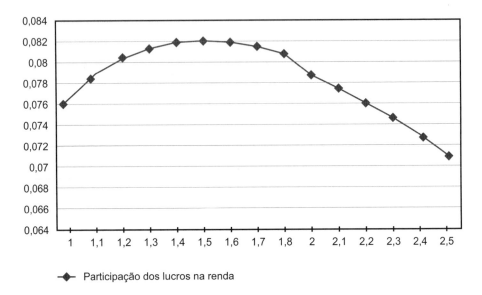

Figura 3.5 Participação dos lucros na renda como função do hiato tecnológico. Fonte: Elaboração do autor.

ou seja, as firmas. Dessa forma, a participação dos lucros na renda deverá aumentar de maneira a gerar a poupança adicional necessária para um crescimento mais acelerado da economia.

Um caso particular interessante do modelo kaldoriano pode ser obtido ao supormos que a propensão a poupar das unidades familiares é igual a zero na Equação 3.31a′. Nesse caso, a taxa garantida de crescimento será dada por:

$$g_w = \varepsilon h u^n v = \varepsilon r \qquad (3.43)$$

A igualdade entre a taxa natural e a taxa garantida de crescimento implica, portanto, que a taxa de lucro será dada por:

$$r = \frac{g_N}{\varepsilon} \qquad (3.44)$$

A Equação 3.44 mostra que a taxa de lucro é igual a razão entre a taxa garantida de crescimento e o coeficiente de retenção de lucros das firmas. Esta equação é conhecida na literatura keynesiana de crescimento como "equação de Cambridge".

Deve-se observar que se a taxa de retenção de lucros for menor do que um – ou seja, se as firmas distribuírem ao menos uma parte dos seus lucros para os acionistas – então a taxa de lucro será maior do que a taxa de crescimento ao longo da trajetória de crescimento balanceado. Esse resultado é compatível com uma distribuição de renda entre salários e lucros estável no longo prazo. Daqui se segue que, ao contrário da

3.6.3 O modelo pasinettiano

No modelo de Pasinetti (1962) supõe-se que a propensão a poupar das unidades familiares é diferenciada, sendo a propensão a poupar dos "capitalistas" maior do que a propensão a poupar dos trabalhadores. O coeficiente de retenção dos lucros é supostamente igual a zero, de forma que toda a poupança é realizada pelas "famílias".

Nesse contexto, o modelo pasinettiano é constituído do seguinte sistema de equações:

$$g_N = n + \frac{\alpha_0}{\left(1 - \left(a_2 Ge^{-\frac{G}{\delta}}\right)\right)} \tag{3.16}$$

$$\sigma = \{[s_w k_w + s_c(1 - k_w)]r + s_w(1 - h)u^n v \tag{3.31a'}$$

$$u = u^n \tag{3.34}$$

$$g_K = g_Y \tag{3.14}$$

$$g_Y = g_N \tag{3.14a}$$

$$g_K = \sigma \tag{3.33}$$

Sabemos que a poupança dos capitalistas como proporção do estoque de capital é dada por:

$$\frac{S_C}{K} = s_c(1 - k_w)r \tag{3.45}$$

Dividindo-se o lado esquerdo de 3.45 por K_c e fazendo uso do fato que, ao longo da trajetória de crescimento balanceado, o estoque de capital dos capitalistas tem que crescer à mesma taxa do estoque de capital agregado, temos que:

$$gk_c = s_c(1 - k_w)r \tag{3.46}$$

Como $k_c(1 - k_w)$, temos que:

$$r = \frac{g_N}{s_c} \tag{3.47}$$

CAPÍTULO 3

A Equação 3.47 é a "equação de Cambridge", segundo a qual a taxa de lucro ao longo da trajetória de crescimento balanceado é igual a razão entre a taxa natural de crescimento e a propensão a poupar dos capitalistas. Observe que no modelo de Pasinetti esse resultado pode ser obtido sem que se faça a hipótese restritiva que $s_w = 0$.

A participação dos lucros na renda ao longo da trajetória de crescimento balanceado será dada por:

$$h = \frac{g_N}{s_c u^n v} \tag{3.48}$$

As Equações 3.47 e 3.48 nos mostram que quanto maior for a propensão a poupar dos capitalistas, menores serão a taxa de lucro e a participação dos lucros na renda. Esse é um resultado compatível com o famoso aforisma de Kalecki, segundo o qual "os capitalistas como classe ganham aquilo que eles gastam".

Tal como nos casos anteriores, a participação dos lucros na renda será uma função não linear do hiato tecnológico, dada a sua dependência com respeito a taxa natural de crescimento.

Substituindo 3.33, 3.34, 3.14, 3.14a e 3.47 em 3.31c', obtemos a fração do estoque de capital agregado que é de propriedade dos capitalistas. Temos que:

$$k_c^* = \left(\frac{s_c}{s_c - s_w} \right) \left[\frac{g^n - s_w u_n v}{g^n} \right] \tag{3.49}$$

Para que os capitalistas existam como classe social distinta dos trabalhadores é necessário que $k_c^* > 0$. Uma condição necessária e suficiente é que $g - s_w u_n v > 0$, ou seja, $s_w < \frac{g_n}{u^n v} = s_w^c$. Em palavras: a propensão a poupar dos trabalhadores deve ser menor do que um valor crítico s_w^c do contrário os "capitalistas" serão eliminados do sistema.

Na Equação 3.49 observamos que a participação dos capitalistas no estoque de capital agregado será constante ao longo da trajetória de crescimento balanceado, ou seja, a distribuição do estoque de riqueza entre capitalistas e trabalhadores é estável no longo prazo. Como nessa trajetória vale a equação de Cambridge, temos então que $r > g$. Daqui se segue que $r > g$ não implica desigualdade crescente na distribuição de renda e de riqueza, ao contrário do que afirma Piketty (2014).

3.7 AVALIAÇÃO DOS MODELOS DE CRESCIMENTO COM RESTRIÇÃO DE OFERTA DE TRABALHO

Iremos agora avaliar a capacidade dos modelos de crescimento apresentados neste capítulo de dar conta dos "fatos estilizados" ou "regularidades" observadas na experiência histórica de desenvolvimento das economias capitalistas.

O primeiro ponto é analisar em que medida os modelos apresentados são compatíveis com a ocorrência de divergência nas taxas de crescimento da renda *per capita* entre os diferentes países.

Nos modelos de crescimento com restrição de oferta de trabalho, a taxa de crescimento do produto real no longo prazo é determinada pela taxa natural de crescimento, a qual consiste na soma entre a taxa de crescimento da força de trabalho e a taxa de crescimento da produtividade do trabalho. Esta, por sua vez, é uma função não linear do hiato tecnológico, ou seja, da distância entre o nível de conhecimento técnico entre um determinado país e o que se encontra na "fronteira tecnológica".

Para níveis do hiato tecnológico abaixo de um determinado nível crítico – determinado pela capacidade absortiva de novas tecnologias que esse país possui – a taxa de crescimento da produtividade do trabalho é uma função decrescente do hiato tecnológico, ou seja, os países que estivem mais afastados da "fronteira tecnológica" irão apresentar um ritmo maior de crescimento da produtividade.

Esse resultado é compatível com a literatura de *catching-up*, a qual estabelece que, dentro de certos limites, os países que estão atrás da fronteira tecnológica têm condições de crescer mais rapidamente do que os que se encontram na fronteira tecnológica. Isso ocorre em função do fato de que os países que se acham atrás da fronteira tecnológica podem, até certo ponto, se beneficiar dos efeitos de *transbordamento positivo* do conhecimento técnico e científico a partir da fronteira tecnológica.

Se o hiato tecnológico for muito grande – a ponto de superar a capacidade de absorção de novos conhecimentos por parte do país que se acha atrás da fronteira tecnológica –, então uma parte desse transbordamento não poderá ser capturado pelo país retardatário. Nesse caso, o crescimento da produtividade do trabalho será menos afetado pelos transbordamentos a partir da fronteira tecnológica, fazendo com que o aprofundamento do hiato tecnológico esteja associado a uma redução da taxa de crescimento da produtividade do trabalho e, tudo mais mantido constante, da taxa de crescimento de longo prazo do produto real.

Dessa forma, a existência de níveis diferenciados de hiato tecnológico entre os países fará com que os mesmos apresentem diferentes valores para a taxa natural de crescimento do produto real e, dado o crescimento da população, para a taxa de crescimento do produto e da renda *per capita*. Daqui se segue, portanto, que nesta classe de modelos a divergência entre as taxas de crescimento da renda *per capita* resulta das *assimetrias tecnológicas* existentes entre os países.

Quais as implicações dos modelos aqui apresentados para a distribuição de renda e de riqueza? Independente da especificação da função poupança, vimos que ao longo da trajetória de crescimento balanceado a distribuição funcional da renda entre salários e lucros deve permanecer constante. Um resultado interessante é a assim chamada "equação de Cambridge", segundo a qual na trajetória de crescimento balanceado a taxa de lucro é igual a razão entre a taxa natural de crescimento e a propensão a poupar a partir dos lucros. Sendo a propensão a poupar a partir dos lucros, em geral, menor do que

68 CAPÍTULO 3

um, segue-se que a taxa de lucro deve ser maior do que a taxa natural de crescimento ao longo da trajetória de crescimento balanceado.

Recentemente o resultado $r > g$ tornou-se o foco da atenção dos economistas e do público leigo em função da tese de Piketty (2014); segundo a qual se a taxa de retorno do capital for superior a taxa de crescimento do produto, então haverá uma tendência ao aumento da desigualdade na distribuição de renda e de riqueza ao longo do tempo.

Com base no modelo de Pasinetti, podemos constatar que a afirmação de Piketty está errada. Com efeito, a distribuição do estoque de riqueza (capital) entre "capitalistas" e "trabalhadores" tende a permanecer estável no longo prazo, apesar de $r > g$. Isso não quer dizer, contudo, que a distribuição de renda e de riqueza ao longo da trajetória de crescimento balanceada não seja desigual ou, até mesmo, extremamente desigual. *O que o modelo de Pasinetti mostra é que as economias capitalistas não têm uma tendência inexorável ao aumento da desigualdade de renda e de riqueza.*

A dinâmica da distribuição de renda e de riqueza vai depender, fundamentalmente, do hiato tecnológico. Tal como foi visto anteriormente, tanto a distribuição funcional da renda entre salários e lucros, como a repartição do estoque de capital entre trabalhadores e capitalistas depende da taxa natural de crescimento, a qual é, em larga medida, condicionada pelo hiato tecnológico. Dessa forma, níveis diferentes do hiato tecnológico serão compatíveis com valores diferentes para a distribuição de renda e de riqueza ao longo da trajetória de crescimento equilibrado.

Para um melhor entendimento desse ponto, vamos tomar uma simulação numérica do modelo pasinettiano. Consideremos economia na qual a força de trabalho cresce a uma taxa de 1,5 % a.a. O coeficiente α_0 que representa a parcela desincorporada do progresso tecnológico é igual a 0,015. Suponha também que $\alpha_2 = 0,9$ e que o parâmetro δ que representa a capacidade de aprendizado tecnológico é igual a 1,5. Suponha que o grau normal de utilização da capacidade produtiva é igual a 0,7, que a relação produto-potencial-capital é igual a 0,5. Por fim, suponha que a propensão a poupar dos capitalistas é igual a 0,20 e que a propensão a poupar dos trabalhadores é igual a 0,05.

Os valores da taxa natural de crescimento, da participação dos lucros na renda e da fração da riqueza (capital) que é de propriedade dos capitalistas podem ser visualizados na Figura 3.6.

Conforme constatamos na Figura 3.6, a taxa natural de crescimento, a participação dos lucros na renda e a fração da riqueza que é de propriedade dos capitalistas dependem de forma não linear do hiato tecnológico. Para níveis do hiato tecnológico inferiores a capacidade absortiva (G < 1,5), a participação dos lucros na renda e a fração da riqueza que é de propriedade dos capitalistas tende a ser crescente no hiato tecnológico. Isso significa que, para G < 1,5, quanto mais distante um país estiver da fronteira tecnológica maior será a desigualdade na distribuição de renda e de riqueza. Daqui se segue, portanto, que um resultado importante dessa classe de modelo é que os países que operam na fronteira tecnológica tendem a ter uma distribuição de renda e de riqueza mais equitativa do que aqueles que se acham atrás — mas não muito atrás — dessa fronteira.

Modelos Keynesianos de Crescimento com Restrição de Oferta de Trabalho   **69**

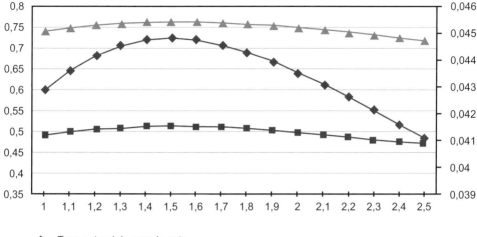

Figura 3.6 Taxa natural de crescimento, participação dos lucros na renda e fração da riqueza de propriedade dos capitalistas no modelo pasinettiano. Fonte: Elaboração do autor.

Já para níveis do hiato tecnológico superiores a capacidade absortiva (G > 1,5), a desigualdade na distribuição de renda e de riqueza tende a cair a medida que o hiato tecnológico se amplia.

Com base nesses resultados podemos concluir que países que possuem valores intermediários do hiato tecnológico – ou seja, que não estão nem muito próximos e nem muito distantes da fronteira tecnológica – tendem a apresentar maior desigualdade na distribuição de renda e de riqueza do que os demais países.

Outro ponto importante a ser explorado diz respeito ao regime de acumulação, ou seja, a relação existente entre a taxa de crescimento do estoque de capital (e do produto) e a distribuição de renda entre salários e lucros. A literatura sobre regimes de acumulação identifica dois regimes: o regime *wage-led*, no qual existe uma relação inversa (direta) entre a participação dos lucros (dos salários) na renda e a taxa de crescimento do estoque de capital; e o regime *profit-led*, onde a relação entre a participação dos lucros (dos salários) na renda e a taxa de crescimento do estoque de capital é direta (inversa).

Nos modelos apresentados ao longo deste capítulo, independentemente da especificação da função poupança, o regime de acumulação é claramente *profit-led*. Com efeito, um aumento exógeno da taxa natural de crescimento – em decorrência, por exemplo, de um aumento da taxa de crescimento da força de trabalho – irá requerer um aumento da taxa de investimento e de poupança. Para que a poupança se ajuste ao investimento que é requerido para a nova trajetória de crescimento balanceado, a participação dos lucros na renda deverá aumentar, de maneira a redistribuir renda das unidades com menor propensão a poupar (os trabalhadores) para as unidades com maior propensão

CAPÍTULO 3

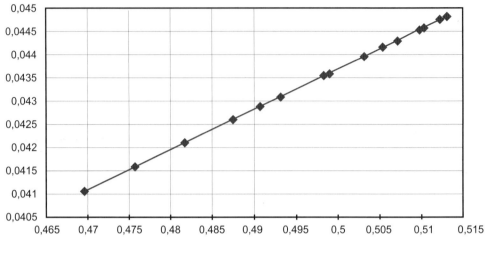

Figura 3.7 Correlação entre a taxa natural de crescimento e a participação dos lucros na renda. Fonte: Elaboração do autor.

a poupar (as firmas e os capitalistas). Dessa forma, a poupança agregada irá aumentar ajustando-se ao nível de investimento que é necessário para sustentar uma taxa de crescimento mais elevada na nova trajetória de crescimento balanceado.

Na Figura 3.7 apresentamos a correlação entre a taxa natural de crescimento do produto (igual a taxa de crescimento do estoque de capital ao longo da trajetória de crescimento balanceado) e a participação dos lucros na renda para o caso do modelo pasinettiano apresentado anteriormente.

Uma deficiência básica dos modelos apresentados neste capítulo consiste na ideia de que o crescimento está restrito pelas condições de oferta da economia. Mais especificamente, os modelos aqui apresentados supõem que (I) a taxa de crescimento da força de trabalho é uma variável exógena, independente da taxa de crescimento do produto e do emprego; (II) a economia opera com plena utilização da capacidade produtiva no longo prazo.

Como veremos no próximo capítulo, existem boas razões para acreditarmos que a taxa de crescimento da força de trabalho se ajusta ao ritmo de crescimento do produto e de emprego no longo prazo; mesmo em economias que já completaram o seu processo de industrialização e não dispõe, portanto, de oferta ilimitada de mão de obra no setor tradicional ou de subsistência.

A hipótese de que no longo prazo as economias operam com plena utilização de capacidade também parece ser difícil de aceitar. Com efeito, embora o grau de utilização da capacidade produtiva varie ao longo do tempo em função do ciclo econômico, ele parece ser significativamente inferior ao que poderia ser classificado de "plena utilização" da capacidade. Em outras palavras, as economias capitalistas modernas aparentemente operam com uma capacidade excedente estrutural, a qual permite que a produção seja rapidamente aumentada em função de um acréscimo na demanda por bens e serviços.

3.8 QUESTÕES PARA A DISCUSSÃO

1) Explique a razão pela qual a ocorrência de uma trajetória de crescimento balanceado é "possível, mas improvável" num modelo de crescimento *a la* Harrod. Qual foi o mecanismo introduzido por Kaldor e Pasinetti para viabilizar a ocorrência de uma trajetória de crescimento balanceado? Qual o papel da distribuição funcional de renda nesse processo? Explique.

2) Com base no modelo de crescimento de Kaldor e Pasinetti, explique de que forma um aumento exógeno da taxa de investimento irá produzir um aumento exatamente proporcional – numa economia fechada e sem governo – da taxa de poupança. O que acontece com a taxa de salário real (w/p) e com a participação dos salários na renda (W/Y) ao longo desse processo de ajustamento no mercado de bens? Explique.

3) Com base no modelo harrodiano de crescimento, diga:

   a) Qual seria o comportamento que deveríamos esperar para o PIB, o grau de ocupação da capacidade produtiva e a taxa de desemprego ao longo do tempo. Em outras palavras, qual seria a trajetória temporal provável dessas variáveis com base nesse tipo de modelo? (Represente graficamente a trajetória provável dessas variáveis.) Explique.

   b) Se a experiência das economias capitalistas desenvolvidas no período 1950-1975 é compatível com essas previsões do modelo Harrod-Domar. (Observação: para responder a essa pergunta seria conveniente pesquisar os dados referentes a taxa de crescimento do PIB, grau de utilização da capacidade e taxa de desemprego de alguns países desenvolvidos – como, por exemplo, Estados Unidos, Inglaterra e Alemanha – para o período em consideração. Esses dados podem ser coletados no site do Banco Mundial www.worldbank.org, no site da OCDE (Organização para a Cooperação e Desenvolvimento Econômico) www.oecd.org ou ainda no site do Fundo Monetário Internacional www.imf.org.)

4) Com base nos modelos de crescimento apresentados neste capítulo, quais políticas poderiam ser implementadas pelos governos nacionais com o objetivo de acelerar o ritmo de crescimento de seus respectivos países? Políticas que incentivem uma maior retenção de lucros por parte das firmas seriam eficazes? Por quê? Quais políticas poderiam atuar no sentido de reduzir o hiato tecnológico?

5) Por que não é possível distinguir entre o aumento da produtividade que advém de um aumento da relação capital-trabalho do aumento da produtividade que advém

72 CAPÍTULO 3

do progresso tecnológico? Qual a relação desses argumentos com a *função de progresso técnico* apresentada neste capítulo? Na sua opinião, a função de progresso técnico considera o avanço técnico como *incorporado* ou *desincorporado* nas máquinas e equipamentos?

6) Considere o modelo kaldoriano de crescimento. Suponha, agora, que a participação dos lucros na renda que permite o equilíbrio entre poupança e investimento é menor do que a necessária para proporcionar aos trabalhadores um salário igual ao de subsistência. Resolva o modelo kaldoriano supondo, agora, que a participação dos lucros na renda é uma variável exógena, determinada pela necessidade de se pagar aos trabalhadores um salário igual ao de subsistência. O modelo kaldoriano é consistente neste caso ou ele apresenta o mesmo problema do modelo harrodiano? E se consideramos que a oferta de trabalho é ilimitada, de maneira que o crescimento do produto não é mais limitado pelo crescimento da força de trabalho e pelo crescimento da produtividade?

NOTAS

i) O produto potencial consiste na produção máxima que pode ser obtida quando as empresas estão operando com um grau de utilização da capacidade produtiva igual ao desejado. Deve-se observar que não necessariamente o grau desejado de utilização da capacidade produtiva corresponde à plena utilização da capacidade, uma vez que as empresas têm razões de ordem estratégica para manter uma ociosidade planejada na sua capacidade de produção. Voltaremos a esse ponto.

ii) Isso não significa necessariamente que a economia esteja operando com pleno emprego, mas apenas que a taxa de desemprego é constante ao longo do tempo. Com efeito, a taxa de desemprego U pode ser expressa por: $U = \dfrac{N-L}{N} = 1 - \dfrac{L}{N}$, em que L é a quantidade empregada de trabalhadores e N é o tamanho da força de trabalho. Se a força de trabalho e o emprego estiverem crescendo à mesma taxa, então U será constante ao longo do tempo, mas a um nível que pode ser maior do que o que corresponderia a uma situação de pleno emprego.

iii) A esse respeito ver Verspagen (1993, pp. 126-30).

iv) O valor mínimo do hiato tecnológico é, portanto, $G = 1$.

v) A esse respeito ver Bresser-Pereira (1986).

vi) A esse respeito ver De Paula (2014, pp. 98-120).

CAPÍTULO 4

CRESCIMENTO COM OFERTA ILIMITADA DE MÃO DE OBRA

4.1 INTRODUÇÃO

Neste capítulo iremos relaxar a hipótese de que a economia se defronta com uma restrição de força de trabalho, assumindo agora a existência de uma oferta ilimitada de mão de obra. Isso pode acontecer em economias que ainda não completaram o seu processo de industrialização, de tal forma que uma parte considerável da população ainda trabalha no setor tradicional ou de subsistência, no qual a produtividade do trabalho é consideravelmente mais baixa do que no setor industrial ou moderno da economia. Nesse contexto, o setor tradicional funciona como um depositário quase inesgotável de mão de obra para o setor moderno, de tal maneira que este último não se defronta com nenhuma restrição do lado da oferta de trabalho. Mesmo para economias que já completaram o seu processo de industrialização, a oferta ilimitada de mão de obra pode ser uma boa aproximação caso a imigração de trabalhadores estrangeiros seja relativamente livre.

No caso de economias que tenham oferta ilimitada de mão de obra, a restrição fundamental ao crescimento econômico no longo prazo se encontra no lado da demanda agregada. Com efeito, como veremos ao longo deste capítulo, tanto o investimento como o progresso técnico se adaptam, sob certas condições, ao ritmo de expansão da *demanda autônoma* no longo prazo; de maneira que o lado da oferta da economia nunca será um obstáculo ao crescimento contínuo do nível de produção.

Em economias abertas, os componentes autônomos da demanda agregada são dois, a saber: as exportações e os gastos do governo. Sendo assim, o crescimento de longo prazo do nível de renda e

74 CAPÍTULO 4

produção será uma média ponderada entre a taxa de crescimento das exportações e a taxa de crescimento dos gastos do governo.

No caso de uma pequena economia aberta que não dispõe de uma moeda conversível, a taxa de crescimento das exportações é a variável exógena por excelência; de tal maneira que, *o crescimento de longo prazo será puxado pelas exportações*.

Nesse contexto, as diferenças observadas nas taxas de crescimento do produto e da renda per capita entre os países refletem, fundamentalmente, as diferenças no dinamismo exportador dessas economias. Esse dinamismo, por sua vez, depende de dois fatores fundamentais relacionados com a estrutura produtiva das economias.

O primeiro é o nível *de especialização produtiva da economia*, ou seja, o grau no qual a estrutura produtiva da economia é especializada na produção de alguns poucos tipos diferentes de bens. Podemos identificar pelo menos dois níveis de especialização produtiva, a saber: as *economias primário-exportadoras*, especializadas na produção e exportação de bens primários; e as *economias industrializadas* ou em *processo de industrialização*, que possuem uma estrutura produtiva diversificada, produzindo e exportando diversos tipos de bens manufaturados. Os produtos exportados pelo primeiro grupo possuem, em geral, menor elasticidade-renda de demanda, de maneira que as exportações desses países serão relativamente pouco dinâmicas. Os produtos manufaturados possuem elasticidade-renda de demanda mais alta do que os produtos primários, o que confere um maior dinamismo para as exportações dos países industrializados.

Um indicador relevante, ainda que imperfeito, do nível de especialização produtiva de uma economia é a participação da indústria no PIB. Com efeito, em economias primário-exportadoras a participação da indústria no PIB é pequena, situando-se, em geral, abaixo de 15 %. Por outro lado, em economias industrializadas a participação da indústria no PIB tende a ser expressiva, situando-se entre 15 a 40 % do PIB. Daqui se segue, portanto, que um dos efeitos positivos da industrialização sobre o crescimento de longo prazo é aumentar a diversificação da estrutura produtiva da economia, o que leva a uma maior diversificação da pauta de exportação e a um crescimento mais forte das exportações.

O grau de especialização produtiva da economia, representada fundamentalmente pela participação da indústria no PIB, depende criticamente do valor da taxa real de câmbio; mais precisamente, da relação entre a taxa real de câmbio e o que podemos chamar de "equilíbrio industrial", ou seja, o valor da taxa real de câmbio para o qual as empresas domésticas que operam com a tecnologia no *estado da arte mundial* conseguem competir com as suas congêneres no exterior. Quando a taxa real de câmbio se encontra apreciada com relação ao valor referente ao equilíbrio industrial — devido ao fenômeno da *doença holandesa* — então ocorre um processo de desindustrialização, o qual terminará por induzir um aumento do grau de especialização produtiva da economia e, dessa forma, uma redução da razão entre a elasticidade-renda das exportações e a elasticidade-renda das importações. Nesse contexto, a sobrevalorização da taxa real de câmbio resulta numa redução da taxa de crescimento que é compatível com o equilíbrio no balanço de pagamentos.

O segundo fator é o *conteúdo tecnológico das exportações*, o qual depende, criticamente, do hiato tecnológico que definimos no capítulo anterior. Com efeito, quanto menor for o hiato tecnológico que uma determinada economia possui, maior será o conteúdo tecnológico de suas exportações e, dessa forma, maior a elasticidade-renda de demanda de suas exportações.

Neste capítulo, contudo, iremos enfatizar apenas as diferenças no dinamismo exportador que decorrem das assimetrias existentes na estrutura produtiva dos diferentes países, consoante com as características básicas das economias em processo de industrialização que apresentamos no primeiro capítulo.

Em resumo, com base na teoria do crescimento puxado pela demanda que iremos apresentar neste capítulo, as exportações são o motor do crescimento econômico de longo prazo, uma vez que o investimento e o progresso técnico se ajustam ao crescimento esperado da demanda. Como ainda estamos mantendo a hipótese de que *o grau de utilização da capacidade produtiva é igual ao normal* — ou seja, que a capacidade produtiva está "plenamente empregada" — segue-se que a existência de uma trajetória de crescimento em estado estável exige que a distribuição funcional da renda seja suficientemente flexível para permitir que a poupança agregada se ajuste ao investimento que é requerido para sustentar o crescimento do produto (que é induzido pelo ritmo de crescimento das exportações). Dessa forma, o regime de crescimento prevalecente nestas economias será eminentemente *profit-led*, uma vez que a participação dos lucros na renda e a taxa de crescimento do estoque de capital serão positivamente correlacionadas ao longo da trajetória de crescimento em estado estável.

A taxa real de câmbio desempenha um papel importante na teoria a ser desenvolvida neste capítulo. Isso porque a sobrevalorização da taxa real de câmbio, decorrente do surgimento da doença holandesa, irá resultar numa redução da taxa de investimento e da participação da indústria de transformação no PIB, as quais resultarão numa redução da taxa de crescimento da capacidade produtiva e no aumento da restrição externa ao crescimento. Daqui se segue, portanto, que a manutenção de uma taxa de câmbio em linha com o nível de equilíbrio industrial é fundamental para o crescimento de longo prazo.

4.2 ENDOGENEIDADE DE LONGO PRAZO DA DISPONIBILIDADE DOS "FATORES DE PRODUÇÃO"

Os modelos de crescimento neoclássicos supõem que o limite fundamental ao crescimento de longo prazo é a disponibilidade de fatores de produção. A demanda agregada é relevante apenas para explicar o grau de utilização da capacidade produtiva, mas não tem nenhum impacto direto na determinação do ritmo de expansão da capacidade produtiva. No longo prazo vale a "Lei de Say", ou seja: a oferta (disponibilidade de fatores de produção) determina a demanda agregada.

Mas será verdade que a disponibilidade de fatores de produção é independente da demanda? Essa questão foi inicialmente analisada por Kaldor (1988), dando origem

CAPÍTULO 4

a assim chamada teoria do crescimento puxado pela demanda agregada. A premissa básica dos modelos de crescimento puxados pela demanda agregada é que os meios de produção utilizados numa economia capitalista moderna são eles próprios bens que são produzidos dentro do sistema. Dessa forma, a "disponibilidade" de meios de produção nunca pode ser considerada como um dado independente da demanda pelos mesmos. Nesse contexto, o problema econômico fundamental não é a alocação de um dado volume de recursos entre uma série de alternativas disponíveis; mas sim a determinação do ritmo no qual esses recursos são criados (Setterfield, 1997, p. 50).

Para que possamos compreender a *endogeneidade de longo prazo da disponibilidade de fatores de produção*, comecemos inicialmente analisando a disponibilidade de capital. A quantidade existente de capital num dado ponto do tempo — ou melhor, a capacidade produtiva existente na economia — é resultante das decisões passadas de investimento em capital fixo. Daqui se segue que o estoque de capital não é uma constante determinada pela "natureza", mas depende do ritmo no qual os empresários desejam expandir o estoque de capital existente na economia.

Dessa forma, o condicionante fundamental do "estoque de capital" é a decisão de investimento. O investimento, por sua vez, depende de dois conjuntos de fatores: I) o custo de oportunidade do capital (largamente influenciado pela taxa básica de juros controlada pelo Banco Central); II) as expectativas a respeito do crescimento futuro da demanda por bens e serviços. Nesse contexto, se os empresários anteciparem um crescimento firme da demanda pelos bens e serviços produzidos pelas suas empresas — como é de se esperar no caso de uma economia que esteja apresentando um crescimento forte e sustentável ao longo do tempo —, então eles irão realizar grandes investimentos na ampliação da capacidade de produção.

Em outras palavras, o investimento se ajusta ao crescimento esperado da demanda, desde que seja atendida uma restrição fundamental, a saber: a taxa esperada de retorno do capital seja maior do que o custo do capital. Sendo assim, atendida a condição acima referida, a "disponibilidade de capital" não pode ser vista como um entrave ao crescimento de longo prazo.

É verdade que nos curto e médio prazos a produção não pode aumentar além do permitido pela capacidade física de produção da economia. No longo prazo, contudo, a capacidade de produção pode ser ampliada — por intermédio do investimento em capital físico — de forma a atender a demanda agregada por bens e serviços (Kaldor, 1988, p. 157).

Uma objeção trivial a essa argumentação é que o investimento depende, para a sua realização, de "poupança prévia", ou seja, qualquer aumento dos gastos de investimento requer que, previamente à realização dos mesmos, haja um aumento da taxa de poupança da economia. Nesse contexto, argumentariam os economistas neoclássicos, a "disponibilidade de capital" se acha limitada pela fração da renda que uma determinada sociedade está disposta a não consumir. A poupança assim definida é determinada pela poupança privada (famílias mais empresas), pela poupança do governo e pela poupança externa.

A relação entre poupança e investimento foi objeto de intenso debate entre os economistas (neo)clássicos e keynesianos após a publicação da *Teoria geral do emprego, do juro e da moeda* de John Maynard Keynes.[i] Segundo Keynes, não é verdade que o investimento necessite de poupança prévia. Com efeito, a realização dos gastos de investimento exige tão somente a criação de liquidez por parte do sistema financeiro. Trata-se da assim chamada demanda por moeda devido ao motivo *finance* (Carvalho, 1992, p. 148-53). Se os bancos estiverem dispostos a estender as suas linhas de crédito — ainda que de curta maturidade — em condições favoráveis, então será possível que as empresas iniciem a implementação dos seus projetos de investimento, encomendando máquinas e equipamentos junto aos produtores de bens de capital. Uma vez realizado o gasto de investimento, será criada uma renda agregada de tal magnitude que, ao final do processo, a poupança agregada irá se ajustar ao novo valor do investimento em capital físico. A poupança assim criada poderá então ser utilizada para o *funding* das dívidas de curto prazo das empresas junto aos bancos comerciais, ou seja, as empresas poderão — por intermédio de lucros retidos, venda de ações ou colocação de títulos no mercado — "liquidar" as dívidas contraídas junto aos bancos comerciais no momento em que precisavam de liquidez para implementar os seus projetos de investimento. A poupança se ajusta sempre, e de alguma maneira, ao nível de investimento desejado pelos empresários (Davidson, 1986).[ii]

Os entraves a expansão da capacidade produtiva são de natureza financeira; mais especificamente, referem-se ao custo de oportunidade do capital. As empresas estarão dispostas a ajustar o tamanho de sua capacidade produtiva ao crescimento previsto da demanda desde que a taxa esperada de retorno dos novos projetos de investimento seja superior ao custo de oportunidade do capital. *Grosso modo*, podemos definir o custo do capital como sendo igual a taxa média de juros que a empresa tem que pagar pelos fundos requeridos pelo financiamento dos seus projetos de investimento. Existem três fontes de fundos para o financiamento dos projetos de investimento, a saber: lucros retidos, endividamento e emissão de ações. Dessa forma, o custo do capital é uma média do custo de cada uma dessas fontes de financiamento ponderada pela participação da mesma no passivo total da empresa.

O que dizer sobre a disponibilidade de trabalho? Será que a quantidade de trabalho pode ser vista como um obstáculo ao crescimento da produção no longo prazo? Dificilmente a disponibilidade de trabalhadores pode ser vista como um obstáculo ao crescimento. Isso por uma série de razões. Em primeiro lugar, o número de horas trabalhadas, dentro de certos limites, pode aumentar rapidamente como resposta a um aumento do nível de produção.

Em segundo lugar, a taxa de participação — definida como o percentual da população economicamente ativa que faz parte da força de trabalho — pode aumentar como resposta a um forte acréscimo da demanda de trabalho (Thirlwall, 2002, p. 86). Com efeito, nos períodos nos quais a economia cresce rapidamente, o custo de oportunidade do lazer — medido pela renda "perdida" pelo indivíduo que "escolhe" não trabalhar (jovens, mulheres casadas e aposentados) — tende a ser muito elevado, induzindo um

78 CAPÍTULO 4

forte crescimento da taxa de participação. Nesse contexto, a taxa de crescimento da força de trabalho pode se acelerar em virtude do ingresso de indivíduos que, nos períodos anteriores, haviam decidido permanecer fora da força de trabalho.

Por fim, devemos ressaltar que a população e a força de trabalho não são um dado do ponto de vista da economia nacional. Isso porque uma eventual escassez de força de trabalho — mesmo que seja de força de trabalho qualificada — pode ser sanada por intermédio da imigração de trabalhadores de países estrangeiros. Por exemplo, países como a Alemanha e a França puderam sustentar elevadas taxas de crescimento durante os anos 1950 e 1960 com a imigração de trabalhadores da periferia da Europa (Espanha, Portugal, Grécia, Turquia e Sul da Itália).

O último elemento a ser considerado é o progresso tecnológico. Será que o ritmo de "inovatividade" da economia pode ser considerado como uma restrição ao crescimento de longo prazo? Se considerarmos o progresso tecnológico como exógeno, então certamente o crescimento será limitado pelo ritmo no qual a tecnologia é expandida. Contudo, o progresso tecnológico não é exógeno ao sistema econômico. Em primeiro lugar, o ritmo de introdução de inovações por parte das empresas é, em larga medida, determinado pelo ritmo de acumulação de capital, haja vista que a maior parte das inovações tecnológicas é "incorporada" nas máquinas e equipamentos recentemente produzidos.[iii] Dessa forma, uma aceleração da taxa de acumulação de capital — induzida, por exemplo, por uma perspectiva mais favorável de crescimento da demanda — induz um maior ritmo de progresso tecnológico e, portanto, de crescimento da produtividade do trabalho.

Em segundo lugar, aquela parcela "desincorporada" do progresso tecnológico é causada por "economias dinâmicas de escala" como o *learning-by-doing*. Dessa forma, se estabelece uma *relação estrutural* entre a taxa de crescimento da produtividade do trabalho e a taxa de crescimento da produção, a qual é conhecida na literatura econômica como "lei de Kaldor-Verdoorn" (Ledesma, 2002). Nesse contexto, um aumento da demanda agregada, ao induzir uma aceleração da taxa de crescimento da produção, acaba por acelerar o ritmo de crescimento da produtividade do trabalho.

Como corolário de toda essa argumentação, segue-se que *o conceito de "produto potencial" ou "nível de produção de pleno-emprego", tão caro as abordagens neoclássicas de crescimento econômico, é essencialmente um conceito de curto prazo*, o qual ignora o fato de que a disponibilidade de fatores de produção e o próprio ritmo do progresso tecnológico são variáveis endógenas no processo de crescimento e desenvolvimento econômico.

4.3 DETERMINANTES DE LONGO PRAZO DO CRESCIMENTO ECONÔMICO

Se a disponibilidade de fatores de produção não pode ser vista como o determinante do crescimento econômico no longo prazo, então quais são os fatores que determinam o crescimento? No longo prazo, o determinante último da produção é a demanda agregada. Se houver demanda, as firmas irão responder por intermédio de um aumento da produção e da capacidade produtiva, desde que sejam respeitadas duas condições: I) a margem de lucro seja suficientemente alta para proporcionar aos empresários a taxa desejada de retorno sobre o capital; II) a taxa realizada de lucro seja maior do que o custo do capital. Nessas condições, a taxa de crescimento do produto real será determinada pela taxa de crescimento da demanda agregada autônoma, ou seja, pelo crescimento daquela parcela da demanda agregada que é, em larga medida, independente do nível e/ou da variação da renda e da produção agregada.

Como vimos, em economias abertas, os componentes autônomos da demanda agregada são dois, a saber: as exportações e os gastos do governo.[iv] Os gastos com investimento não são um componente autônomo da demanda agregada, uma vez que a decisão de investimento em capital fixo é fundamentalmente determinada pelas expectativas empresariais a respeito da expansão futura do nível de produção e de vendas em consonância com a assim chamada hipótese do acelerador do investimento (Harrod, 1939). Em outras palavras, o investimento não é uma variável "exógena" do ponto de vista do processo de crescimento, uma vez que o mesmo é induzido pelo crescimento do nível de renda e produção.[v] Sendo assim, o crescimento de longo prazo do nível de renda e produção será uma média ponderada entre a taxa de crescimento das exportações e a taxa de crescimento dos gastos do governo.

Para uma pequena economia aberta que não dispõe de uma moeda aceita como reserva de valor internacional, a taxa de crescimento das exportações é a variável exógena por excelência. Isso porque se a taxa de crescimento dos gastos do governo for maior do que a taxa de crescimento das exportações, então o produto e a renda doméstica irão crescer mais do que as exportações. Se a elasticidade-renda das importações for maior do que um (como é usual em economias abertas), então as importações irão crescer mais do que as exportações, gerando um déficit comercial crescente e, provavelmente, insustentável no longo prazo.

A taxa de crescimento das exportações é igual ao produto entre a elasticidade-renda das exportações (ε) e a taxa de crescimento da renda do resto do mundo (z).[vi] Isso posto, podemos concluir que a taxa potencial de crescimento do produto real (g^*), a partir da abordagem keynesiana do crescimento puxado pelo demanda agregada, é dada por:

$$g^* = \varepsilon Z \tag{4.1}$$

4.4 CRESCIMENTO PUXADO PELAS EXPORTAÇÕES: O MODELO DIXON-THIRWALL (1975)[vii]

A ideia de que o crescimento das exportações é o motor do crescimento de longo prazo de uma economia capitalista, pelo menos para aquelas que não dispõem de moeda conversível, é fundamental no modelo Dixon-Thirwall. Pensado originalmente como um modelo para explicar o comércio entre regiões de um mesmo país, e as diferenças observadas nas suas taxas de crescimento, ele pode ser facilmente estendido para expli-

80 CAPÍTULO 4

car as diferenças observadas nas taxas de crescimento do PIB real dos diversos países do mundo.

A estrutura formal do modelo Dixon-Thirwall consiste no seguinte sistema de equações:

$$\hat{q}_{i,t} = r_t + \alpha_i \hat{Y}_{i,t-1} \tag{4.2}$$

$$\hat{p}_{i,t} = \hat{w}_{j,t} - \hat{q}_{i,t} \tag{4.3}$$

$$\hat{X}_{i,t} = \beta_j (\hat{p}_{w,t} + \hat{e}_t - \hat{p}_{i,t}) + \gamma_i \hat{Y}_{w,t} \tag{4.4}$$

$$\hat{Y}_{i,t} = \lambda_i \hat{X}_{i,t} \tag{4.5}$$

Em que: $\hat{q}_{i,t}$ é a taxa de crescimento da produtividade do trabalho do país/região i no período t; $\hat{Y}_{i,t-1}$ é a taxa de crescimento do produto real do país/região i no período $t - 1$; $\hat{p}_{i,t}$ é a taxa de variação dos preços do país/região i no período t; $\hat{w}_{j,t}$ é a taxa de crescimento dos salários nominais do país i no período t; $\hat{X}_{i,t}$ é a taxa de crescimento das exportações (em quantum) do país/região i no período t; $\hat{p}_{w,t}$ é a taxa de variação dos preços no "resto do mundo"; $\hat{e}_t$ é a taxa de variação do câmbio nominal no período t; $\hat{Y}_{w,t}$ é a taxa de crescimento do produto do "resto do mundo"; β_j é a elasticidade-preço das exportações; γ_i é a elasticidade-renda das exportações; λ_i é o multiplicador das exportações.

A Equação 4.2 estabelece a existência de uma relação causal entre a taxa de crescimento do produto real e a taxa de crescimento da produtividade do trabalho, relação essa que é conhecida na literatura como "lei de Kaldor-Verdoorn" (doravante LKV). De acordo com a LKV, uma aceleração do ritmo de crescimento da produção, principalmente da produção industrial, está associada a um aumento do ritmo de crescimento da produtividade do trabalho. Isso se dá em função da existência de *economias dinâmicas de escala* que decorrem do progresso técnico que é induzido pela expansão do nível de produção (Setterfield, 1997, p. 48).

Existem diversas fontes possíveis de economias dinâmicas de escala. A primeira, enfatizada por Young (1928), consiste na maior especialização do trabalho dentro da firma que decorre do aumento do nível de produção, o que gera um aumento da produtividade do trabalho. A segunda fonte, apontada por Kaldor (1957), se refere aos ganhos de produtividade decorrentes do investimento em novas máquinas e equipamentos, as quais incorporam as novas tecnologias de produção. Nesse caso, o aumento da produção e das vendas pode induzir as empresas a investir na expansão e modernização do seu equipamento, aumentando assim a produtividade do trabalho. Uma terceira fonte, enfatizada por Schmookler (1966), se refere a indução da atividade de inovação tecnológica por parte da demanda. Dessa forma, a expansão do nível de produção e vendas resulta num aumento da produtividade do trabalho por incentivar a inovação tecnológica. Por fim, as economias dinâmicas de escala podem ainda resultar, tal como enfatizado por Arrow (1962), do aprendizado a respeito do processo de produção que é obtido por intermédio da repetição desse processo ao longo do tempo. Nesse caso, o aumento de produtividade é consequência do "aprender fazendo" (*learning-by-doing*), o que gera um aumento no conhecimento do processo de produção existente, como ainda pode levar a um aprimoramento do próprio processo. Nesse contexto, quanto maior for o ritmo de expansão da produção, maior será o acúmulo de aprendizado e, portanto, maior o crescimento da produtividade do trabalho.

A Equação 4.3 estabelece que a taxa de variação dos preços dos bens domésticos, ou seja, a taxa de inflação, é igual a diferença entre a taxa de crescimento dos salários nominais e a taxa de crescimento da produtividade do trabalho. Essa Equação, por sua vez, é derivada de uma regra de fixação de preços com base em *mark-up* do seguinte tipo:

$$p_{i,t} = \left(\frac{w_{i,t}}{q_{i,t}} \right) \tau \tag{4.6}$$

Em que: $p_{i,t}$ é o preço fixado no país/região i no período t; $w_{i,t}$ é o salário nominal vigente no país/região i no período t; $q_{i,t}$ é a produtividade do trabalho no país/região i no período t; τ é a taxa de *mark-up*.

Na Equação 4.6 estamos considerando que as empresas domésticas atuam em mercados nos quais prevalece a concorrência monopolista ou imperfeita, de tal forma que elas são capazes de fixar o preço de venda dos seus produtos num patamar que excede, por certa margem, o custo direto unitário de produção, constituído aqui apenas pelo custo direto unitário do trabalho. Essa margem, conhecida como *mark-up*, depende de fatores estruturais — como, por exemplo, o grau de concentração das vendas num determinado setor, o nível das barreiras na entrada de novos competidores e o grau de diferenciação entre os produtos — que podem ser tomados como exógenos ao processo de crescimento. Dessa forma, a taxa de *mark-up* pode ser tomada como uma constante exógena.[viii]

A Equação 4.4 apresenta a taxa de crescimento das exportações como uma função da taxa de variação do câmbio real ($\hat{p}_{w,t} + \hat{e}_t - \hat{p}_{i,t}$) e da taxa de crescimento da renda do "resto do mundo" ($\hat{Y}_{w,t}$). Essa Equação é, por seu turno, derivada de uma função de exportações do seguinte tipo:

$$X_{i,t} = \left(\frac{e_t p_{w,t}}{p_{i,t}} \right)^{\beta_i} (Y_{w,t})^{\gamma} \tag{4.7}$$

82 CAPÍTULO 4

Em que: $X_{i,t}$ é o "quantum" exportado pelo país/região i no período t; e_t é a taxa nominal de câmbio no período t; $p_{w,t}$ é o preço dos bens produzidos no "resto do mundo", medidos na sua própria moeda, no período t; $Y_{w,t}$ é a renda do "resto do mundo".

Na Equação 4.6 observamos que o "quantum" exportado é uma função da taxa real de câmbio $\theta_t = \dfrac{e_t p_{w,t}}{p_{i,t}}$, que mede o preços dos bens produzidos no "resto do mundo" em termos dos preços dos bens domésticos e da renda do "resto do mundo". Dessa forma, um aumento das quantidades embarcadas para exportação pode resultar tanto da desvalorização do câmbio real (um aumento dos preços dos bens do "resto do mundo" relativamente aos preços dos bens domésticos) como de um aumento da renda do "resto do mundo".

Por fim, a Equação 4.5 estabelece que a taxa de crescimento do produto é determinada pela taxa de crescimento da demanda autônoma, constituída apenas pelas exportações.

Vamos proceder agora a resolução do modelo. Inicialmente, vamos substituir a Equação 4.3 em 4.2, obtendo assim a seguinte expressão:

$$\hat{p}_{i,t} = \hat{w}_{j,t} - r_t - \alpha_i \hat{Y}_{i,t-1} \tag{4.2a}$$

Na sequência iremos substituir a Equação (4.2a) em (4.4), obtendo:

$$\hat{X}_{i,t} = \beta_j(\hat{p}_{w,t} + \hat{e}_t - \hat{w}_{j,t} + r_t + \alpha \hat{Y}_{i,t-1}) + \gamma_i \hat{Y}_{w,t} \tag{4.4a}$$

Por fim, iremos substituir 4.4a em 4.5. Após os algebrismos necessários chegamos a seguinte expressão:

$$\hat{Y}_{i,t} = \lambda_i \beta_i \alpha_i \hat{Y}_{i,t-1} + \lambda_i \beta_i(\hat{p}_{w,t} + \hat{e}_t - \hat{w}_{j,t} + r_t) + \lambda_i \gamma_i \hat{Y}_{w,t} \tag{4.5a}$$

Na Equação 4.5a observamos que a taxa de crescimento do produto do país/região i no período t depende: (a) do crescimento observado no período anterior; (b) da variação do câmbio real; e (c) da taxa de crescimento da renda do resto do mundo.

A taxa de inflação do "resto do mundo" é determinada de maneira análoga a taxa de inflação doméstica, ou seja, ela é o resultante da diferença entre a taxa de variação dos salários e a taxa de crescimento da produtividade do trabalho. Sem perda de generalidade iremos assumir que o termo constante da LKV para o "resto do mundo" é igual ao termo constante para a economia doméstica. Nesse contexto temos que:

$$\hat{q}_w = r_t + \alpha_w \hat{Y}_{w,t-1} \tag{4.8}$$

$$\hat{p}_{w,t} = \hat{w}_{w,t} - \hat{q}_{w,t} \tag{4.9}$$

Substituindo 4.8 em 4.9 chegamos a expressão final para a taxa de inflação no "resto do mundo":

$$\hat{p}_{w,t} = \hat{w}_{w,t} - r_t - \alpha_w \hat{Y}_{w,t-1} \tag{4.9a}$$

Iremos agora substituir a Equação 4.9a em 4.5a, de forma a obter a seguinte expressão:

$$\hat{Y}_{i,t} =_i \beta_i \alpha_i \hat{Y}_{i,t-1} +_i \beta_i ((\hat{w}_{w,t} - \hat{w}_{j,t}) + \hat{e}_t - \alpha_w \hat{Y}_{w,t-1}) +_i \gamma_i \hat{Y}_{w,t} \tag{4.5b}$$

Na Equação 4.5b constatamos que o crescimento do produto do país/região i é negativamente afetado pelo diferencial entre a inflação salarial doméstica e a inflação salarial no resto do mundo $[-(\hat{w}_{j,t} - \hat{w}_{w,t})] = (\hat{w}_{w,t} - \hat{w}_{j,t})$. Em outros termos, se os salários nominais estiverem crescendo mais rapidamente na economia doméstica do que no "resto do mundo"; então o resultado será uma perda de competitividade da economia doméstica devido a apreciação da taxa real de câmbio, a qual resultará numa queda do ritmo de crescimento das exportações, fazendo com que o ritmo de expansão da demanda autônoma diminua e, com ele, o crescimento da produção doméstica.

Tal como argumentamos na Seção 4.2, uma das formas pelas quais a oferta de mão de obra pode ser tornar ilimitada é por intermédio da imigração de trabalhadores. Sendo assim, é razoável supor que não existem obstáculos a mobilidade internacional da força de trabalho. Nesse contexto, o diferencial entre a inflação salarial doméstica e do "resto do mundo" deve ser igual a zero, ou seja, os salários nominais deverão crescer a mesma taxa em todos os países.

Consoante com a versão original do modelo Dixit-Thirwall, iremos supor que a taxa nominal de câmbio é constante ao longo do tempo, ou seja, prevalece um regime de câmbio fixo na economia em consideração. Dessa forma, chegamos a seguinte expressão:

$$\hat{Y}_{i,t} = \lambda_i \beta_i \alpha_i \hat{Y}_{i,t-1} + \lambda_i (\gamma_i - \beta_i \alpha_w) \hat{Y}_{w,t} \tag{4.5c}$$

Na Equação 4.5c observamos que a taxa de crescimento do produto no país/região i no período t depende do crescimento ocorrido no período anterior e da taxa de crescimento da renda do "resto do mundo".

Na trajetória de crescimento em "estado estável", as taxas de crescimento devem ser constantes ao longo do tempo. Sendo assim, temos que $\hat{Y}_{i,t} = \hat{Y}_{i,t-1} = g$ e $\hat{Y}_{w,t} = g_w$. Dessa forma, a expressão final para a taxa de crescimento do produto do país/região i ao longo da trajetória de crescimento em "estado estável" é dada por:

$$g = \frac{\lambda_i [\gamma_i - \beta_i \alpha_w]}{(1 - \lambda_i \beta_i \alpha_i)} g_w \tag{4.10}$$

84 CAPÍTULO 4

Na Equação 4.10 constatamos que a taxa de crescimento do produto ao longo de uma trajetória de crescimento em "estado estável" depende da taxa de crescimento do "resto do mundo" e dos parâmetros estruturais da economia.

Para que ocorra o *catching-up* é necessário que $\left(\dfrac{\lambda_i[\gamma_i - \beta_i\alpha_w]}{(1 - \lambda_i\beta_i\alpha_i)} \right) > 1$. Dessa forma, a seguinte condição tem que ser atendida:

$$\gamma_i + \beta_i(\alpha_i - \alpha_w) > \frac{1}{\lambda_i} \qquad (4.11)$$

A Equação 4.11 mostra que para que o *catching-up* possa ocorrer é necessário e suficiente que a soma entre a elasticidade-preço das exportações com a elasticidade-renda das exportações multiplicada pela diferença entre os coeficientes da LKV da economia doméstica e do "resto do mundo" seja maior do que a recíproca do multiplicador das exportações.

O grau de especialização da estrutura produtiva e a intensidade tecnológica das exportações irão determinar se a condição 4.11 é atendida ou não. Com efeito, economias primário-exportadoras deverão possuir valores mais baixos para a elasticidade-renda das exportações e para o coeficiente da LKV do que economias industrializadas. Dessa forma, aquelas economias terão uma propensão maior a apresentar uma taxa de crescimento do produto menor do que a média do "resto do mundo", ficando para trás no processo de desenvolvimento econômico. Por outro lado, economias que já terminaram o seu processo de industrialização e/ou que exportam bens com alta intensidade tecnológica serão mais propensas a apresentar uma taxa de crescimento do produto maior do que a média do "resto do mundo", realizando assim o seu processo de *catching-up*.

Uma variável particularmente importante para a determinação da taxa de crescimento do produto ao longo da trajetória de crescimento em estado estável é o coeficiente da LKV. De fato, podemos constatar de 4.10 que quanto maior for α_i, maior será a taxa de crescimento do produto na trajetória de crescimento em estado estável. Isso se deve ao fato de que quanto maior for α_i, maior será o coeficiente de indução sobre a produtividade do trabalho de uma dada taxa de crescimento do produto e, portanto, maior será o ganho de competitividade que a economia obtém em decorrência das economias dinâmicas de escala.

Para ilustrar esse ponto, consideremos uma economia na qual $\lambda_i = 1,3$; $\gamma_i = 1$; $\beta_i = 0,8$; $\alpha_w = 0,4$ e $g_w = 0,04$. A taxa de crescimento do produto doméstico ao longo da trajetória de crescimento em estado estável como função do coeficiente da LKV pode ser visualizada na Figura 4.1.

Na Figura 4.1 observamos que a taxa de crescimento do produto real é uma função crescente do coeficiente da LKV para a economia doméstica. Quais fatores que determinam o tamanho do coeficiente da LKV? O coeficiente em consideração capta a extensão das economias dinâmicas de escala. Tais economias tendem a ocorrer de forma

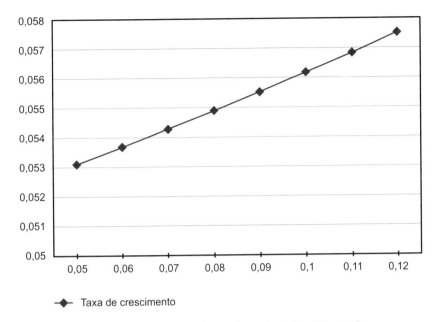

Figura 4.1 Taxa de crescimento do produto e coeficiente da LKV. Fonte: Elaboração do autor.

mais intensa no setor industrial, donde se conclui que quanto maior for a participação da indústria no PIB maior será o coeficiente da LKV e, portanto, maior a taxa de crescimento da economia ao longo da trajetória de crescimento em estado estável. Segue-se, portanto, que uma previsão importante do modelo Dixon-Thirwall é que a taxa de crescimento da economia no longo prazo é uma função direta da participação da indústria no PIB, fato esse que parece ser corroborado pela evidência empírica para os quatro economias da América Latina (Argentina, Brasil, Chile e México) no período 1970-2000 como podemos observar na Figura 4.2.

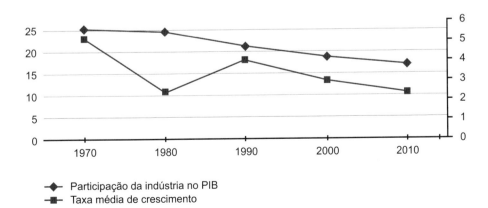

Figura 4.2 Dinâmica da participação da indústria no PIB e da taxa média de crescimento em 4 economias da América Latina (1970-2010). Fonte: Rocha (2011), elaboração do autor.

86 CAPÍTULO 4

4.5 RESTRIÇÕES AO CRESCIMENTO DE LONGO PRAZO

Até o presente momento, assumimos que a produção se ajusta, no longo prazo, ao crescimento da demanda agregada autônoma, constituída fundamentalmente pelas exportações no caso de uma pequena economia aberta. No entanto, a economia pode não apresentar uma taxa de crescimento de longo prazo igual ao valor dado pela Equação 4.1 devido a presença de restrições a expansão do nível de produção e ao ritmo determinado pela expansão da demanda externa. Essas restrições advêm da necessidade de se manter o balanço de pagamentos equilibrado no longo prazo, assim como da existência de fatores que impeçam o ajuste pleno da capacidade produtiva das empresas ao crescimento projetado das suas vendas. Iremos agora analisar essas duas restrições detalhadamente.

4.5.1 Restrição de balanço de pagamentos

A restrição externa ao crescimento de longo prazo foi analisada por Thirwall (1979, 1997, 2001). O conceito de taxa de crescimento de equilíbrio do balanço de pagamentos foi desenvolvido por esse autor a partir da constatação de que os modelos de crescimento de causalidade cumulativa de inspiração kaldoriana – do crescimento econômico de longo prazo – são incompletos por não incluírem em sua estrutura analítica formal uma condição de equilíbrio do balanço de pagamentos. Dessa forma, a depender do valor da elasticidade-renda das importações, uma trajetória de crescimento acelerado puxado por um forte ritmo de expansão das exportações pode gerar um déficit comercial crescente ao induzir um crescimento insustentável das importações. Sendo assim, define-se a taxa de crescimento de equilíbrio do balanço de pagamentos como:

> A taxa de crescimento que é consistente com o equilíbrio com conta corrente do balanço de pagamentos assumindo que os déficits não podem ser financiados para sempre e a dívida externa tem que ser paga (Thirwall, 2001, pp. 81-2, tradução nossa)

Uma formalização simples do conceito de taxa de crescimento de equilíbrio do balaço de pagamentos pode ser obtida em Atesoglu (1997), sendo reproduzida a seguir. Considere uma economia descrita pelo seguinte sistema de equações:

$$\log M_t + \log P_{m,t} = \log X_t + \log P_{x,t} \tag{4.12}$$

$$\log M_t = \pi \log Y_t + \phi(\log P_{x,t} - \log P_{m,t}) \tag{4.13}$$

Em que: M_t é o quantum importado no período t; X_t é o quantum exportado no período t; Y_t é o produto real doméstico no período t; $P_{m,t}$ é o preço dos bens importados no período t; $P_{x,t}$ é o preço dos bens exportados no período t; π é a elasticidade-renda das importações; ϕ é a elasticidade-preço das importações.

A Equação 4.12 apresenta a condição de equilíbrio do balanço de pagamentos na ausência de fluxos de capitais externos. Por sua vez, a Equação 4.13 apresenta o quantum importado como uma função da renda doméstica e dos termos de troca. Deve-se destacar que, por simplicidade, assume-se a taxa de câmbio como fixa e igual a um.

Substituindo 4.13 em 4.12 obtemos a seguinte Equação:

$$\pi \log Y_t + (\phi - 1)(\log P_{x,t} - \log P_{m,t}) = \log X_t \qquad (4.14)$$

Ao longo da trajetória de crescimento balanceado, os termos de troca devem permanecer constantes (Dutt, 2003, p. 318). Sendo assim, podemos assumir que $(\log P_{x,t} - \log P_{m,t}) = 0$ (Atesoglu, 1997, p. 331). Isso posto, a Equação 3.14 se reduz a seguinte expressão:

$$\log Y_t = \frac{1}{\pi} \log X_t \qquad (4.15)$$

A Equação 4.15 apresenta o produto real doméstico como uma função do quantum exportado pela economia no período t; uma relação conhecida como o multiplicador do comércio exterior de Harrod. Diferenciando a Equação 4.15 com respeito ao tempo e lembrando que $x = \dfrac{\dot{X}}{X} = \varepsilon z$ é a taxa de crescimento das exportações, temos:

$$g_{bop} = \frac{\dot{Y}}{Y} = \left[\frac{\varepsilon}{\pi}\right] z \qquad (4.16)$$

Em que: g_{bob} é a taxa de crescimento de equilíbrio do balanço de pagamentos.

A Equação 4.16 é chamada "lei de Thirwall" que nos diz que a taxa de crescimento que é compatível com o equilíbrio do balanço de pagamentos é igual a razão entre a elasticidade-renda das exportações e a elasticidade-renda das importações multiplicada pela taxa de crescimento da renda do resto do mundo.

Comparando-se as Equações 4.1 e 4.16 podemos constatar que se $\varepsilon < \pi$, ou seja, se a elasticidade-renda das exportações for menor do que a elasticidade-renda das importações, então a taxa de crescimento compatível com o equilíbrio do balanço de pagamentos será menor do que a taxa de crescimento potencial da economia. Nesse caso, dizemos que a restrição externa é efetiva (*binding*).

Supondo que a restrição externa seja efetiva, o modelo da "lei de Thirwall" oferece uma explicação bastante simples para a divergência observada nas taxas de crescimento do produto ou da renda *per capita*. Com efeito, sabemos que a taxa de crescimento do produto agregada, g, pode ser expressa como a soma entre a taxa de crescimento da renda *per capita* e a taxa de crescimento da população. Dessa forma, a Equação 4.6 pode ser reescrita como:

$$\hat{y} + n_d = \frac{\varepsilon}{\pi}(\hat{\alpha} + n_z) \qquad (4.17)$$

88 CAPÍTULO 4

Em que: $\hat{y}$ é a taxa de crescimento da renda *per capita* doméstica; $\hat{\alpha}$ é a taxa de crescimento da renda *per capita* do resto do mundo; n_d é a taxa de crescimento da população doméstica; n_z é a taxa de crescimento da população do resto do mundo.

Com base em 4.17 podemos expressar a taxa de crescimento da renda *per capita* doméstica da seguinte forma:

$$\hat{y} = \frac{\varepsilon}{\pi}(\hat{\alpha} + n_z) - n_d \qquad (4.18)$$

Supondo, para fins de simplicidade, que $n_d = n_z$, segue-se que a taxa de crescimento da renda *per capita* doméstica pode ser expressa por:

$$\hat{y} = \frac{\varepsilon}{\pi}\hat{\alpha} \qquad (4.19)$$

Na Equação 4.19, se a razão entre as elasticidades for menor do que um, então a taxa de crescimento da renda *per capita* doméstica será menor do que a taxa de crescimento da renda do resto do mundo, de maneira que a economia em consideração ficará progressivamente mais pobre na comparação com o resto do mundo. Ou seja, haverá uma divergência crescente entre o nível de renda *per capita* da economia doméstica e o nível de renda *per capita* do resto do mundo. Por outro lado, se a razão entre as elasticidades for maior do que um, então a taxa de crescimento da renda *per capita* doméstica ao longo da trajetória de crescimento balanceado será maior do que a taxa de crescimento da renda do resto do mundo, de maneira que a economia em consideração irá convergir para os níveis de renda *per capita* do resto do mundo. Em resumo, o modelo da "lei de Thirwall" é compatível tanto com a divergência quanto com a convergência de renda *per capita* entre os países.

Quais os fatores que determinam a razão entre as elasticidades-renda? Um fator importante na determinação das elasticidades-renda é a estrutura produtiva do país, mais especificamente *o grau de especialização produtiva* do mesmo. Via de regra, uma estrutura produtiva especializada em poucos setores de atividade e poucos produtos é compatível com um valor baixo para a razão entre a elasticidade-renda das exportações e das importações. Isso porque a elasticidade-renda das importações tende a ser relativamente alta dada a necessidade de importação de uma ampla gama de produtos. Países primário-exportadores são exemplos típicos de economias com elevado grau de especialização produtiva; ao passo que economias industriais são exemplos de países com estrutura produtiva diversificada.

Mas o grau de especialização produtiva não é o único fator importante. Outro fator igualmente importante é o *conteúdo tecnológico dos bens exportados*, o qual é fundamental na determinação do valor da elasticidade-renda das exportações, pois permite uma maior diferenciação dos produtos em termos de qualidade. Dessa forma, países que se situam na proximidade da fronteira tecnológica, por serem exportadores de bens com alta intensidade tecnológica, devem possuir uma razão mais elevada entre as elasticidades-renda do que países que se encontram relativamente mais atrasados.

Dessa forma, economias que apresentam uma estrutura produtiva diversificada e que exportam bens com alto conteúdo tecnológico apresentam uma razão mais elevada entre as elasticidades-renda das exportações e das importações e, portanto, tendem a apresentar uma maior taxa de crescimento da renda *per capita*.

A Equação 4.19 pressupõe que a mobilidade internacional de capitais é igual a zero de forma que os países não podem se endividar para financiar os déficits em conta-corrente. A extensão do modelo de Thirwall para uma economia com fluxos de capitais foi feita, entre outros, por Moreno-Brid (1998-1999). No modelo de Moreno-Brid admite-se a existência de fluxos internacionais de capitais, mas a dinâmica do endividamento externo tem que atender a condição de solvência externa de longo prazo. Em particular, o modelo desenvolvido por este autor assume que a relação entre o déficit em conta-corrente e a renda doméstica deve permanecer constante no longo prazo para que o país seja solvente do ponto de vista de suas contas externas. Nesse contexto, admitindo-se que os termos de troca são constantes no longo prazo, a taxa de crescimento do equilíbrio do balanço de pagamentos é dada pela seguinte expressão:

$$g^{**} = \frac{\varepsilon\theta}{\pi - (1 - \theta)} z \qquad (4.20)$$

Em que: θ é a razão entre o valor inicial das exportações e o valor inicial das importações.

Observemos que θ pode ser expresso como a razão entre a receita de exportações e a soma entre o déficit em conta-corrente $(M - X)$ e as exportações. Sendo assim, temos que:

$$\theta = \frac{X}{(M - X) + X} = \frac{\left(\dfrac{X}{Y}\right)}{\left(\dfrac{M - X}{Y}\right) + \left(\dfrac{X}{Y}\right)} = \frac{X_Q}{cc + X_q} \qquad (4.21)$$

Em que: X_Q é a participação das exportações na renda doméstica e cc é o déficit em conta-corrente como proporção do PIB.

A título de exemplo, consideremos que a elasticidade-renda das importações, π, é igual a 1,5, que as exportações sejam 30 % da renda doméstica e que a taxa de crescimento das exportações — igual ao produto entre a elasticidade-renda das exportações e a taxa de crescimento da renda do resto do mundo — é igual a 4 % a.a. Nesse caso, se a conta de transações corrente estiver em equilíbrio (ou seja, se $cc = 0$), então a taxa de crescimento do produto doméstico compatível com o equilíbrio do balanço de pagamentos será de 2,67 % a.a; ao passo que se o déficit em conta corrente como proporção do PIB for de 2 %, a taxa de crescimento de equilíbrio do balanço de pagamentos será reduzida para 2,5 % a.a. Em outras palavras, o déficit em conta-corrente tem impacto

90 CAPÍTULO 4

negligenciável sobre a taxa de crescimento compatível com o equilíbrio do balanço de pagamentos (McCombie e Roberts, 2002, p. 95). Sendo assim, a Equação 4.11 é uma boa aproximação da restrição externa ao crescimento econômico de longo prazo.

4.5.2 Restrição de capacidade

Outra restrição ao crescimento de longo prazo é dada pela capacidade produtiva. A Equação 4.1 pressupõe que o investimento é uma variável endógena que se ajusta ao crescimento (esperado) da demanda agregada. Para que isso ocorra, no entanto, é necessário que a taxa de retorno do capital seja superior ao custo do capital. Se o custo do capital for muito alto, então é possível que uma parte considerável dos projetos de expansão da capacidade produtiva não seja implementada por falta de lucratividade. Nesse contexto, apenas os projetos de investimento com elevadas expectativas de lucro ou financiados a taxas de juros mais baixas do que as prevalecentes no mercado serão implementados. Em tais circunstâncias, o investimento será uma variável exógena; dependendo mais da disposição dos empresários em investir (o seu *animal spirits*) do que de cálculos de custo e benefício.

Para determinar a taxa de crescimento do produto compatível com os planos de investimento dos empresários, consideremos que a quantidade de bens e serviços produzidos num dado ponto do tempo é dada por:

$$Y = vuK \tag{4.22}$$

Em que: v é a relação produto potencial-capital, ou seja, a quantidade máxima de produto que pode ser obtida a partir de uma unidade de capital; u é o grau de utilização da capacidade produtiva.

Diferenciando 4.22 com respeito a u e K, mantendo v constante por hipótese, temos:

$$dY = v[Kdu + udK] \tag{4.23}$$

Dividindo-se ambos os lados da Equação 4.23 por Y, temos:

$$\frac{dY}{Y} = v\left[du\frac{K}{Y} + u\frac{dK}{Y} \right] \tag{4.24}$$

Supondo que a taxa de depreciação do estoque de capital é igual a δ, temos que o investimento líquido é igual $I = (dK + \delta K)$. Dessa forma, temos que:

$$\frac{dY}{Y} = v\left[du\frac{K}{Y} + u\frac{I}{Y} - \delta u\frac{K}{Y} \right] \tag{4.25}$$

Ao longo da trajetória de crescimento balanceado, o grau de utilização da capacidade produtiva é igual ao nível normal de utilização da capacidade, ou seja, o nível de utilização da capacidade produtiva que é desejado pelas firmas em função da sua estratégia de concorrência (Oreiro, 2004, p. 47). Dessa forma, podemos assumir $du = 0$ na Equação 4.25, obtendo assim a seguinte Expressão:

$$g_w = u^n v \left[\frac{I}{Y} - \delta \right] \tag{4.26}$$

Em que: u^n é o nível normal de utilização da capacidade produtiva.

A Equação 4.26 define a assim chamada *taxa garantida de crescimento*, ou seja, a taxa de crescimento do produto que, se obtida, irá assegurar que a demanda agregada e a capacidade produtiva irão crescer a mesma taxa de forma a manter a utilização da capacidade produtiva no seu nível normal de longo prazo (Park, 2000). Conforme observamos na Equação 4.26 – dados u^n, v e δ – a taxa garantida de crescimento é uma função crescente do investimento líquido como proporção do PIB.

4.6 UM MODELO THIRWALL-HARROD-KALDOR DE CRESCIMENTO E DISTRIBUIÇÃO DE RENDA

Na seção anterior vimos que o crescimento puxado pelas exportações se defronta com dois tipos de restrições. A primeira é a restrição de equilíbrio do balanço de pagamentos, enfatizada pelos modelos com base na "lei de Thirwall". A segunda é a restrição de capacidade, enfatizada pelo modelo de crescimento de Harrod, segundo a qual a economia deverá crescer a um ritmo dado pela taxa garantida de crescimento para que o grau de utilização da capacidade seja igual ao normal no longo prazo. Nesta seção iremos analisar em que medida essas duas restrições podem ser compatibilizadas de maneira a permitir a construção de um modelo plenamente consistente a partir da teoria do crescimento puxado pela demanda agregada.

Até o presente momento, nosso modelo possui as seguintes equações:

$$g_{bop} = \frac{\dot{Y}}{Y} = \left[\frac{\varepsilon}{\pi} \right] z \tag{4.16}$$

$$g_w = u^n v \left[\frac{I}{Y} - \delta \right] \tag{4.26}$$

A Equação 4.16 apresenta a taxa de crescimento que é compatível com o equilíbrio no balanço de pagamentos, ao passo que a Equação 4.26 apresenta a taxa de crescimento que é compatível com a obtenção do grau normal de utilização da capacidade produtiva.

Existe algum mecanismo que permita a igualação entre as taxas de crescimento apresentadas acima? Para responder a essa pergunta devemos ter em mente que o grau normal de utilização da capacidade produtiva, u^n, a relação técnica produto potencial-capital, v, a taxa de depreciação, δ, a elasticidade-renda das exportações, ε, a elasticidade-renda das importações, π, e a taxa de crescimento da renda do "resto do mundo" são variáveis exógenas, determinadas pelas condições estruturais da economia, como a tecnologia, o nível de especialização produtiva e as condições de concorrência nos diferentes mercados. Sendo assim, a única variável que poderia se ajustar de maneira a garantir a igualdade entre as duas taxas é a participação do investimento no produto, I/Y.

Para que haja equilíbrio macroeconômico, o investimento tem que ser igual a poupança, logo a taxa de investimento na Equação 4.26 deve ser igual à soma entre a poupança doméstica e a poupança externa. Como estamos supondo que o balanço de pagamentos está em equilíbrio, segue-se que a poupança externa é necessariamente igual à zero. No que se refere à poupança doméstica, se a fração da renda que as famílias e as empresas estiverem dispostas a poupar for constante, tal como no modelo de Harrod, então a taxa de investimento/poupança também será uma variável exógena, de maneira que o ajuste entre a taxa de crescimento compatível com o equilíbrio no balanço de pagamentos e a taxa garantida de crescimento será impossível. Nesse contexto, a existência de uma trajetória de crescimento em estado estável será inviabilizada.

Sendo assim, a existência de uma trajetória de crescimento em estado estável exige que a "propensão a poupar" seja "flexível", o que nos remete de volta para os modelos de função poupança apresentados no capítulo anterior.

Uma especificação da função poupança que nos parece particularmente relevante para o mundo real é a especificação kaldoriana. Nesse caso, a poupança agregada, S, é dada por:

$$S = \{\varepsilon + (1-\varepsilon)s_F\}rK + s_FW \tag{4.27}$$

Sem perda de generalidade, podemos assumir que $s_F = 0$. Dividindo-se 4.27 pelo produto Y, temos que:[ix]

$$s = \frac{S}{Y} = \varepsilon\frac{rK}{Y} = s_P\frac{P}{Y} \tag{4.28}$$

Conforme verificamos em 4.28, a taxa de poupança, s, é uma função linear da participação dos lucros na renda nacional.

A flexibilidade da distribuição de renda entre salários e lucros permite a obtenção de uma trajetória de crescimento em estado estável. Com efeito, substituindo 4.28 em 4.26 temos que:

$$g_w = u^n v\left[s_P\frac{P}{Y} - \delta\right] \tag{4.26a}$$

Na Equação 4.26a, observamos que a taxa garantida de crescimento é uma função crescente da participação dos lucros na renda, conforme visualizamos na Figura 4.3.

Por que razão a taxa garantida de crescimento é uma função crescente da participação dos lucros na renda? Consideremos que, por alguma razão, a taxa de crescimento da economia se acelere. Nesse caso, a taxa de investimento requerida para manter a eco-

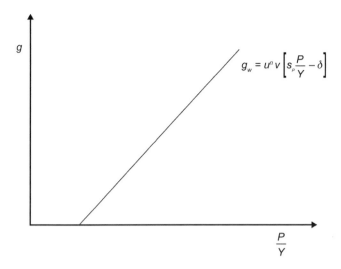

Figura 4.3 Taxa garantida de crescimento como função da participação dos lucros na renda. Fonte: Elaboração do autor.

nomia ao longo da trajetória de crescimento em estado estável deverá aumentar. Como as empresas estão operando com um grau de utilização igual ao normal, o aumento da demanda agregada induzido pelo aumento da taxa de investimento deverá produzir um aumento dos preços e das margens de lucro das empresas, aumentando assim a participação dos lucros na renda. Como a propensão a poupar a partir dos lucros é maior do que a propensão a poupar a partir dos salários, então haverá um aumento da taxa de poupança da economia, assegurando assim o equilíbrio macroeconômico entre poupança e investimento.

Nesse contexto, a participação dos lucros na renda ao longo da trajetória de crescimento em estado estável será determinada no ponto em que a taxa garantida de crescimento se igualar com a taxa de crescimento compatível com o equilíbrio no balanço de pagamentos conforme podemos visualizar na Figura 4.4.

Ao longo da trajetória de crescimento em estado estável temos que as exportações estão crescendo ao mesmo ritmo que as importações, de forma que $\hat{X} = \hat{M} = \pi \hat{Y}$. Além disso, a produção real estará crescendo no mesmo ritmo que o estoque de capital, uma vez que o grau de utilização da capacidade produtiva será constante e igual ao normal. Dessa forma temos que: $\hat{Y} = \hat{K}$. Sendo assim, na trajetória de crescimento em estado estável, tanto o estoque de capital como o produto real estarão crescendo a taxa $\dfrac{\hat{X}}{\pi}$, ou seja, a uma taxa igual a razão entre a taxa de crescimento das exportações e a elasticidade-renda das importações. Nesse contexto, concluímos que no modelo Thirwall-Harrod-Kaldor *as exportações são o motor do crescimento da economia no longo prazo*.

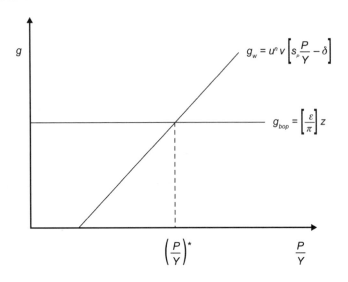

Figura 4.4 Taxa garantida de crescimento como função da participação dos lucros na renda. Fonte: Elaboração do autor.

Um pequeno exemplo numérico pode nos ajudar a entender o funcionamento desse modelo. Consideremos uma economia na qual a elasticidade-renda das exportações seja igual a 1,2; a elasticidade-renda das importações seja igual a 1,5; a taxa de crescimento do "resto do mundo" seja igual a 3 % a.a; a relação produto potencial-capital seja igual a 0,5; o grau "normal" de utilização da capacidade produtiva seja igual a 0,85; a propensão a poupar a partir dos lucros seja igual a 0,25; e a taxa de depreciação do estoque de capital seja igual a 0,035. Sabemos que a participação dos lucros ao longo da trajetória de crescimento balanceada é dada por:

$$\frac{P}{Y} = \frac{1}{s_p}\left[\delta + \frac{z}{u^n v}\frac{\varepsilon}{\pi}\right] \quad (4.29)$$

Sendo assim, temos para o caso em consideração que a participação dos lucros na renda será igual a 36,58 % ao passo que a taxa de crescimento do produto real será igual a 2,4 % a.a.

Uma propriedade importante da trajetória de crescimento da economia em consideração é que ao longo da mesma a participação dos lucros na renda e a taxa de crescimento do produto e do estoque de capital estão positivamente correlacionadas, configurando assim um regime de acumulação do tipo *profit-led*.

Com efeito, consideremos a Tabela 4.1. Ela mostra os valores da taxa de crescimento do produto e da participação dos lucros na renda ao longo da trajetória de crescimento em estado estável para diversos valores da taxa de crescimento da renda do resto do mundo.

Tabela 4.1	Taxa de crescimento do produto e participação dos lucros na renda em função da taxa de crescimento da renda do "resto do mundo"				
Taxa de crescimento da renda do resto do mundo	0,03	0,035	0,04	0,045	0,05
Taxa de crescimento do produto e do estoque de capital	0,024	0,028	0,032	0,036	0,04
Participação dos lucros na renda	0,365	0,403	0,441	0,478	0,516

Fonte: Elaboração do autor.

4.7 INDUSTRIALIZAÇÃO E CRESCIMENTO DE LONGO PRAZO

Iremos agora usar o modelo desenvolvido na seção anterior para avaliar o impacto que o processo de industrialização tem sobre a trajetória de crescimento de longo prazo de uma economia que possui oferta ilimitada de mão de obra.

Tal como argumentamos anteriormente, a razão entre as elasticidades-renda das exportações e das importações depende do nível de especialização produtiva da economia. Nesse contexto, economias industrializadas possuem uma razão entre as elasticidades em questão que é mais alta do que a prevalecente em economias primário-exportadoras. Um bom indicador, ainda que imperfeito, do grau de especialização produtiva de uma economia é a participação da indústria no PIB. Em geral, quanto maior a participação da indústria no PIB, maior será o grau de diversificação da estrutura produtiva da economia e, portanto, maior será a razão entre as elasticidades-renda. Sendo assim, a medida que a participação da indústria no PIB aumenta como decorrência do processo de industrialização, a razão entre as elasticidades-renda das exportações e das importações também aumenta, elevando assim a taxa de crescimento que é compatível com o equilíbrio do balanço de pagamentos. Para que a economia permaneça numa trajetória de crescimento em estado estável, é necessário que a taxa garantida de crescimento se ajuste ao novo valor da taxa de crescimento compatível com o equilíbrio do balanço de pagamentos.

Diante do crescimento mais acelerado da demanda autônoma que foi viabilizado pelo maior dinamismo da pauta de exportações, resultante da maior diversificação da estrutura produtiva da economia, os empresários irão aumentar seus investimentos. Como a economia está operando com um grau de utilização da capacidade produtiva igual ao normal, as empresas irão responder ao aumento da demanda agregada por intermédio de um aumento das margens de lucro, o que resultará, a nível macroeconômico, num aumento da participação dos lucros na renda. Como a propensão a poupar a partir dos lucros é maior do que a propensão a poupar a partir dos salários, essa mudança na distribuição de renda a favor dos lucros irá resultar num aumento da taxa de poupança, permitindo assim o ajuste da taxa garantida de crescimento.

A visualização desse processo pode ser feita por intermédio da Figura 4.5.

Um exemplo numérico pode ajudar a entender melhor os efeitos da industrialização sobre o crescimento e a distribuição de renda. Consideremos uma economia tal como a descrita na seção anterior, ou seja, uma economia na qual o valor inicial da

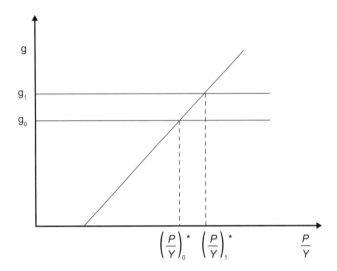

Figura 4.5 Efeitos da industrialização sobre o crescimento e a distribuição de renda. Fonte: Elaboração do autor.

elasticidade-renda das exportações é igual a 1,2; o valor inicial da elasticidade-renda das importações é igual a 1,5; a taxa de crescimento do "resto do mundo" seja igual a 3 % a.a; a relação produto potencial-capital seja igual a 0,5; o grau "normal" de utilização da capacidade produtiva seja igual a 0,85; a propensão a poupar a partir dos lucros seja igual a 0,25; e a taxa de depreciação do estoque de capital seja igual a 0,035.

Consideremos agora que a razão entre as elasticidades é uma função linear da participação da indústria no PIB da seguinte forma: $\frac{\varepsilon}{\pi} = \frac{1,2}{1,5} + 0,8 * \left(\frac{VA\,IND}{PIB} - 0,15 \right)$, ou seja, cada ponto percentual de aumento do valor adicionado da indústria com relação ao PIB acima de 15 % gera um aumento de 0,8 ponto percentual da razão entre as elasticidades.

Os valores da participação dos lucros na renda e da taxa de crescimento do produto para diferentes níveis de participação da indústria no PIB podem ser visualizados na Tabela 4.2.

Conforme podemos constatar na Tabela 4.2, o processo de industrialização, entendido como um aumento continuado da participação da indústria no PIB, gera um maior crescimento econômico no longo prazo, mas também um aumento da participação dos

Tabela 4.2 Taxa de crescimento do produto e participação dos lucros na renda para diferentes níveis de participação da indústria no PIB

Participação da indústria no PIB	0,15	0,2	0,25	0,3	0,35	0,4
Taxa de crescimento do PIB	0,024	0,0252	0,0264	0,0276	0,0288	0,03
Participação dos lucros na renda	0,365882	0,377176	0,388471	0,399765	0,411059	0,422353

Fonte: Elaboração do autor.

lucros na renda. Daqui se segue, portanto, que uma previsão importante do modelo Thirwall-Harrod-Kaldor é que os países que passam por um processo de aceleração do seu ritmo de crescimento também deverão passar por um processo de aumento do grau de concentração de renda.

Outra implicação que podemos tirar desse modelo de crescimento se refere aos diferenciais observados nas taxas de crescimento entre os países. Com efeito, com base neste modelo, os diferenciais observados nas taxas de crescimento refletem, fundamentalmente, diferenças na participação da indústria no PIB.

4.8 TAXA REAL DE CÂMBIO, ESTRUTURA PRODUTIVA E INVESTIMENTO

A estrutura produtiva do país e, por conseguinte, as elasticidades-renda das exportações e das importações, não são constantes imutáveis, mas dependem da taxa de câmbio; mais precisamente, da relação entre o valor corrente da taxa de câmbio e a taxa de câmbio de equilíbrio industrial. Esta é definida como o nível do câmbio real para o qual as empresas que operam com uma tecnologia no estado da arte mundial conseguem competir no mercado internacional e doméstico com as suas congêneres no exterior.[x] Quando a taxa de câmbio está apreciada com respeito ao valor referente ao equilíbrio industrial, as empresas domésticas perdem mercado para as empresas estrangeiras, obrigando-as a realocar suas atividades produtivas para o exterior ou substituir uma fração crescente de sua produção por importações, como estratégia para defender suas vendas e lucros. Nesse último caso, as empresas domésticas, anteriormente empresas industriais, crescentemente se transformam em meros representantes comerciais das empresas estrangeiras. Ocorre então um processo de desindustrialização e reprimarização da pauta de exportações; ou seja, uma mudança estrutural perversa, a qual atua no sentido de reduzir a elasticidade-renda das exportações e aumentar a elasticidade-renda das importações. Nesse contexto, haverá uma redução progressiva da taxa de crescimento de equilíbrio do balanço de pagamentos até o ponto em que a mesma seja compatível com a estrutura de uma economia primário-exportadora. Inversamente, se o valor corrente da taxa de câmbio estiver no nível — ou um pouco acima — do equilíbrio industrial, então haverá um aprofundamento do processo de industrialização do país, o qual levará a um aumento da elasticidade-renda das exportações e a uma redução da elasticidade-renda das importações, aumentando assim a taxa de crescimento de equilíbrio do balanço de pagamentos.

Em termos matemáticos, esse raciocínio pode ser expresso da seguinte forma:

$$\frac{\partial\left(\dfrac{\varepsilon}{\pi}\right)}{\partial t} = \beta(\theta - \theta_{ind}) \tag{4.30}$$

Em que: β é uma constante positiva; θ_{ind} é a taxa de câmbio de equilíbrio industrial.

CAPÍTULO 4

Com base na Equação 4.30, verificamos que as elasticidades-renda das exportações e das importações do modelo de Thirwall são, na verdade, variáveis endógenas, de tal forma que a restrição de balanço de pagamentos fornece apenas uma restrição de caráter temporário ao crescimento de longo prazo. Com efeito, resolvendo a Equação 4.16 para $\frac{\varepsilon}{\pi}$, e substituindo a Expressão resultante em 4.30; chegamos a seguinte equação:[xi]

$$\dot{g} = \beta(\theta - \theta_{ind}) \qquad (4.31)$$

Na Equação 4.31 verificamos que a taxa de crescimento de equilíbrio do balanço de pagamentos irá se ajustar ao longo do tempo a depender da relação entre o valor corrente da taxa de câmbio e a taxa de câmbio de equilíbrio industrial. Se a taxa de câmbio estiver sobrevalorizada, ou seja, quando o câmbio estiver abaixo do equilíbrio industrial, então a taxa de crescimento compatível com o equilíbrio do balanço de pagamentos irá se reduzir ao longo do tempo, indicando assim um aprofundamento da restrição externa. Analogamente, se a taxa de câmbio estiver subvalorizada, ou seja, se o câmbio estiver acima do equilíbrio industrial, então a taxa de crescimento de equilíbrio do balanço de pagamentos irá aumentar progressivamente ao longo do tempo. Daqui se segue que qualquer taxa de crescimento do produto real é compatível com o equilíbrio do balanço de pagamentos quando a taxa de câmbio estiver no nível do equilíbrio industrial (veja a Figura 4.6). Dessa forma, no longo prazo, não se pode falar de restrição externa ao crescimento se a taxa de câmbio estiver devidamente alinhada, ou seja, no nível compatível com o equilíbrio industrial.

Na Seção 4.5 vimos que a taxa de crescimento que é compatível com o grau normal de utilização da capacidade produtiva — a assim chamada taxa garantida

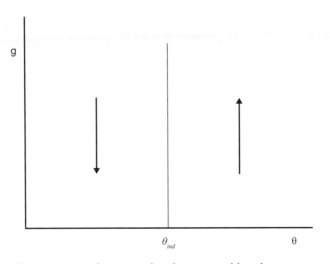

Figura 4.6 *Locus* das combinações entre a taxa de crescimento do produto e a taxa real de câmbio para as quais as empresas domésticas são competitivas no mercado internacional.

de crescimento — depende, entre outras variáveis, da taxa de investimento. Esta foi tratada, essencialmente, como uma variável exógena, que depende do *espírito animal* dos empresários.

No 11º capítulo da *Teoria geral*, Keynes argumenta que o investimento depende da diferença entre a eficiência marginal do capital — definida como a taxa de desconto que equaliza o fluxo de caixa esperado de um projeto de investimento com o preço de oferta do capital, ou seja, o preço que os empresários têm que pagar aos fabricantes do equipamento de capital — e a taxa de juros. A eficiência marginal do capital nada mais é, portanto, do que a taxa esperada de retorno dos projetos de investimento, ou seja, a taxa esperada de lucro por parte dos empresários.

A taxa de lucro pode ser decomposta no produto entre a participação dos lucros na renda, o grau de utilização da capacidade produtiva e a relação produto-capital conforme a seguinte Equação:

$$R = \frac{P}{K} = \frac{P}{Y} \frac{Y}{\overline{Y}} \frac{\overline{Y}}{K} = muv \tag{4.32}$$

Em que: P é o lucro agregado, $\overline{Y}$ é o produto potencial da economia (ou seja, a quantidade máxima de bens e serviços que pode ser produzida a partir da capacidade produtiva existente), m é a participação dos lucros na renda nacional.

Consideremos agora que os bens que as firmas domésticas produzem não são homogêneos, de forma que as empresas podem diferenciar seus produtos com respeito aos bens produzidos no exterior. Neste caso, as empresas que operam nessa economia possuem poder de formação de preço, de tal forma que os preços de seus produtos são fixados com base num *mark-up* sobre o custo direto unitário de produção, tal como se observa na Equação 4.3.

$$p = (1 + z)[wa_1 + ep^*a_0] \tag{4.33}$$

Em que: p é o preço do bem doméstico; z é a taxa de *mark-up* ou margem de lucro; w é a taxa de salário nominal; e é a taxa nominal de câmbio; p^* é o preço do insumo importado na moeda do país de origem; a_0 é o requisito unitário de insumos importados; e a_1 é o requisito unitário de mão de obra.

Iremos supor que o bem final produzido pelas empresas da economia em consideração é substituto imperfeito dos bens finais produzidos no exterior, de tal forma que a abertura comercial não impõe a validade da *lei do preço único* para os bens *tradeables*, ou seja, *a paridade do poder de compra* não é válida. Contudo, a margem de lucro das empresas domésticas é afetada pelo preço dos bens importados. Mais especificamente, a capacidade que as empresas domésticas têm de fixar um preço acima do custo direto unitário de produção depende da taxa real de câmbio, a qual é definida como a razão entre o preço dos bens importados em moeda doméstica e o preço dos bens domésticos em moeda doméstica. Nesse contexto, uma desvalorização da taxa real de

100 CAPÍTULO 4

câmbio permite que as empresas domésticas aumentem o *mark-up* sobre os custos de produção em função da redução da competitividade dos bens finais importados do exterior.

Dessa forma, podemos expressar o *mark-up* como uma função da taxa real de câmbio da seguinte forma:

$$z = z_0 + z_1\theta \qquad (4.34)$$

Em que: $\theta = \dfrac{ep^*}{p}$ é a taxa real de câmbio.

Dividindo-se a Equação 4.34 por p, obtemos:

$$1 = (1 + z)[Va_1 + \theta a_0] \qquad (4.35)$$

A Equação 4.35 apresenta o lócus distributivo da economia em consideração, ou seja, as combinações entre salário real (V) e taxa de câmbio (θ) e taxa de *mark-up* (z) para as quais o valor adicionado produzido na economia é inteiramente apropriado na forma de salários e lucros. Observe que, dados o *mark-up* e os coeficientes técnicos de produção, existe uma relação inversa entre o salário real e a taxa real de câmbio, ou seja, uma desvalorização do câmbio real é acompanhada, necessariamente, por uma redução do salário real. Como a taxa de *mark-up* depende positivamente do câmbio real, segue-se que a redução requerida do salário real será ainda maior do que no caso que o *mark-up* é fixo.

A distribuição da renda entre salários e lucros depende da taxa real de câmbio. Com efeito, a participação dos lucros na renda é dada por:

$$m = \frac{z}{1 + z} = \frac{z_0 + z_1\theta}{1 + z_0 + z_1\theta} \qquad (4.36)$$

A partir da Equação 4.36 pode-se demonstrar que uma desvalorização da taxa real de câmbio promove um aumento da participação dos lucros na renda da economia em consideração.[xii]

A partir desse razoado, podemos constatar que a taxa de lucro depende, entre outras variáveis, da participação dos lucros na renda que, por sua vez, depende da taxa real de câmbio. Daqui se segue que uma desvalorização da taxa real de câmbio irá, tudo mais mantido constante, aumentar a taxa de lucro do capital.

Com base nos argumentos anteriores, podemos expressar a taxa de investimento da seguinte forma:

$$\frac{I}{Y} = \vartheta(\theta, R(\theta) - r) \qquad (4.37)$$

Em que: R é a taxa de lucro esperada pelos empresários, r é o custo de oportunidade do capital.

A Equação 4.37 mostra que a taxa de investimento da economia aqui considerada é uma função crescente da taxa real de câmbio, haja vista que uma desvalorização da taxa real de câmbio irá produzir um aumento da participação dos lucros na renda e da taxa de lucro do capital, induzindo assim os empresários a investir mais.

Substituindo 4.37 em 4.26, chegamos a seguinte equação:

$$g_w = u^n[v(\vartheta(\theta, R(\theta)) - r)) - \delta] \tag{4.38}$$

A Equação 4.38 apresenta a taxa garantida de crescimento para uma economia em desenvolvimento, levando em conta o efeito da taxa real de câmbio sobre a distribuição de renda e sobre a taxa de lucro.

Conforme podemos constatar por intermédio da visualização da Figura 4.7, a *taxa garantida de crescimento* é uma função crescente da taxa real de câmbio, dada a relação produto-capital e dado o custo de oportunidade do capital.

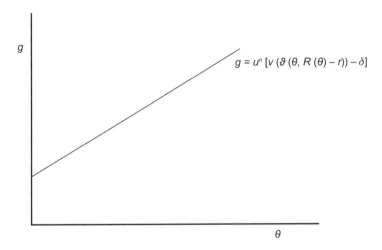

Figura 4.7 Relação entre a taxa de crescimento do produto e a taxa de câmbio para as quais a economia opera com um grau de utilização igual ao normal.

4.9 UM MODELO KEYNESIANO-ESTRUTURALISTA DE CRESCIMENTO

Agora estamos em condições de apresentar um modelo formal de crescimento econômico que sintetize o estado da discussão teórica feita até o presente momento. Como foi visto ao longo deste capítulo, o crescimento de longo prazo de economias em desenvolvimento médio que não possuem moeda conversível depende da taxa de crescimento das exportações, a qual é igual ao produto entre a elasticidade-renda das exportações e a taxa de crescimento da renda do resto do mundo. Esse crescimento, contudo, está sujeito a dois tipos de restrições.

A primeira é a restrição externa, analisada pelos modelos de crescimento *a la* Thirwall. Se levarmos em consideração o efeito do câmbio real sobre a estrutura produtiva

102 CAPÍTULO 4

da economia, iremos concluir que as elasticidades-renda das exportações e das importações do modelo de Thirwall são endógenas, de forma que se a taxa de câmbio estiver devidamente alinhada, ou seja, no nível correspondente ao equilíbrio industrial, então qualquer taxa de crescimento será sustentável do ponto de vista do equilíbrio do balanço de pagamentos. Ou seja, a restrição externa jamais será um obstáculo ao crescimento de longo prazo.

A segunda restrição é dada pela taxa garantida de crescimento, derivada do modelo de crescimento de Harrod, o qual apresenta a taxa de crescimento do produto real que é compatível com o nível normal de utilização da capacidade produtiva. Como a distribuição de renda e a taxa de lucro dependem do câmbio real, segue-se que uma desvalorização da taxa real de câmbio irá estimular os empresários a investir mais, fazendo com que, dada a relação capital-produto, a taxa de crescimento da capacidade produtiva se acelere. Dessa forma, a restrição de capacidade produtiva também pode ser "relaxada" por intermédio de variações apropriadas da taxa real de câmbio.

O modelo keynesiano-estruturalista de crescimento é composto, portanto, pelo seguinte sistema de equações:

$$g_w = u^n[v(\vartheta(\theta, R(\theta) - r)) - \delta] \tag{4.38}$$

$$\theta = \theta_{ind} \tag{4.39}$$

O sistema formado pelas Equações 4.38 e 4.39 possui duas equações e duas incógnitas, a saber: a taxa de crescimento do produto real (g) e a taxa real de câmbio (θ). Trata-se, portanto, de um sistema determinado.

As variáveis exógenas do modelo são: a taxa de câmbio de equilíbrio industrial (θ_{ind}); o grau normal de utilização da capacidade produtiva (u^n); a relação produto-capital (v); o custo do capital (r); e a taxa de depreciação do estoque de capital (δ).

A trajetória de crescimento balanceado da economia em consideração é definida como o par de valores da taxa de crescimento do produto real e da taxa real de câmbio, para os quais a capacidade produtiva está crescendo no mesmo ritmo da demanda agregada, de tal forma que o grau de utilização da capacidade produtiva permaneça constante e igual ao nível normal, e a estrutura produtiva da economia esteja constante ao longo do tempo.

A determinação do crescimento balanceado pode ser feita por intermédio da Figura 4.8.

Observamos ainda na Figura 4.8 a importância da taxa real de câmbio para o crescimento de longo prazo. Com efeito, a taxa real de câmbio desempenha o papel de compatibilizar a taxa de crescimento que permite a obtenção do grau normal de utilização da capacidade produtiva com a estabilidade da estrutura produtiva no longo prazo. Dessa forma, o modelo de crescimento aqui apresentado coloca *a taxa real de câmbio no centro da teoria do desenvolvimento econômico.*

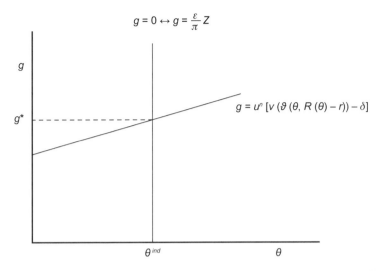

Figura 4.8 Determinação dos valores de equilíbrio de longo prazo da taxa de crescimento do produto e da taxa real de câmbio.

Deve-se observar que aos valores de equilíbrio da taxa real de câmbio (equilíbrio industrial) e da taxa de crescimento do produto real, o grau de utilização da capacidade produtiva permanecerá constante e igual ao seu valor "normal" de longo prazo. Dessa forma, a capacidade produtiva e a demanda agregada estarão crescendo às mesmas taxas. Além disso, a estrutura produtiva e, por conseguinte, as elasticidades-renda das exportações e das importações permanecerão igualmente constantes. Sendo assim, a taxa de crescimento do produto real será igual à razão entre as elasticidades-renda das exportações e das importações multiplicada pela renda do resto do mundo. Ou seja, no ponto de equilíbrio, a taxa de crescimento das exportações será igual a taxa de crescimento das importações, de forma que não podemos falar de restrição externa ao crescimento de longo prazo.

Isso posto, na trajetória de crescimento balanceado temos que:

$$u^n[v(\vartheta(\theta_{ind}), R(\theta_{ind}) - r)) - \delta] = \left(\frac{\varepsilon}{\pi}\right)Z \qquad (4.40)$$

Na Equação 4.40 verificamos que a razão entre as elasticidades-renda das exportações e das importações tem o papel de "variável de ajuste" no sistema, de forma a garantir a obtenção de uma trajetória de crescimento balanceada na qual a capacidade produtiva e a demanda agregada estão crescendo a mesma taxa e onde as importações crescem ao mesmo ritmo das exportações.

Por fim, devemos ainda observar que no ponto de equilíbrio de longo prazo do sistema, a participação dos lucros (e, portanto, dos salários) na renda nacional é constante ao longo do tempo. Dessa forma, o salário real estará crescendo a um ritmo igual ao da produtividade do trabalho.

4.10 OBSTÁCULOS AO DESENVOLVIMENTO: DOENÇA HOLANDESA E DESINDUSTRIALIZAÇÃO

Com base no modelo keynesiano-estruturalista desenvolvido na seção anterior, a restrição ao crescimento de longo prazo não se origina nem da restrição externa e nem da restrição de capacidade, mas da tendência à sobrevalorização da taxa de câmbio que tem sua origem na *doença holandesa*.

Para entender o porquê dessa afirmação consideremos uma economia que se encontra na sua trajetória de crescimento balanceado, onde se descobre a existência de uma grande quantidade de recursos naturais escassos (por exemplo, petróleo). Nesse contexto, as rendas ricardianas originadas da escassez de recursos naturais permitem que o balanço de pagamentos fique em equilíbrio com níveis mais baixos (apreciados) da taxa real de câmbio. Em outras palavras, haverá um descolamento entre a taxa de câmbio de equilíbrio industrial e a taxa de câmbio de equilíbrio em conta corrente, tornando-se esta última mais apreciada do que a primeira, fenômeno conhecido como *doença holandesa*.[xiii] Dessa forma, a taxa real de câmbio irá se apreciar, dando origem a uma mudança estrutural perversa na economia. Mais precisamente, a economia passará por um processo de desindustrialização e de reprimarização da pauta de exportações, a qual irá induzir a uma redução da elasticidade-renda das exportações e a um aumento da elasticidade-renda das importações. A restrição externa irá então reaparecer de tal forma que o crescimento passará a ser limitado pelo requisito do equilíbrio do balanço de pagamentos, conforme se verifica na situação apresentada na Figura 4.9.

Na Figura 4.9, a taxa de câmbio de equilíbrio corrente está abaixo da taxa de câmbio de equilíbrio industrial. O país sofre, portanto, de doença holandesa.

A taxa de câmbio irá se apreciar, caindo até o nível θ^{cc}. Essa apreciação da taxa real de câmbio irá induzir uma redução do investimento privado, em função do efeito que

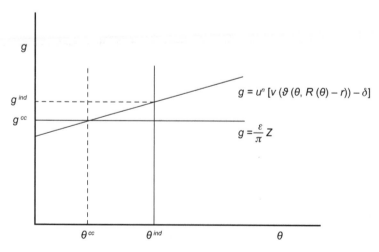

Figura 4.9 Determinação dos valores de equilíbrio da taxa de crescimento do produto e da taxa real de câmbio num contexto de doença holandesa.

uma taxa de câmbio mais apreciada tem sobre as margens de lucro das empresas e, consequentemente, sobre a taxa de lucro de longo prazo. Além disso, a apreciação do câmbio real também irá induzir uma mudança na estrutura produtiva da economia em consideração em direção a produtos com menor valor adicionado, atuando no sentido de reduzir a elasticidade-renda das exportações e aumentar a elasticidade-renda das importações. Em outras palavras, a doença holandesa irá detonar um processo gradual de desindustrialização da economia em consideração. Em função da redução do ritmo de expansão da capacidade produtiva e do processo de desindustrialização, a taxa de crescimento do produto real de equilíbrio de longo prazo irá se reduzir, passando de g^{ind} para g^{cc}.

Com base nesse modelo, podemos afirmar que, tudo mais mantido constante, os países ricos em recursos naturais que não conseguirem neutralizar a sobrevalorização cambial decorrente da doença holandesa deverão crescer menos do que aqueles países que não forem ricos em recursos naturais ou que possuem tais recursos em abundância, mas conseguem neutralizar os efeitos da doença holandesa.

4.11 UMA AVALIAÇÃO DOS MODELOS DE CRESCIMENTO COM OFERTA ILIMITADA DE MÃO DE OBRA

Os modelos de crescimento apresentados ao longo deste capítulo explicam as divergências observadas nas taxas de crescimento da produtividade do trabalho e da renda *per capita* entre os países a partir das assimetrias existentes na estrutura produtiva dos países. Essas assimetrias produtivas como, por exemplo, as diferenças observadas na participação da indústria de transformação no produto interno bruto, geram diferenças importantes na relação entre a elasticidade-renda das exportações e a elasticidade-renda das importações, fazendo com que a taxa de crescimento que é compatível com o equilíbrio no balanço de pagamentos seja crescente com a participação da indústria no PIB. Essa previsão está em conformidade com a experiência histórica das economias latino-americanas.

No que se refere a relação entre crescimento e distribuição de renda, os modelos apresentados ao longo deste capítulo apontam para a existência de um regime de crescimento do tipo *profit-led*, ou seja, puxado pelos lucros. Isso porque o aumento da taxa de crescimento compatível com o equilíbrio do balanço de pagamentos que ocorre ao longo do processo de industrialização exige um aumento concomitante da taxa de investimento e poupança, o que só pode ser obtido — dadas as propensões a poupar das firmas e dos capitalistas — com um aumento da participação dos lucros na renda nacional.

Um corolário que se segue desse resultado é que nos países que estão passando por um processo de industrialização, a renda deverá ficar mais concentrada nas mãos dos capitalistas.

Outro ponto importante apresentado neste capítulo refere-se ao papel da taxa real de câmbio no processo de desenvolvimento econômico. Como foi visto, a sobrevalorização

106 CAPÍTULO 4

cambial decorrente da doença holandesa leva a uma redução da taxa de investimento e da participação da indústria de transformação no PIB. Dessa forma, haverá uma redução da taxa de crescimento da capacidade produtiva e um aumento da restrição externa, as quais irão resultar numa redução da taxa de crescimento da economia no longo prazo.

4.12 QUESTÕES PARA A DISCUSSÃO

1) Historicamente o "desenvolvimento econômico", entendido como um processo de aumento cumulativo do nível de renda *per capita* coincidiu com o surgimento da Revolução Industrial. Isso posto, pede-se:

   a) Explique por que o desenvolvimento econômico assim definido necessita de uma "mudança estrutural" no sistema produtivo, ou seja, um aumento da participação da indústria no valor adicionado que é acompanhado por uma redução da participação da agricultura e das demais atividades primárias. (Dica: na sua resposta utilize a lei de Kaldor-Verdoorn e a lei de Thirwall).

   b) Não seria possível a uma economia apresentar um aumento cumulativo do nível de renda *per capita* por intermédio de uma estrutura produtiva especializada em atividades primário-exportadoras? Afinal de contas o crescimento não é determinado, no longo prazo, pelo crescimento das exportações, de tal forma que não importa o que a economia exporte, basta que ela exporte? Explique.

   c) Considere a seguinte afirmação: "Se o Brasil tivesse se especializado em suas vantagens comparativas (produção de bens primários) e importado os demais bens, teria consumido uma quantidade maior de bens e serviços no período 1930-1980 do que pôde consumir a partir da estratégia de industrialização baseada na substituição de importações." Você concorda ou discorda dessa afirmação. Explique.

2) Considere a seguinte afirmação: "Se o crescimento econômico de longo prazo for determinado pelas condições de demanda, então o desenvolvimento é uma tarefa muito simples: basta adotar uma política fiscal expansionista." Você concorda com essa afirmação? Por quê? (Dica: nessa questão, apresente as restrições ao crescimento de longo prazo com base na abordagem do crescimento puxado pelas condições de demanda. Em particular, discuta a restrição de balanço de pagamentos e a restrição imposta pela relação entre a taxa de retorno do capital e o custo do capital.)

3) As evidências empíricas disponíveis para os países da OCDE reunidas em Ledesma e Thirwall (2002) mostram que a taxa natural de crescimento é uma variável endógena sendo influenciada pela taxa de expansão efetiva da economia. Quais as implicações desses achados para a condução da política monetária? Nessas condições, podemos ainda afirmar que a única coisa que a política monetária pode fazer no longo prazo é controlar a taxa de inflação? Qual a influência que a política monetária pode ter

sobre a taxa de crescimento da economia no longo prazo? Mais especificamente, mostre quais as repercussões que uma política monetária muito rígida – preocupada, por exemplo, com a rápida convergência da taxa de inflação para a meta inflacionária – pode ter sobre o crescimento de longo prazo.

4) (Resistência dos salários reais e causalidade cumulativa): Considere o modelo kaldoriano desenvolvido na Seção 4.4 deste capítulo. Suponha agora que os bens importados fazem parte da cesta de consumo dos trabalhadores de tal forma que o salário real do ponto de vista dos consumidores é dado por:

$$\omega_{j,t}^c = \frac{w_{j,t}}{p_{j,t}^\delta \left(e_t p_{w,t}\right)^\varepsilon}$$

Em que: $\omega_{j,t}^c$ é o salário real do ponto de vista do consumidor na região j e no período t; $w_{j,t}$ é o salário nominal fixado nas negociações coletivas da região j e no período t; $p_{j,t}$ é o nível de preços dos bens domésticos da região j e no período t; $p_{w,t}$ é o nível de preços internacional no período t; e_t é a taxa nominal de câmbio no período t.

Pede-se:

a) Mostre que o impacto de uma desvalorização do câmbio sobre a taxa de crescimento das exportações é uma função decrescente em ε.

b) Derive a taxa de crescimento de *steady-state* da renda da região j (como função da renda do resto do mundo).

c) Com base no resultado obtido no item anterior, avalie o impacto da "resistência de salário real" sobre o crescimento de longo prazo. Em outras palavras, calcule $\dfrac{\partial \acute{Y}_j^*}{\partial \varepsilon}$.

d) A resistência do salário real a queda torna mais fácil ou mais difícil o processo de *cacthing-up*? Por quê?

5) Considere a seguinte afirmação: "Mudanças na taxa de câmbio de equilíbrio não têm qualquer efeito sobre o crescimento econômico de longo prazo." Você concorda ou discorda dessa afirmação? Na sua resposta considere a relação entre doença holandesa, sobrevalorização cambial e desindustrialização.

NOTAS

i) Sobre o debate entre Keynes e os clássicos sobre a relação entre poupança e investimento e a determinação da taxa de juros ver Oreiro (2000).

ii) Deve-se observar que a determinação da poupança pelo investimento ocorre também numa economia que opera em condições de "pleno-emprego". Com efeito, tal como argumentado por Kaldor (1956), numa economia que opera ao longo de uma trajetória de crescimento balanceado com plena utilização da capacidade produtiva,

108 CAPÍTULO 4

um aumento da taxa de investimento irá resultar num aumento das margens de lucro, ocasionando assim uma redistribuição de renda dos trabalhadores para os capitalistas. Como a propensão a poupar dos capitalistas é superior a propensão a poupar dos trabalhadores, esse aumento da participação dos lucros na renda irá resultar num aumento da taxa agregada de poupança.

iii) Essa ideia foi pioneiramente apresentada por Kaldor (1957) por intermédio da sua "função de progresso técnico", a qual estabelece a existência de uma relação estrutural entre a taxa de crescimento do produto por trabalhador e a taxa de crescimento do capital por trabalhador. Segundo Kaldor, não é possível separar o crescimento da produtividade que advém da incorporação de novas tecnologias daquela parte que resulta de um aumento do capital por trabalhador; uma vez que a maior parte das inovações tecnológicas que aumentam a produtividade do trabalho exige o emprego de um volume maior de capital por trabalhador por se acharem incorporadas em novas máquinas e equipamentos.

iv) Deve-se fazer aqui uma distinção importante entre os gastos de consumo corrente do governo e os gastos de investimento. Embora ambos os tipos de dispêndio governamental sejam "autônomos" com respeito ao nível e/ou a variação da renda corrente, os gastos de investimento do governo geram uma externalidade positiva sobre o investimento privado, razão pela qual uma política de crescimento baseada na expansão fiscal deverá privilegiar o aumento dos gastos de investimento em vez do aumento dos gastos de consumo corrente. Sobre os efeitos do investimento público sobre o crescimento de longo prazo, ver Oreiro, Silva e Fortunato (2008).

v) Ainda iremos demonstrar a validade empírica dessa hipótese para a economia brasileira.

vi) Supondo que os termos de troca permaneçam constantes ao longo do tempo.

vii) A apresentação feita a seguir se baseia em Setterfield (1997).

viii) Para chegarmos a Equação 4.5 basta aplicar o logaritmo natural na Equação 4.6 e derivar a expressão resultante com relação ao tempo.

ix) Observe que $\varepsilon = s_P$

x) Veja o quinto capítulo de Bresser-Pereira, Oreiro e Marconi (2015).

xi) Sem perda de generalidade iremos supor $z = 1$

xii) Diferenciando (17) com respeito à m e θ, temos que: $\dfrac{\partial m}{\partial \theta} = \dfrac{z_1}{(1 + z_0 + z_1 \theta)^2} > 0.$

xiii) A esse respeito, veja Bresser-Pereira (2008; 2009).

CAPÍTULO 5

CRESCIMENTO COM SUBUTILIZAÇÃO DE CAPACIDADE PRODUTIVA: OS MODELOS KALECKIANOS

5.1 INTRODUÇÃO

Nos capítulos anteriores, analisamos economias nas quais a capacidade de produção operava no seu limite máximo ou "normal" de longo prazo. Dessa forma, o volume produzido a cada período representava a quantidade máxima de bens e serviços que uma economia podia produzir com o estoque de capital, a força de trabalho e a tecnologia disponíveis naquele momento. Em economias com oferta ilimitada de mão de obra, a demanda agregada poderia influenciar no ritmo de crescimento da capacidade produtiva entre períodos, mas não influenciava o nível de utilização da capacidade produtiva num dado período de tempo. Chegou o momento de relaxarmos essa hipótese e verificar as implicações para o crescimento de longo prazo da subutilização da capacidade produtiva, ou seja, da utilização da capacidade de produção num patamar inferior ao máximo ou "normal".

Desde já devemos deixar claro o que se entende por nível máximo ou "normal" de utilização da capacidade produtiva. Não se trata, como poderia parecer à primeira vista, do limite físico de utilização da capacidade, ou seja, 100 %. Trata-se, isto sim, do grau de utilização da capacidade produtiva que as empresas consideram com "normal" ou "satisfatório" no longo prazo. Dessa forma, o grau "normal" de utilização da capacidade produtiva resulta de uma ava-

110 CAPÍTULO 5

liação estratégica das firmas a respeito do quanto devem utilizar – e, portanto, quanto devem deixar ociosa – de sua capacidade produtiva.

Num contexto em que as empresas operam com capacidade ociosa, a distribuição de renda deixa de ser, pelo menos no curto prazo, a variável que ajusta as decisões de poupança e investimento, como ocorria nos modelos apresentados no Capítulo 3. O equilíbrio macroeconômico será obtido por intermédio de variações do grau de utilização da capacidade produtiva, podendo assim ficar acima ou abaixo do grau normal de utilização da capacidade. Na trajetória de crescimento balanceado, contudo, não podem existir divergências entre o grau normal e o grau efetivo de utilização da capacidade, pois tais divergências darão ensejo a entrada ou a saída de firmas do setor industrial, o que terminará por ajustar o grau desejado ou normal de utilização da capacidade ao valor que corresponde ao equilíbrio macroeconômico.

Uma vez que se leve em conta o ajuste entre o grau normal e efetivo de utilização da capacidade produtiva, a economia poderá apresentar duas posições de equilíbrio de longo prazo: uma caracterizada por uma baixa utilização da capacidade produtiva e alta participação dos lucros na renda; outra caracterizada por uma elevada utilização da capacidade produtiva e baixa participação dos lucros na renda. Nesse contexto, demonstra-se que o assim chamado "paradoxo da parcimônia" segundo o qual um aumento da propensão a poupar gera uma queda de tal magnitude no grau de atividade econômica – que resulta, por sua vez, numa redução da poupança agregada – não é um resultado de validade geral para o longo prazo do modelo kaleckiano. Esse resultado só é válido no caso em que a economia está operando no "equilíbrio baixo". Nessas condições, um aumento da propensão a poupar estará associado a uma redução do grau (normal) de utilização da capacidade produtiva (e a um aumento da participação dos lucros na renda). No equilíbrio alto, ao contrário, haverá um aumento da utilização normal da capacidade produtiva somado a uma redução da participação dos lucros na renda.

No que se refere ao motor de crescimento de longo prazo, o modelo kaleckiano atribui o mesmo à parcela autônoma do investimento que decorre do progresso tecnológico. A distribuição de renda entre salários e lucros não possui, portanto, nenhum efeito sobre a trajetória de crescimento de longo prazo das economias capitalistas nesse tipo de modelo, embora possa afetar o grau de utilização da capacidade produtiva. A depender da especificação da função investimento, contudo, a relação entre participação dos lucros na renda e grau de utilização da capacidade produtiva pode ser negativa, caracterizando assim um regime do tipo *wage-led*, ou positiva, definindo assim um regime do tipo *profit-led*.

Por fim, iremos mostrar que o modelo kaleckiano canônico mostra-se compatível com a existência de diferenças persistentes no nível do hiato tecnológico entre os países; mas ao tratar a fonte do crescimento de longo prazo como exógena ao sistema, esse tipo de modelo não se mostra capaz de explicar a existência de divergências nas taxas de crescimento da renda *per capita*.

5.2 FORMAÇÃO DE PREÇOS, DISTRIBUIÇÃO DE RENDA E UTILIZAÇÃO DA CAPACIDADE PRODUTIVA

Os modelos de crescimento como os desenvolvidos por Kaldor (1956; 1957) e Pasinetti (1961; 1962) partiam do pressuposto de que a capacidade produtiva estava sendo plenamente utilizada. Nesse contexto, a distribuição de renda acabava por funcionar como a variável de ajuste entre as decisões de poupança e investimento, conforme verificamos no Capítulo 3.

O problema com esse tipo de abordagem é que ela supõe uma *excessiva flexibilidade* da taxa de *mark up*; ou seja, que as firmas reajam a qualquer situação de excesso de demanda ou de oferta de bens por intermédio de variações em suas *margens de lucro* (Possas, 1987).

Segundo Kalecki, esse tipo de comportamento é característico apenas do setor primário, onde a oferta de bens é relativamente inelástica; de forma que as variações na demanda irão se refletir inteiramente nos preços desses bens e, consequentemente, nas margens de lucro (Kalecki, 1956, p. 7). O setor industrial, por sua vez, se caracteriza pela existência de grandes reservas de capacidade produtiva não utilizada. Nesse contexto, alterações na demanda pelos produtos industriais serão atendidas fundamentalmente por variações no nível de produção desses bens, mantendo-se constantes os preços e as margens de lucro. Nas palavras de Kalecki:

> A produção de bens acabados é elástica devido à existência de reservas de capacidade produtiva. Quando a demanda aumenta, o acréscimo é atendido principalmente por uma elevação do volume de produção, enquanto os preços tendem a permanecer estáveis. As alterações de preços que porventura se verificarem resultarão principalmente de modificações do custo de produção. (1956, p. 7)

Na citação acima de Kalecki, observamos que a *rigidez da taxa de mark-up* resulta — em vez de ser a causa — da existência de capacidade produtiva ociosa. Sendo assim, segue-se a seguinte questão: qual a razão para a existência de capacidade produtiva ociosa?

Kalecki não chega a responder a essa pergunta, pois o autor não faz uma distinção entre a capacidade excedente planejada e efetiva. Essa questão foi formalmente tratada por autores ligados à literatura referente à organização industrial como Steindl, Sylos-Labini e Spence.

Segundo Spence (1977), as firmas mantêm certo nível desejado de capacidade ociosa pois a mesma pode servir como *barreira à entrada* de novos competidores na indústria em função da ameaça de se fazer uso da capacidade extra. Em outras palavras, a capacidade ociosa pode servir como "instrumento de retaliação" à entrada de qualquer nova firma no setor. Mais precisamente, as firmas já estabelecidas podem retaliar a entrada de novos concorrentes através de uma maior utilização de sua capacidade de produção, o que irá resultar em uma redução dos preços dos bens produzidos pelas firmas desse setor e, por conseguinte, dos lucros pós-entrada dos novos competidores. Estes, ao se confrontarem com essa ameaça, podem considerar mais lucrativo se manterem fora do setor.

112 CAPÍTULO 5

Por outro lado, autores como Steindl (1976) afirmam que a capacidade excedente desejada decorre de dois motivos. Em primeiro lugar, as firmas desejam se precaver com relação às flutuações de demanda, mantendo certa capacidade excedente como forma de aumentar ou manter a sua participação de mercado caso a demanda fique acima do esperado (Steindl, 1976, p. 23). Em segundo lugar, a capacidade excedente decorre da assim chamada "lei da acumulação da clientela". Nas palavras de Steindl:

> Qualquer produtor que constrói uma nova planta sabe que, durante um período inicial (que não devemos imaginar que seja curto demais), ele poderá conquistar apenas um mercado restrito, devido à fidelidade dos consumidores e a toda uma série de fatores bem conhecidos. Não obstante, ele dimensionará a sua capacidade de modo a deixar bastante campo para uma produção maior, pois espera ser capaz de expandir as suas vendas mais tarde. Essa esperança é fundamentada na experiência comprovada de que o *crescimento do mercado* (grifo nosso) é uma função do tempo. Durante um período restrito poderá lançar mão de publicidade, redução dos preços ou de qualquer outro método, mas não conseguirá elevar as suas vendas além de determinado nível; enquanto, com o passar do tempo, a simples existência da firma provocará uma ampliação gradativa da clientela, e a publicidade e outros métodos de estímulo às vendas trarão resultados apenas gradativos. Essa lei da acumulação da clientela é fundamental para nossa explicação [...].
>
> Pode-se perguntar, porém: por que não é possível ao produtor expandir a sua capacidade de forma gradual, à medida que seu mercado cresce? Os motivos são, obviamente, a indivisibilidade e a durabilidade da planta e do equipamento. Somente se as plantas pudessem ser mais facilmente divididas e não existissem economias de larga escala, ou se as plantas fossem demolidas e reconstruídas em intervalos curtos, a adaptação da capacidade ocorreria de maneira uniforme. (1976, pp. 23-4)

Isso posto, podemos definir a existência de um nível "desejado" de utilização da capacidade produtiva, o qual é certamente inferior ao máximo, e que é determinado por fatores eminentemente estruturais. Esse nível de utilização da capacidade produtiva irá servir como ponto de referência para as decisões de investimento das firmas: toda vez que o nível de utilização da capacidade produtiva for maior do que o "desejado", então as firmas irão investir com o objetivo de aumentar a capacidade produtiva instalada e, dessa forma, recompor o nível "desejado" de utilização da mesma.

A existência de capacidade ociosa impede que as margens de lucro e, por conseguinte, a participação dos lucros na renda sejam utilizadas como variável de ajuste entre as decisões de poupança e investimento. Mas, nesse caso, a distribuição de renda torna-se indeterminada. Para que seja possível determinar as parcelas do produto que serão apropriadas pelos trabalhadores e pelos capitalistas devemos passar a análise dos determinantes da taxa de *mark-up*.

Pode-se demonstrar facilmente que a distribuição funcional da renda estará determinada uma vez que se conheça a magnitude da taxa de *mark-up*. Para tanto, considere que as firmas do setor industrial dessa economia determinam os preços de seus produtos com base na seguinte Equação:

$$p = (1 + \tau)wa_0 \tag{5.1}$$

Em que: p é o nível de preços do setor industrial; w é a taxa de salários nominais; τ é a taxa de *mark-up*; e a_0 é o requisito unitário de mão de obra.

A participação dos lucros na renda (P/Y) é dada por:

$$\frac{P}{Y} = \frac{pX - wa_0X}{pX} = \frac{\tau wbX}{(1 + \tau)wbX} = \frac{\tau}{1 + \tau} \tag{5.2}$$

Observa-se na Equação 5.2 que a participação dos lucros na renda é *uma função crescente* da taxa de *mark-up*; ou seja, à medida que as firmas aumentam a margem cobrada sobre os custos unitários de produção, aumenta a parcela da renda agregada que é apropriada pelos capitalistas.

Mas, nesse caso, o que impede que as firmas fixem uma taxa de *mark-up* tão alta a ponto de fazer com que os capitalistas se apropriem de toda a renda gerada nessa economia?

Segundo Kalecki, o poder de determinação de preços das firmas no setor industrial é considerável, mas não é *ilimitado*. A magnitude da taxa de *mark-up* se acha condicionada pelo *poder de monopólio* das firmas estabelecidas no setor em consideração. Esse, por sua vez, depende: (i) do grau de concentração das vendas no referido setor; (ii) do grau no qual a "publicidade" é capaz de substituir a concorrência via preços como instrumento de promoção de vendas; e (iii) do grau de desenvolvimento dos sindicatos. Quanto a este último fator, Kalecki afirma que:

> A existência de sindicatos poderosos pode criar uma tendência no sentido de se reduzir a margem de lucro, pelos seguintes motivos: verificando-se uma razão elevada entre os lucros e os salários, fortalece-se o poder de barganha dos sindicatos em suas atividades visando o aumento de salários, uma vez que salários mais elevados são compatíveis com "lucros razoáveis" aos níveis de preços existentes. Se após os aumentos serem concedidos os preços fossem majorados, seriam geradas novas demandas de aumento de salários. Daí se conclui que uma razão elevada entre salários e lucros não pode ser mantida sem criar uma tendência no sentido de elevação dos custos. Esse efeito adverso sobre a posição competitiva de uma firma ou de um ramo da indústria estimula a adoção de uma política de margens de lucro mais baixas. Assim, o grau de monopolização será em certa medida mantido baixo graças à ação dos sindicatos e quanto maior for a força dos sindicatos com maior intensidade isso se fará sentir. (1956, pp. 12-3)

114 CAPÍTULO 5

Está claro que esses fatores são eminentemente *estruturais*, de forma que os mesmos podem ser tomados como *dados* do ponto de vista de uma análise que está preocupada apenas com a determinação da taxa de crescimento do estoque de capital.

5.3 POUPANÇA, INVESTIMENTO E A DETERMINAÇÃO DO GRAU DE UTILIZAÇÃO DA CAPACIDADE PRODUTIVA DE EQUILÍBRIO

Consideremos, agora, que toda a renda é apropriada sob a forma de salários e lucros, e que a propensão a poupar a partir dos lucros é maior do que a propensão a poupar a partir dos salários (e que esta é igual a zero). Nesse caso, a poupança agregada da economia (como fração do estoque de capital) será dada por:

$$\frac{S}{K} = s_p \pi u \sigma \tag{5.3}$$

Em que: s_p é a propensão a poupar a partir dos lucros; π é a participação dos lucros na renda; u é o grau de utilização da capacidade produtiva; e σ é a produtividade do capital.

Com base no que foi dito no início da seção anterior, podemos representar a taxa de crescimento desejada do estoque de capital por intermédio da seguinte Equação:

$$\frac{I}{K} = f + h\left[u - u^n\right] \tag{5.4}$$

Em que: u^n é o grau normal de utilização da capacidade produtiva; f representa o componente autônomo do investimento, determinado pelo *animal spirits* dos empresários; e h mede a sensibilidade do investimento às divergências entre o grau efetivo e normal de utilização da capacidade produtiva.

O equilíbrio no mercado de bens exige que: $I/K = S/K$. Essa igualdade, por sua vez, é obtida por intermédio de variações no grau de utilização da capacidade produtiva. Se $I/K > S/K$, então haverá um excesso de demanda no mercado de bens, o qual irá induzir as firmas a aumentar a utilização da capacidade produtiva existente. Se $I/K < S/K$, então haverá um excesso de oferta, o que levará as firmas a reduzir o nível de produção e, consequentemente, a utilização da capacidade produtiva.

Igualando 5.3 e 5.4 temos:

$$u^* = \frac{f - hu^n}{s_p \pi \sigma - h} \tag{5.5}$$

A Equação 5.5 define o nível de utilização da capacidade produtiva que garante o equilíbrio no mercado de bens. Para que $u^* > 0$ é necessário que $(s_p \pi \sigma - h) > 0$, ou seja, que a sensibilidade da poupança às variações do grau de utilização da capacidade produtiva seja maior do que a sensibilidade do investimento às variações dessa mesma variável. Trata-se da condição padrão para assegurar a existência e a estabilidade do equilíbrio macroeconômico em modelos kaleckianos de crescimento (Skott, 2010, p. 110).

Uma vez determinado o grau de utilização da capacidade produtiva de equilíbrio, podemos facilmente determinar a taxa de crescimento do estoque de capital ao substituir a Equação 5.5 em 5.4. Nesse caso, temos:

$$g^* = \frac{f - hu^n}{\left[1 - \left(\dfrac{h}{s_p \pi \sigma}\right)\right]} \tag{5.6}$$

Na Equação 5.6, observamos que a taxa de crescimento do estoque de capital que garante o equilíbrio macroeconômico é uma função (I) do investimento autônomo; (II) do grau normal de utilização da capacidade produtiva; (III) da participação dos lucros na renda; (IV) da propensão a poupar a partir dos lucros e (V) da produtividade do capital.

A determinação dos níveis de equilíbrio do grau de utilização da capacidade produtiva e da taxa de crescimento do estoque de capital pode ser visualizada por intermédio da Figura 5.1.

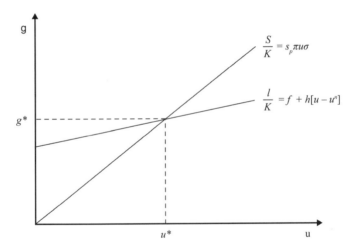

Figura 5.1 Determinação do grau de utilização da capacidade produtiva e da taxa de crescimento do produto no modelo Kaleckiano canônico.

Esse modelo de crescimento possui dois resultados interessantes. O primeiro refere-se a relação entre distribuição de renda e acumulação de capital. Conforme podemos verificar facilmente na Equação 5.5, um aumento da participação dos lucros na renda irá resultar numa redução da taxa de crescimento de estoque de capital que garante o equilíbrio macroeconômico. Isso porque um aumento da participação dos lucros na renda irá resultar num aumento da taxa de poupança (como fração do estoque de capital), haja vista que a propensão a poupar a partir dos lucros é maior do que a propensão a poupar a partir dos salários. A elevação da taxa de poupança imporá uma redução do consumo, fazendo com que o volume de vendas das firmas se reduza. Confrontadas com um volume menor de vendas, as firmas irão reduzir o grau de utilização da capacidade produtiva. A redução do grau de utilização da capacidade, por sua vez, irá desestimular as decisões de investimento das firmas, levando-as a reduzir a taxa na qual desejam que o estoque de capital aumente ao longo do tempo. Dado que um aumento da participação dos lucros (redução da participação dos salários) na renda está associado a uma redução da taxa desejada de acumulação de capital, o regime de acumulação é dito *wage-led*, ou seja, puxado pelos salários.

O segundo resultado interessante refere-se ao efeito de um aumento da propensão a poupar a partir dos lucros sobre a taxa de acumulação de capital. Uma simples inspeção da Equação 5.6 revela que um aumento da propensão a poupar a partir dos lucros irá reduzir a taxa desejada de acumulação de capital. O raciocínio é análogo ao que fizemos para o caso do aumento da participação dos lucros na renda. Um aumento da propensão a poupar a partir dos lucros irá resultar, para o nível inicial de utilização da capacidade produtiva, num aumento da taxa de poupança. Isso significa uma redução das vendas ou do seu ritmo de crescimento. Confrontadas com uma queda das vendas, as empresas irão reduzir a produção, fazendo com que o nível de utilização da capacidade produtiva se reduza, ou seja, ampliando o nível de capacidade excedente. O aumento da capacidade ociosa irá desestimular as decisões de investimento, fazendo com que a taxa desejada de acumulação de capital se reduza.

Esse segundo resultado pode ser visualizado por intermédio da Figura 5.2, em que apresentamos a taxa desejada de acumulação de capital e o grau de utilização da capacidade como função de diversos valores para a propensão a poupar a partir dos lucros. Para essa simulação consideremos os seguintes valores para os parâmetros: $f = 0,02$; $\pi = 0,4$; $\sigma = 0,5$; $u^n = 0,85$; $h = 0,01$.

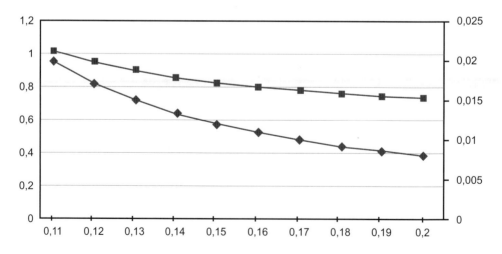

Figura 5.2 Taxa de acumulação de capital, utilização da capacidade e propensão a poupar a partir dos lucros. Fonte: Elaboração do autor.

Conforme podemos visualizar na Figura 5.2, o grau de utilização da capacidade produtiva de equilíbrio é extremamente sensível a variações da propensão a poupar a partir dos lucros. O mesmo não ocorre, contudo, com a taxa desejada de acumulação de capital. Enquanto um aumento de 81,81 % da propensão a poupar (de 0,11 para 0,20) resulta numa queda de 60 % do grau de utilização da capacidade produtiva, a taxa de acumulação de capital se reduz apenas 27,2 %. Nas condições da simulação, o grau de utilização da capacidade produtiva é 2,2 vezes mais sensível a um choque na função poupança do que a taxa de acumulação de capital. Trata-se de uma propriedade intrínseca dos modelos kaleckianos de crescimento que aparentemente não é consistente com as magnitudes observadas das variações dessas variáveis no mundo real.[i]

5.4 A TRAJETÓRIA DE CRESCIMENTO BALANCEADO NO MODELO KALECKIANO

Na seção anterior apresentamos a determinação do grau de utilização da capacidade produtiva e a taxa de crescimento do estoque de capital que são compatíveis com o equilíbrio macroeconômico, ou seja, com a igualdade entre poupança e investimento. Contudo, a economia ainda não se encontra na sua trajetória de crescimento balanceado. Com efeito, o grau de utilização da capacidade produtiva será, em geral, diferente do grau normal de utilização da capacidade. Além disso, a taxa de crescimento do estoque de capital será também diferente da taxa natural de crescimento da economia. Vimos nos capítulos anteriores que a trajetória de crescimento balanceado é definida como uma trajetória de crescimento na qual as empresas operam com um grau de utilização igual ao normal, e onde a taxa de crescimento do produto é igual à taxa natural. Dessa forma, é chegado o momento de analisarmos as condições de existência da trajetória de crescimento balanceado no modelo kaleckiano.

Comecemos com a questão da utilização da capacidade produtiva. Sabemos que no equilíbrio macroeconômico de curto prazo, o excesso não planejado de capacidade produtiva é dado por:

$$E = u^n - u \tag{5.7}$$

Em que: E é o excesso não planejado de capacidade produtiva.

Substituindo 5.5 em 5.7, temos que:

$$E = u^n - \left(\frac{f - hu}{s_p \pi \sigma - h} \right) \tag{5.7a}$$

No equilíbrio de longo prazo, o excesso não planejado de capacidade produtiva tem que ser igual a zero, o que impõe a necessidade da distribuição de renda atuar como variável de ajuste entre as decisões de poupança e investimento, tal como ocorria nos modelos de crescimento apresentados no Capítulo 3.

118 CAPÍTULO 5

Com efeito, fazendo $E=0$ em 5.7a, temos que:

$$s_p \pi \sigma u^n = f \tag{5.8}$$

A Equação 5.8 mostra que o excesso não planejado de capacidade será igual a zero quando a taxa desejada de crescimento do estoque de capital ao longo da trajetória de crescimento balanceado for igual à taxa desejada de poupança. Observamos também que essa igualdade pode ser estabelecida se a participação dos lucros na renda for considerada como uma variável endógena.

Nesse caso, resolvendo para π, temos que:

$$\pi = \frac{f}{s_p u^n \sigma} \tag{5.9}$$

Nos capítulos anteriores vimos que a taxa de lucro [r] é definida como o produto entre a participação dos lucros na renda [π], o grau de utilização da capacidade produtiva [u] e a produtividade do capital [σ]. Sendo assim, podemos reescrever a Equação 5.9 da seguinte forma:

$$r = \pi u^n \sigma = \frac{f}{s_p} \tag{5.10}$$

A Equação 5.10 estabelece que no equilíbrio de longo prazo a taxa de lucro deve ser igual à razão entre a taxa de crescimento autônoma do estoque de capital e a propensão a poupar a partir dos lucros. Trata-se da Equação de Cambridge que desenvolvemos no Capítulo 3.

De fato, na trajetória de crescimento balanceado, o estoque de capital e o nível de produto deverão crescer a uma taxa igual à soma entre a taxa de crescimento da força de trabalho e a taxa de crescimento da produtividade do trabalho, ou seja, a um ritmo igual à taxa natural de crescimento (η). Sendo assim, temos:

$$r = \frac{\eta}{s_p} \tag{5.10a}$$

5.5 CRESCIMENTO BALANCEADO E GRAU NORMAL DE UTILIZAÇÃO ENDÓGENO

Na seção anterior vimos que na trajetória de crescimento balanceado do modelo kaleckiano, a utilização da capacidade produtiva deve ser igual ao nível normal de utilização da capacidade, o que restabelecia a distribuição de renda como a variável de ajuste entre a taxa desejada de acumulação de capital e a taxa de poupança. Nesse caso, as propriedades de longo prazo do modelo kaleckiano seriam idênticas às dos modelos desenvolvidos no Capítulo 3.

Contudo, essa não é a única trajetória possível de crescimento balanceado para o modelo kaleckiano. Outra trajetória de crescimento balanceado pode ser obtida por intermédio da endogenização do grau normal de utilização da capacidade produtiva.

Com efeito, tal como sugerido por Amadeo (1986), as firmas decidem a respeito do grau desejado de utilização da capacidade produtiva com vistas à maximização dos seus lucros intertemporais. Nesse contexto, um maior grau de utilização da capacidade produtiva trará um maior lucro no presente. Por outro lado, um menor grau de utilização da capacidade produtiva – ou seja, uma maior capacidade excedente – irá proporcionar uma maior barreira à entrada de novas firmas, à medida que sinaliza para as entrantes em potencial uma maior disposição e capacidade das firmas já estabelecidas no mercado em retaliar a entrada por intermédio de uma redução dos preços e aumento das quantidades vendidas. Dessa forma, um aumento da capacidade excedente gera um aumento do lucro futuro esperado. Assim, a decisão ótima da firma a respeito do grau desejado de utilização da capacidade produtiva depende do *trade-off* entre lucro presente e futuro.

A capacidade excedente necessária para prevenir a entrada de novas firmas dependerá da margem de lucro das firmas estabelecidas, pois quanto maior a margem de lucro, maior será o incentivo à entrada de novos competidores. Portanto, a capacidade excedente necessária para desestimular a entrada de novas firmas será maior.

Tendo como base a formulação apresentada por Skott (1989), iremos supor que o grau desejado ou normal de utilização da capacidade é determinado da seguinte forma:

$$u^n = 1 - k\left[1 - \frac{Cme}{p}\right]; k > 0 \tag{5.11}$$

Em que: Cme é o custo médio de produção.

A Equação 5.11 mostra que o grau normal de utilização da capacidade produtiva é uma função decrescente da margem de lucro, ou seja, $\left[\dfrac{p - Cme}{p}\right]$.

Para calcular o custo médio de produção, vamos assumir que o custo total de produção das firmas estabelecidas é dado pela soma entre a folha de salários e o custo de oportunidade do capital utilizado no processo de produção. Dessa forma temos que:

$$CT = wL + (i + \delta)pK \tag{5.12}$$

Em que: CT é o custo total de produção; i é a taxa de juros; e δ é a taxa de depreciação do capital.

Dividindo-se 5.12 pela quantidade produzida [X], temos que:

$$\frac{Cme}{p} = \frac{w}{p}a_0 + \frac{(i + \delta)}{\sigma u} \tag{5.13}$$

Substituindo 5.13 em 5.11, temos que:

$$u^n = 1 - k\left[\pi - \frac{(i+\delta)}{\sigma u}\right] \quad (5.14)$$

A Equação 5.14 apresenta o grau normal de utilização da capacidade produtiva como uma função decrescente do grau (efetivo) de utilização da capacidade. A explicação disso é simples: quando o grau efetivo de utilização da capacidade aumenta, então a margem de lucro das empresas estabelecidas aumenta, aumentando assim o atrativo para que novas empresas se estabeleçam no setor em consideração. Dessa forma, as firmas estabelecidas deverão aumentar a capacidade excedente planejada — ou seja, reduzir o grau desejado de utilização de capacidade — para reduzir a lucratividade esperada pós-entrada de outras firmas.

A visualização da relação entre o grau normal e o grau efetivo de utilização da capacidade pode ser feita por intermédio da Figura 5.3.

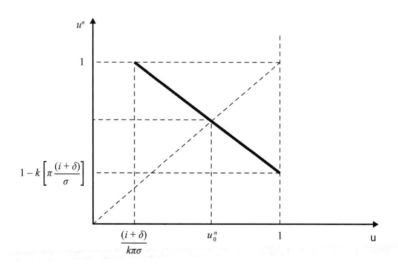

Figura 5.3 Relação entre o grau efetivo e o grau normal de utilização da capacidade produtiva no modelo Kaleckiano.

O que acontece com o grau normal de utilização da capacidade produtiva na trajetória de crescimento balanceado se ocorre um aumento da participação dos lucros na renda? Com base na Figura 5.3 podemos concluir que a curva que representa a relação entre u e u^n vai se deslocar para baixo e para a esquerda. Dessa forma, o ponto de interseção dessa curva com a bissetriz que divide o plano em duas partes iguais também se deslocará para baixo e para a esquerda, sinalizando uma redução do grau normal de utilização da capacidade produtiva (Figura 5.4). Daqui se segue, portanto, que existe uma relação inversa entre o grau normal de utilização da capacidade produtiva e a participação dos lucros na renda para a qual a capacidade excedente não planejada é igual a zero. Essa relação é apresentada pela curva *ED* na Figura 5.5.

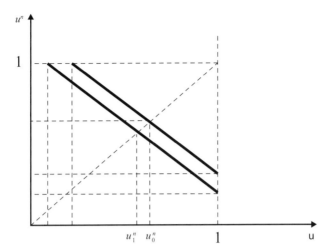

Figura 5.4 Efeitos de uma variação da participação dos lucros na renda sobre a relação entre o grau normal e o grau efetivo de utilização da capacidade.

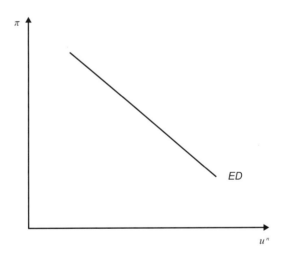

Figura 5.5 Equilíbrio distributivo.

O equilíbrio no mercado de bens é dado pela Equação 5.9, que também relaciona o grau normal de utilização da capacidade produtiva com a participação dos lucros na renda. Fica claro com base nessa Equação que a curva que representa as combinações entre π e u^n, para as quais a taxa desejada de acumulação de capital é igual à taxa de poupança, tem a forma de uma hipérbole equilátera (Figura 5.6). Sendo assim, a condição de equilíbrio no mercado de bens também impõe uma relação inversa entre π e u^n. Iremos chamar essa relação de curva IS.

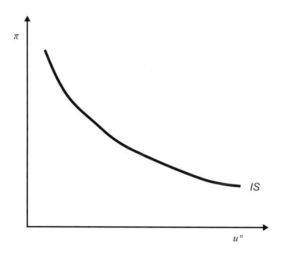

Figura 5.6 *Locus* das combinações entre a participação dos lucros na renda e o grau normal de utilização da capacidade para as quais o mercado de bens está em equilíbrio.

Uma possibilidade teórica bastante interessante que é revelada a partir do formato hiperbólico da curva IS é a existência de equilíbrios múltiplos de longo prazo. Conforme podemos visualizar na Figura 5.7 abaixo, é possível a existência de duas posições de equilíbrio de longo prazo: uma caracterizada por um baixo nível de utilização da capacidade produtiva e elevada participação dos lucros na renda; outra caracterizada por um elevado nível de utilização da capacidade produtiva e baixa participação dos lucros na renda. Iremos denominar o primeiro de "equilíbrio baixo", e o segundo de "equilíbrio alto".

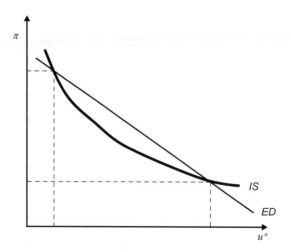

Figura 5.7 Determinação dos valores de equilíbrio de longo prazo da utilização da capacidade produtiva e da participação dos lucros na renda (equilíbrios múltiplos).

No caso ilustrado pela Figura 5.7, os efeitos de um aumento da propensão a poupar a partir dos lucros sobre o nível de utilização da capacidade produtiva e a participação dos lucros na renda são condicionais da posição de equilíbrio no qual a economia opera. Com efeito, um aumento da propensão a poupar a partir dos lucros irá deslocar a curva IS para baixo e para a esqueda, pois causa uma redução da participação dos lucros na renda para um dado nível de utilização da capacidade. Dessa forma, tal como podemos visualizar na Figura 5.8, a utilização da capacidade produtiva irá se reduzir no equilíbrio baixo, mas irá aumentar no equilíbrio alto. Em outras palavras, o assim chamado "paradoxo da parcimônia" — segundo o qual um aumento da propensão a poupar gera uma queda de tal magnitude no grau de atividade econômica que resulta, ao fim e ao cabo, numa redução da poupança agregada — não é um resultado de validade geral para o longo prazo do modelo kaleckiano. Esse resultado só é válido no caso em que a economia está operando no "equilíbrio baixo". Nessas condições, um aumento da propensão a poupar estará associado a uma redução do grau (normal) de utilização da capacidade produtiva (e a um aumento da participação dos lucros na renda). No equilíbrio alto, ao contrário, haverá um aumento da utilização normal da capacidade produtiva somado a uma redução da participação dos lucros na renda.

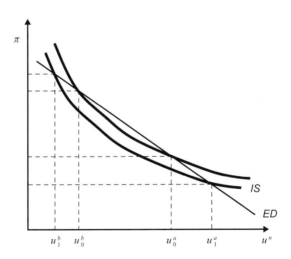

Figura 5.8 Efeitos sobre os equilíbrios de longo prazo de um aumento da propensão a poupar.

5.6 OS FATORES DE DESENVOLVIMENTO NO MODELO KALECKIANO: O CASO DE UMA ECONOMIA MADURA

Nas seções anteriores vimos que, ao longo da trajetória de crescimento balanceado, o grau efetivo e o grau normal de utilização da capacidade produtiva são iguais, de tal forma que a taxa desejada de crescimento do estoque de capital depende, unicamente, do componente autônomo do investimento. Como ao longo dessa trajetória o estoque de capital e o nível de produção estão também crescendo à mesma taxa, de forma a manter o grau de utilização da capacidade e a produtividade do capital constantes,

124 CAPÍTULO 5

segue-se que a taxa de crescimento do produto será determinada pelo componente autônomo da equação de acumulação de capital. É chegado o momento de analisar os determinantes do assim chamado investimento autônomo.

Para Kalecki (apud Sebastiani, 1994, pp. 66-7), a dinâmica das economias capitalistas poderia ser separada em duas partes: a primeira que se relaciona ao estudo das flutuações do nível de atividade econômica em torno de uma tendência estacionária de longo prazo; e a segunda que se relaciona ao estudo dos fatores de desenvolvimento que seriam responsáveis pela quebra da situação estacionária e sua transformação numa tendência de crescimento de longo prazo.

Entre esses fatores de desenvolvimento, o mais importante seria a inovação tecnológica cujo efeito sobre a decisão de investimento é tornar os projetos de investimento mais atrativos (rentáveis), seja por tornar obsoleto o estoque existente de bens de capital ou por estimular a introdução de novos produtos ou novas fontes de matérias-primas.

O fluxo de inovações, contudo, é tido como exógeno no sentido em que a relação entre este fluxo e o funcionamento do sistema econômico não pode ser representada por relações de causalidade gerais e sistemáticas. A inovação tecnológica é vista por Kalecki como o resultado da competição entre as firmas por novos mercados ou pela expansão da sua participação em mercados já existentes. Essa competição se dá, portanto, por intermédio da introdução de inovações tecnológicas através do investimento em novos produtos e novos processos de produção.

Com base no que foi apresentado até aqui, podemos argumentar que a taxa de crescimento de longo prazo no modelo kaleckiano é determinada pela taxa de crescimento do estoque de capital requerida para a introdução no processo produtivo do fluxo (exógeno) de inovações tecnológicas. Essa taxa é uma variável exógena já que não seria possível, segundo Kalecki, estabelecer uma relação funcional definida e estável entre a mesma e qualquer outra variável.

Dado que ao longo da trajetória de crescimento balanceado o grau de utilização da capacidade produtiva e a produtividade do capital devem crescer à mesma taxa, então a taxa de crescimento do produto deverá ser determinada pela taxa (autônoma) de crescimento do estoque de capital, ou seja:

$$g_y = g_k = f \tag{5.15}$$

No Capítulo 3 vimos que, no caso de uma economia madura, a taxa de crescimento do produto a longo prazo deve ser igual à taxa natural de crescimento. Sendo assim, a taxa de crescimento de longo prazo no modelo kaleckiano é dada por:

$$g_N = g_y = f \tag{5.16}$$

Tal como fizemos no Capítulo 3, iremos supor que a taxa natural de crescimento, igual à soma entre a taxa de crescimento da força de trabalho e a taxa de crescimento da produtividade, é dada por:

$$g_N = n + \hat{a} = +\alpha_0 + \left(a_2 G e^{-\frac{G}{\delta}}\right)(g_k - n) \qquad (5.17)$$

Substituindo 5.15 e 5.16 em 5.17, temos:

$$G^* = \frac{1}{a_2} e^{\frac{G^*}{\delta}} \left[1 - \left(\frac{n + \alpha_0}{f - n}\right)\right] \qquad (5.18)$$

A Equação 5.18 determina o valor do hiato tecnológico de equilíbrio de longo prazo, o qual depende (I) da taxa de crescimento da força de trabalho; (II) da taxa autônoma de crescimento do estoque de capital e (III) da capacidade absortiva.

A visualização da determinação do hiato tecnológico de equilíbrio de longo prazo pode ser feita por intermédio da Figura 5.9.

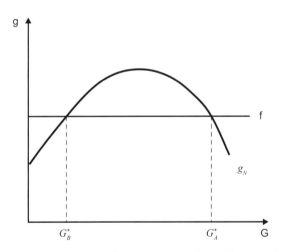

Figura 5.9 Determinação da trajetória de crescimento em estado estável no modelo kaleckiano.

Tal como podemos observar na Figura 5.9, a trajetória de crescimento de longo prazo do modelo kaleckiano é compatível com dois valores diferentes para o hiato tecnológico. O primeiro, G_B^*, corresponde a um valor de equilíbrio baixo para o hiato tecnológico; ao passo que o segundo, G_A^*, corresponde a um valor de equilíbrio alto para o referido hiato. Isso significa que a trajetória de equilíbrio de longo prazo do modelo kaleckiano é compatível com a existência de economias que apresentam a mesma taxa de crescimento do produto, mas níveis permanentemente diferentes de proximidade com a fronteira tecnológica. Dessa forma, o modelo kaleckiano é compatível com a existência de divergências persistentes nos níveis de produtividade do trabalho e de renda *per capita* entre os países.

Uma implicação importante da existência de equilíbrios múltiplos no caso aqui analisado diz respeito aos efeitos que um aumento do esforço de acumulação de capital tem sobre o hiato tecnológico. Conforme podemos visualizar na Figura 5.10, um aumento da taxa autônoma de crescimento do estoque de capital irá resultar num aumento do hiato tecnológico no equilíbrio baixo e uma redução do hiato tecnológico no equilíbrio alto. Dessa forma, podemos concluir que o resultado de uma aceleração do ritmo de acumulação de capital sobre o hiato tecnológico é condicional ao valor dessa variável: quando o hiato tecnológico é pequeno, um aumento do ritmo de acumulação de capital tem efeitos claramente negativos, ou seja, o resultado será um aprofundamento do hiato tecnológico; o contrário ocorre quando o hiato tecnológico é relativamente grande.

Daqui se segue que, para países que se encontram na proximidade da fronteira tecnológica, a melhor política para diminuir o hiato tecnológico é aumentar a capacidade absortiva (δ), em vez de aumentar o esforço de acumulação de capital, pois o aumento da capacidade absortiva permitirá, conforme Figura 5.11, uma redução do valor de equilíbrio do hiato tecnológico para uma dada taxa de crescimento do estoque de capital.

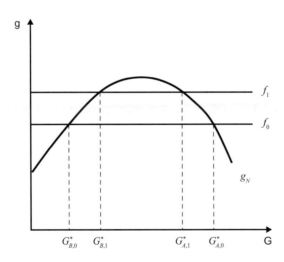

Figura 5.10 Efeitos de um aumento do investimento autônomo sobre a trajetória de crescimento em estado estável.

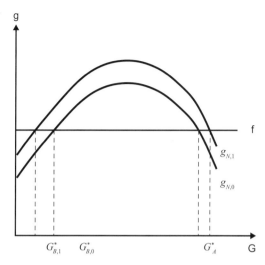

Figura 5.11 Efeitos de um aumento da capacidade absortiva sobre a trajetória de crescimento em estado estável.

5.7 REGIMES DE ACUMULAÇÃO NO MODELO KALECKIANO: *WAGE-LED* OU *PROFIT-LED*?

No modelo kaleckiano canônico desenvolvido na Seção 5.3, um aumento da participação dos salários na renda nacional resulta num aumento tanto do grau de utilização da capacidade produtiva como na taxa de acumulação de capital; razão pela qual o regime de acumulação é dito *wage-led*, ou seja, liderado pelo crescimento dos salários. Na trajetória de crescimento balanceado, a taxa de acumulação de capital é independente da distribuição de renda, mas ainda assim é possível estabelecer uma relação inversa entre distribuição de renda e utilização da capacidade produtiva, tal como foi visto na Seção 5.5.

No modelo desenvolvido na Seção 5.3, um aumento da participação dos salários na renda irá produzir um aumento do consumo agregado — em função da hipótese de que a propensão marginal a consumir a partir dos salários é maior do que a propensão marginal a consumir a partir dos lucros — levando as firmas a aumentarem o nível de produção e, portanto, o grau efetivo de utilização da capacidade produtiva. Dado o grau normal de utilização da capacidade produtiva, então as firmas irão aumentar o ritmo de acumulação de capital com o objetivo de ajustar a capacidade ociosa ao nível desejado de longo prazo. Esse nível, contudo, não é uma constante, mas depende inversamente das margens de lucro e, portanto, da participação dos lucros na renda. Dessa forma, o aumento da participação dos salários na renda, ao reduzir as margens de lucro, irá levar as firmas a aumentar o grau desejado de utilização da capacidade produtiva. Daqui se segue que, tanto no equilíbrio de curto como no de longo prazo, se verifica uma relação inversa entre a participação dos lucros na renda e o grau de utilização da capacidade produtiva.

128 CAPÍTULO 5

Essa relação entre utilização da capacidade e distribuição de renda tem sido questionada por certos autores como, por exemplo, Amit Bhaduri e Stephen Marglin (1990). Segundo esses autores, o resultado do modelo kaleckiano canônico depende criticamente da especificação da função investimento. O modelo canônico supõe implicitamente que o investimento em capital fixo é uma função do grau efetivo de utilização da capacidade produtiva ou da taxa corrente de lucro; quando o mais correto seria, na opinião desses autores, dizer que o investimento depende da participação dos lucros na renda e do grau de utilização da capacidade produtiva.

Nesse caso, um aumento da participação dos salários na renda teria um efeito *ambíguo* sobre o grau de utilização da capacidade produtiva e, consequentemente, sobre a taxa de crescimento do estoque de capital. Isso porque, se é verdade que um aumento da partipação dos salários na renda estimula o consumo, por outro lado ele reduz a "lucratividade" do investimento por unidade de capital, o que desestimula os capitalistas a investir. Dependendo de qual desses efeitos seja mais forte, poderá haver um aumento ou uma redução do grau de utilização da capacidade produtiva.

Se a capacidade ociosa for reduzida em função do aumento da participação dos salários na renda, então o regime de acumulação é dito *wage-led*, ou seja, uma maior acumulação de capital é impulsionada pelo crescimento dos salários. Caso contrário, o regime de acumulação é classificado como *profit-led*, ou seja, uma maior acumulação é induzida pelo aumento dos lucros.

A versão Bhaduri-Marglin do modelo kaleckiano pressupoe a substituição da Equação 5.4 pela seguinte função de acumulação:

$$g = f + h_0 u + h_1 \pi \qquad (5.19)$$

Em que: $h_0 > 0$ é a sensibilidade da taxa desejada de acumulação de capital às variações do grau desejado de utilização da capacidade produtiva e $h_1 > 0$ é a sensibilidade da taxa desejada de acumulação de capital às variações da participação dos lucros na renda.

Sabemos que a poupança como fração do estoque de capital é dada por:

$$\frac{S}{K} = s_p \pi u \sigma \qquad (5.3)$$

Dessa forma, o equilíbrio entre poupança e investimento impõe que:

$$f + h_0 u + h_1 \pi = s_p \pi u \sigma \qquad (5.20)$$

A Equação 5.20 apresenta as combinações entre utilização da capacidade produtiva e participação dos lucros na renda para as quais a taxa desejada de acumulação de capital é igual à taxa de poupança. Iremos denominar essa relação de curva *IS*.

Para determinar a inclinação dessa curva, vamos proceder à diferenciação da Equação 5.20 com respeito a u e π. Temos, então, que:

$$\left.\frac{\partial u}{\partial \pi}\right|_{IS} = -\left(\frac{s_p u\sigma - h_1}{s_p \pi\sigma - h_0}\right) \quad (5.21)$$

O sinal da Equação 5.21 é ambíguo pois depende dos valores de u e π, de maneira que a relação entre o grau de utilização da capacidade produtiva e a participação dos lucros na renda pode ser positiva, indicando assim um regime *profit-led*, ou negativa, o que indicaria um regime *wage-led*.

Para resolver essa ambiguidade, vamos primeiramente assumir como válida a condição de estabilidade do equilíbrio de curto prazo apresentada na Seção 5.3, segundo a qual a sensibilidade do investimento às variações do grau de utilização da capacidade é menor do que a sensibilidade da poupança a essas variações. Nesse caso, o equilíbrio de curto prazo será estável se o grau de utilização da capacidade produtiva for maior do que um nível crítico, $u^c = \frac{h_1}{s_p \sigma}$.

Respeitada a condição de estabilidade do equilíbrio de curto prazo, o sinal da Equação 5.21 passa a depender inteiramente do sinal do denominador. Se o denominador for positivo, então $\left.\frac{\partial u}{\partial \pi}\right|_{IS} < 0$, caracterizando assim a existência de um regime *wage-led*. Por outro lado, se o denominador for negativo, então $\left.\frac{\partial u}{\partial \pi}\right|_{IS} > 0$, definindo assim a existência de um regime *profit-led*. O denominador será positivo se a participação dos lucros na renda for superior a um nível crítico $\pi^c = \frac{h_0}{s_p \sigma}$; sendo negativo, caso contrário.

Com base nessas informações, a curva IS para o modelo kaleckiano modificado tem o formato de um "C" invertido como pode ser visualizado na Figura 5.12.

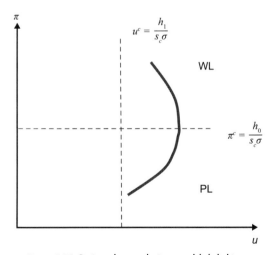

Figura 5.12 Regimes de acumulação no modelo kaleckiano.

Na Figura 5.12 constatamos que no quadrante inferior direito prevalece um regime de acumulação tipo *profit-led*, ao passo que no quadrante superior direito prevalece um regime tipo *wage-led*. Dessa forma, um regime *wage-led* tende a prevalecer para níveis elevados de participação dos lucros na renda, ao passo que um regime *profit-led* é mais provável de ocorrer para níveis baixos de participação dos lucros na renda. Em outras palavras, a relação entre grau de utilização da capacidade produtiva e distribuição de renda é não linear e condicional ao próprio nível da distribuição de renda.

Embora a existência de dois regimes de acumulação seja uma possibilidade teórica deduzida a partir do modelo kaleckiano modificado, a evidência empírica parece apontar para o predomínio de regimes do tipo *profit-led*. Com efeito, conforme podemos observar na Figura 5.13 — construída a partir da base de dados contida em Marglin e Shor (1990) —, para o período compreendido entre 1951 e 1983 existe uma clara relação positiva entre os valores médios da participação dos lucros na renda e do grau de utilização da capacidade produtiva nas quatro maiores economias da Europa Ocidental (Alemanha Ocidental, França, Reino Unido e Itália).

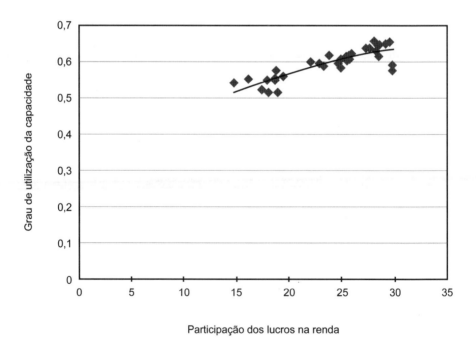

Figura 5.13 Participação dos lucros na renda e grau de utilização da capacidade produtiva em quatro economias europeias (1951-1983). Fonte: Marglin e Shor (1990). Elaboração do autor.

Agora é o momento de nos voltarmos para a trajetória de crescimento balanceado. Ao longo desta trajetória, é necessário que a economia esteja operando com um nível normal de utilização da capacidade produtiva. Dessa forma, a condição de equilíbrio macroeconômico é dada por:

$$f + h_0 u_n + h_1 \pi = s_p \pi u_n \sigma \tag{5.22}$$

Além do equilíbrio macroeconômico determinado pela igualação entre a taxa de crescimento do estoque de capital e a taxa de poupança ao nível normal de utilização da capacidade produtiva, a trajetória de crescimento balanceado exige também que a estrutura de mercado permaneça constante ao longo do tempo, de tal forma que a seguinte condição deve ser atendida:

$$u^n = 1 - k\left[\pi - \frac{(i+\delta)}{\sigma u_n}\right] \tag{5.14a}$$

As Equações 5.22 e 5.14a definem dois *locus* de combinações entre o grau normal de utilização da capacidade produtiva e a participação dos lucros na renda. No primeiro caso, trata-se da curva *IS*, que representa o equilíbrio macroeconômico; no segundo caso, trata-se da curva *ED*, que representa o equilíbrio na estrutura produtiva da economia. A partir dessas curvas, podemos determinar os valores do grau normal de utilização da capacidade produtiva e da participação dos lucros na renda ao longo da trajetória de crescimento balanceado. A visualização dos mesmos pode ser feita por intermédio da Figura 5.14.

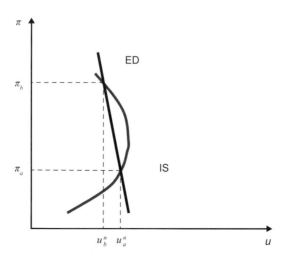

Figura 5.14 Determinação dos valores de equilíbrio do grau de utilização e da participação dos lucros na renda no modelo kaleckiano modificado.

132 CAPÍTULO 5

Na Figura 5.14 podemos observar que, tal como no caso do modelo kaleckiano canônico, o modelo kaleckiano modificado pode apresentar duas posições de equilíbrio de longo prazo: uma caracterizada por um nível baixo de utilização da capacidade produtiva e alta participação dos lucros na renda (a qual denominaremos de equilíbrio baixo); e outra caracterizada por um nível alto de utilização da capacidade produtiva e baixa participação dos lucros na renda (a qual denominaremos de equilíbrio alto).

Fica como sugestão de exercício para o leitor analisar os efeitos sobre as posições de equilíbrio de longo prazo de um aumento da taxa autônoma de crescimento do estoque de capital, em particular, analisar a validade ou não do assim chamado "paradoxo da parcimônia".

5.8 UMA AVALIAÇÃO DOS MODELOS KALECKIANOS DE CRESCIMENTO

Ao longo deste capítulo, apresentamos os modelos de crescimento de inspiração kaleckiana nos quais o grau de utilização da capacidade produtiva é uma variável endógena tanto no curto como no longo prazo. Na versão canônica dessa classe de modelos, um aumento da propensão a poupar ou da participação dos lucros na renda irá resultar numa redução do grau de utilização da capacidade produtiva e da taxa de crescimento do estoque de capital no equilíbrio de curto prazo. No longo prazo, contudo, a endogeneização do grau normal de utilização da capacidade produtiva resulta na existência de equilíbrios múltiplos para a distribuição de renda e para o grau de utilização da capacidade produtiva, fazendo com que o assim chamado "paradoxo da parcimônia" seja válido apenas para o equilíbrio com um baixo nível de utilização da capacidade.

Quanto à fonte do crescimento de longo prazo, o modelo kaleckiano canônico a atribui ao investimento autônomo relacionado com o ritmo de progresso tecnológico. Nesse contexto, o modelo kaleckiano se mostra compatível com a existência de diferenças persistentes nos níveis de hiato tecnológico entre os países, mas não se mostra capaz de explicar a existência de diferenças persistentes no ritmo de crescimento da renda *per capita*, haja vista que a fonte do crescimento é tida como exógena. Dessa forma, o modelo kaleckiano não se mostra capaz de explicar o fenômeno do desenvolvimento desigual.

Na trajetória de crescimento balanceado, a distribuição de renda entre salários e lucros não tem nenhum impacto sobre o ritmo de acumulação de capital, embora possa influenciar o nível (normal) de utilização da capacidade produtiva. A depender da especificação da função investimento é possível definir a existência de dois regimes de acumulação, a saber: um regime *wage-led* onde a relação entre participação dos lucros na renda e utilização da capacidade produtiva é inversa; e um regime *profit-led* onde a relação entre a participação dos lucros na renda e o grau de utilização da capacidade produtiva é direta. As evidências empíricas disponíveis, contudo, parecem apontar para o predomínio de regimes do tipo *profit-led*.

5.9 QUESTÕES PARA A DISCUSSÃO

1) Considere o modelo kaleckiano canônico apresentado neste capítulo, mas suponha que a função investimento é dada por $\frac{I}{K} = f + h_0 r + h_1 u$, em que $r = \pi u \sigma$ é a taxa de lucro. Pede-se:

   a) Calcule os valores de equilíbrio de curto prazo da taxa de lucro, do grau de utilização da capacidade produtiva e da taxa desejada de acumulação de capital.

   b) Quais os efeitos sobre o equilíbrio de curto prazo de um aumento da participação dos lucros na renda? Que diferenças você nota com relação ao modelo apresentado neste capítulo?

   c) Quais os efeitos sobre o equilíbrio de curto prazo de um aumento da propensão a poupar a partir dos lucros? Que diferenças você nota com relação ao modelo apresentado neste capítulo?

   d) Compare a especificação da função investimento apresentada nesta questão com a especificação da função investimento apresentada na Seção 5.3. Quais os pontos positivos e negativos de cada uma delas? Explique.

2) Considere agora a especificação da função investimento apresentada na Seção 5.7. Dado que a taxa de lucro é o produto entre o grau de utilização da capacidade produtiva e a participação dos lucros na renda, não seria mais correto apresentar a taxa de crescimento desejada do estoque de capital como uma função da taxa de lucro, em vez de ser uma função separável do grau de utilização da capacidade produtiva e da participação dos lucros na renda?

NOTA

i) A esse respeito, ver Skott (2010).

PARTE III

MACROECONOMIA DO DESENVOLVIMENTO

CAPÍTULO 6

CRESCIMENTO, REGIMES DE POLÍTICA MACROECONÔMICA E O NOVO DESENVOLVIMENTISMO

6.1 INTRODUÇÃO

Nos capítulos anteriores apresentamos os principais modelos de crescimento e desenvolvimento econômico dentro da tradição keynesiana. A discussão foi realizada num elevado nível de abstração, procurando focar nos determinantes e nas restrições ao crescimento de longo prazo das economias capitalistas, tendo um foco na explicação das divergências observadas nas taxas de crescimento da renda *per capita*, ou seja, o fenômeno do desenvolvimento desigual. A discussão que faremos a partir deste capítulo é menos abstrata, embora ainda fundamentalmente teórica. Nosso objetivo a partir de agora é analisar o papel da política macroeconômica na trajetória de crescimento de longo prazo das economias capitalistas.

Alguns economistas de tradição mais ortodoxa poderão argumentar que tudo o que a política macroeconômica pode fazer é garantir a estabilidade da taxa de inflação e a solvência das contas públicas. Para garantir um crescimento robusto no longo prazo seria necessário adotar políticas do "lado da oferta da economia" com vistas a estimular o dinamismo da "produtividade total dos fatores de produção".

Economistas keynesianos não compram esse argumento, pois acreditam que o longo prazo é apenas uma sucessão de curtos prazos,

138 CAPÍTULO 6

de maneira que a condução da política macroeconômica afeta, para o bem ou para o mal, o desempenho da economia a longo prazo (Dutt e Ros, 2007).

Nesse contexto, o objetivo deste capítulo é apresentar a relação existente entre o regime de política macroeconômica e o crescimento de longo prazo de uma economia capitalista. Nos próximos capítulos iremos aprofundar essa análise, apresentando modelos formais que detalham o impacto da política monetária e cambial sobre o ritmo de crescimento econômico.

O argumento principal que iremos apresentar neste capítulo, com base na teoria do crescimento liderado pela demanda agregada, é que para países desprovidos de moeda conversível, o crescimento de longo prazo é determinado pela taxa de crescimento das exportações de manufaturados. A adoção de um modelo *export-led* ou induzido pelas exportações exige, no entanto, a implantação de um regime de política macroeconômica consistente e sustentável no longo prazo, ou seja, um regime de política macroeconômica que seja capaz de conciliar a obtenção de uma taxa de inflação relativamente baixa e estável, com uma taxa real de câmbio competitiva e relativamente estável ao longo do tempo, uma taxa real de juros significativamente inferior à taxa de retorno do capital, um déficit público (como proporção do PIB) ciclicamente ajustado próximo de zero, e um crescimento dos salários reais aproximadamente na mesma taxa que o ritmo de crescimento da produtividade do trabalho.

Se as metas operacionais forem mutuamente consistentes, então o país poderá desfrutar de um crescimento robusto das exportações de manufaturados, o qual permite uma elevada taxa de expansão do produto real, induzindo assim um forte crescimento da produtividade do trabalho e, dessa forma, viabilizando um crescimento não inflacionário dos salários reais. A expansão acelerada da demanda agregada num contexto de juros reais baixos e estáveis induz os empresários a realizar grandes investimentos na ampliação e modernização da capacidade produtiva, permitindo que a oferta agregada se ajuste ao ritmo de expansão da demanda agregada, o que contribui para manter a inflação sob controle.

O regime de política macroeconômica definido acima é um dos pilares do assim chamado "novo desenvolvimentismo", o qual consiste num conjunto de propostas de reformas institucionais e de políticas econômicas, por meio das quais as nações de desenvolvimento médio buscam *alcançar* o nível de renda *per capita* dos países desenvolvidos. Em outras palavras, o "novo desenvolvimentismo" é a resposta em termos de formulação de política macroeconômica para o problema do desenvolvimento desigual.

6.2 DEMANDA EFETIVA, DISTRIBUIÇÃO DE RENDA E REGIMES DE CRESCIMENTO

O motor do crescimento das economias capitalistas é a demanda agregada, haja vista que a disponibilidade dos "fatores de produção" e o progresso tecnológico são variáveis que se ajustam no longo prazo ao nível de demanda efetiva (Kaldor, 1988; Oreiro,

Nakabashi e Sousa, 2010). O estoque de capital é resultado das decisões de investimento tomadas no passado, as quais se baseiam fundamentalmente nas expectativas que os empresários formulam a respeito da taxa de crescimento da demanda por seus produtos. Isso significa que, dentro de certos limites,[i] o investimento é uma variável endógena, que se ajusta ao crescimento esperado da demanda agregada. A força de trabalho, por seu turno, também se ajusta ao crescimento da demanda, uma vez que o número de horas trabalhadas, a taxa de participação e o tamanho da própria força de trabalho são elásticas com respeito ao nível de produção. Por fim, a existência de economias estáticas e dinâmicas de escala faz com que a produtividade do trabalho seja uma função do nível e da taxa de crescimento da produção das firmas. Dessa forma, se estabelece uma *relação estrutural* entre a taxa de crescimento da produtividade do trabalho e a taxa de crescimento do nível de produção, a qual é conhecida na literatura econômica como "lei de Kaldor-Verdoorn" (Ledesma, 2002).

A demanda agregada é constituída por dois componentes, a saber: a demanda autônoma e a demanda induzida. A *demanda autônoma* corresponde àquela parcela da demanda agregada que é independente do nível e/ou da variação da renda e da produção; ao contrário da *demanda induzida*, que é uma função do nível de renda e de produção e/ou da variação do mesmo. No longo prazo, a taxa de crescimento do produto é determinada pela taxa de crescimento da demanda agregada autônoma, uma vez que a demanda induzida se ajusta à expansão do nível de renda e de produção.

Em economias abertas, a demanda autônoma é constituída pelos gastos do governo e pelas exportações. Os gastos de investimento não fazem parte da demanda autônoma, uma vez que a decisão de investimento em capital fixo é fundamentalmente determinada pelas expectativas empresariais a respeito da expansão futura do nível de produção e de vendas com base na hipótese do acelerador do investimento (Harrod, 1939). Supondo que o acesso dos trabalhadores ao crédito bancário é limitado, os gastos de consumo dependem basicamente da massa de salários, a qual é uma função do nível de produção e de emprego da economia. Nessas condições, a taxa de crescimento dos gastos de consumo é determinada pela taxa de crescimento do nível de renda e de produção. Desse razoado, se segue que a taxa de crescimento de longo prazo do nível de renda e produção será uma média ponderada entre a taxa de crescimento das exportações e a taxa de crescimento dos gastos do governo.

Dada a distribuição funcional de renda, a taxa de crescimento de longo prazo numa economia em desenvolvimento, que não dispõe de uma moeda aceita como reserva de valor internacional, é determinada pela taxa de crescimento das exportações. Isso porque se a taxa de crescimento dos gastos do governo for maior do que a taxa de crescimento das exportações, então o produto e a renda doméstica irão crescer mais rapidamente do que as exportações. Se a elasticidade-renda das importações for maior do que um (como é usual em economias em desenvolvimento), então as importações irão crescer mais do que as exportações, gerando um déficit comercial crescente e, provavelmente, insustentável a longo prazo. Dessa forma, um crescimento sustentável do ponto de vista

140 CAPÍTULO 6

do balanço de pagamentos tem que ser necessariamente impulsionado pelas exportações. Se isso ocorrer, teremos um regime de crescimento do tipo *export-led*.

Essa relação de longo prazo entre crescimento econômico e demanda autônoma pode ser afetada *temporariamente* por variações na distribuição funcional de renda. Com efeito, um aumento da participação dos salários na renda irá induzir um aumento temporário da taxa de crescimento dos gastos de consumo, uma vez que a propensão a consumir a partir dos salários é maior do que a propensão a consumir a partir dos lucros. Um aumento da participação dos salários na renda também gera uma apreciação da taxa real de câmbio, a qual irá resultar numa redução da taxa de crescimento das exportações. Se o efeito positivo do aumento da participação dos salários na renda sobre o consumo for superior ao efeito negativo desse aumento sobre as exportações, então a economia irá apresentar um regime de crescimento do tipo *wage-led*, ou seja, um regime de crescimento no qual o aumento da participação dos salários na renda impulsiona a expansão do nível de renda e de emprego. Caso contrário, a economia irá apresentar um regime de crescimento do tipo *profit-led*, ou seja, um regime de crescimento no qual o aumento da participação dos lucros na renda é o fator que impulsiona o crescimento da renda e da produção.

Deve-se ressaltar, contudo, que um regime de crescimento do tipo *wage-led* é insustentável no longo prazo. Isso porque, em primeiro lugar, um *aumento cumulativo* da participação dos salários na renda, condição necessária para a ocorrência de um crescimento autônomo dos gastos de consumo, é econômica e politicamente inviável. Do ponto de vista econômico, um aumento cumulativo da participação dos salários na renda irá resultar, em algum momento, numa tendência a queda da taxa de lucro. Quando a taxa de lucro cair abaixo do nível mínimo necessário à continuidade da acumulação de capital, então o investimento privado irá cessar, interrompendo assim o crescimento do nível de renda e de produção. Do ponto de vista político, a classe capitalista irá reagir fortemente à queda continuada da taxa de lucro, aumentando a instabilidade política prevalecente na economia. Nessas condições, a continuidade de um regime de crescimento do tipo *wage-led* pode ser interrompida por eventos exógenos (por exemplo, golpes de Estado) originados da esfera política da sociedade.

Em segundo lugar, um aumento cumulativo da participação dos salários na renda está associado a uma tendência a apreciação da taxa real de câmbio, a qual poderá impactar o grau de especialização produtiva da economia, induzindo assim uma transferência de atividades produtivas para o exterior, ou seja, levando a um processo de *desindustrialização*. Como consequência da desindustrialização, a elasticidade-renda das exportações irá reduzir e a elasticidade-renda das importações irá aumentar, levando assim a uma redução da taxa de crescimento que é compatível com o equilíbrio do balanço de pagamentos. Dessa forma, a continuidade do regime *wage-led* levará, mais cedo ou mais tarde, ao estrangulamento externo e a uma crise de balanço de pagamentos.

Daqui se segue que para o caso de economias em desenvolvimento que não dispõem de moeda conversível, o único regime de crescimento que é sustentável no longo prazo é o regime *export-led*. Como a existência desse regime é compatível com a estabilidade da distribuição funcional da renda, segue-se que a adoção desse regime de crescimento não inviabiliza a adoção de uma política salarial na qual o crescimento do salário real esteja atrelado ao crescimento da produtividade do trabalho.

6.3 A "DEPENDÊNCIA DE TRAJETÓRIA" E A RELAÇÃO ENTRE "CICLO" E "TENDÊNCIA"

Na teoria econômica convencional, o crescimento de longo prazo é tido como independente da política macroeconômica, uma vez que a mesma tem por objetivo fundamental a administração do nível de demanda agregada, ao passo que o crescimento é visto como limitado pelo lado da oferta da economia. Nesse contexto, não haveria nenhuma relação entre o crescimento de longo prazo e o assim chamado "regime de política macroeconômica", ou seja, o conjunto de objetivos, metas e instrumentos[ii] de política macroeconômica assim como o arcabouço institucional no qual essas políticas são executadas. Dessa forma, o papel da política macroeconômica se reduz à suavização das flutuações cíclicas do nível de renda e de produção em torno da tendência de crescimento de longo prazo, determinada pelas condições de oferta da economia, bem como a obtenção de uma taxa de inflação baixa e estável.

A abordagem convencional, no entanto, apresenta diversos problemas de natureza empírica. Mais especificamente, os desenvolvimentos recentes da econometria das séries temporais têm mostrado que é incorreta a decomposição do comportamento do produto real em "tendência" e "ciclo". Isso porque as séries de tempo para o produto interno bruto, tanto dos países desenvolvidos como para os países em desenvolvimento, apresentam "raiz unitária", de forma que choques temporários — seja de demanda ou de oferta — têm efeitos permanentes sobre o produto real.[iii] Sendo assim, o componente cíclico da atividade econômica, tradicionalmente associado às variações da demanda agregada no curto prazo, afeta a tendência de crescimento das economias capitalistas no longo prazo. Em outras palavras, as baixas taxas de crescimento nas crises não são compensadas por altas taxas nas expansões; afinal, o crescimento no médio prazo é apenas a soma dos curtos prazos. Nesse contexto, a tendência de crescimento passa a ser dependente da trajetória que as economias capitalistas efetivamente descreveram ao longo do tempo. Esse fenômeno é conhecido na literatura como "dependência de trajetória".

Diversas explicações têm sido apresentadas na literatura para o fenômeno da "dependência de trajetória". Em particular, choques de demanda agregada podem afetar a tendência de crescimento de longo prazo em economias onde os retornos de escala são crescentes ou onde existam equilíbrios múltiplos devido à presença de histerese no mercado de trabalho.[iv]

Esse fenômeno da "dependência de trajetória" tem implicações fortes para a teoria e a política macroeconômica. Em termos da teoria macroeconômica, a "dependência de trajetória" mostra que não é aceitável a divisão tradicional da macroeconomia entre

142 CAPÍTULO 6

"curto prazo", no qual as questões relacionadas com a demanda agregada são relevantes, e "longo prazo", onde essas questões não possuem relevância alguma (Dutt e Ros, 2007, p. 97). Isso porque, o que acontece no curto prazo tem efeitos no longo prazo. Em termos da política macroeconômica, a prática de se usar políticas altamente contracionistas para lidar com choques exógenos, como parece ser a experiência histórica dos países da América Latina, não é aconselhável em função dos seus efeitos de longo prazo sobre produto e emprego. Contrações de demanda agregada, se necessárias, devem ser pequenas e revertidas tão logo seja possível para mitigar as suas consequências adversas de longo prazo (Ibid, pp. 97-8).

6.4 DEFINIÇÃO E CARACTERÍSTICAS DE UM REGIME DE POLÍTICA MACROECONÔMICA IDEAL

Um regime de política macroeconômica é dito ideal quando atende a duas condições fundamentais, quais sejam: (a) consistência entre as metas operacionais das diversas políticas macroeconômicas e (b) sustentabilidade do padrão de crescimento econômico no longo prazo. Por consistência entre as metas de política econômica entendemos uma situação na qual a obtenção simultânea de todas as metas de política com base na manipulação dos instrumentos à disposição do *policy maker* é factível. Se essa condição não for atendida, o *policy maker* irá, na operação diária do regime de política macroeconômica, priorizar a obtenção de algumas metas em detrimento de outras. A depender das metas cuja obtenção foi priorizada, o padrão de crescimento resultante dessas escolhas pode não ser sustentável.

No caso das economias em desenvolvimento, uma meta operacional extremamente importante para a sustentabilidade do padrão de crescimento no longo prazo é a meta de taxa de câmbio real efetiva. Se o regime de política macroeconômica for inconsistente e o *policy-maker* decidir sacrificar essa meta em prol da obtenção de outra (por exemplo, a estabilidade da taxa de inflação ou um aumento da participação dos salários na renda), então a sustentabilidade do crescimento no longo prazo poderá ser ameaçada pelo estrangulamento externo e pela crise de balanço de pagamentos.

Um regime de política macroeconômica ideal para os países em desenvolvimento deve ser capaz de conciliar a obtenção de uma taxa de inflação relativamente baixa e estável (ainda que superior à dos países desenvolvidos) com uma taxa real de câmbio competitiva e relativamente estável ao longo do tempo, uma taxa real de juros significativamente inferior à taxa de retorno do capital, um déficit público (como proporção do PIB) ciclicamente ajustado próximo de zero e um crescimento robusto dos salários reais, aproximadamente na mesma taxa que o ritmo de crescimento da produtividade do trabalho. Se as metas operacionais relativas à inflação, câmbio real, juro real, déficit fiscal e salário real forem mutuamente consistentes, então o país poderá desfrutar de um regime de crescimento do tipo *export-led*, no qual o crescimento robusto das exportações de manufaturados permite uma elevada taxa de expansão do produto real, a qual induz um forte crescimento da produtividade do trabalho, viabilizando assim um crescimento não inflacionário dos salários reais e, portanto, a manutenção de uma taxa de juros baixa em termos nominais e reais. A expansão acelerada da demanda agregada num contexto de juros reais baixos e estáveis induz os empresários a realizar grandes investimentos na ampliação e modernização da capacidade produtiva, permitindo assim que a oferta agregada se ajuste ao ritmo de expansão da demanda agregada, o que contribui para manter a inflação sob controle.

A obtenção dessas metas operacionais exige não só um manejo adequado dos instrumentos de política econômica, como também a formatação de um arcabouço institucional propício a essa tarefa (Herr e Kasandziska, 2011, p. 5). Na sequência iremos detalhar o *modus operandi* das políticas monetária, fiscal, salarial e cambial que permite a obtenção de metas de políticas macroeconômicas mutuamente consistentes.

No que se refere à política monetária, a mesma deve ser conduzida de forma discricionária[v] tendo como metas operacionais a obtenção de uma taxa de inflação estável a médio e longo prazos e uma taxa de crescimento sustentável para o produto real.[vi] Para a obtenção dessas metas operacionais, a autoridade monetária deverá utilizar não apenas a taxa básica de juros[vii] como também instrumentos de natureza regulatória ou prudencial como os depósitos compulsórios, os controles de capitais e os requerimentos de capital próprio sobre os ativos mantidos pelos bancos comerciais. A utilização desses instrumentos de natureza prudencial tem por objetivo dar à autoridade monetária algum grau de controle sobre a taxa de crescimento das operações de crédito do setor bancário, de forma a evitar o surgimento e a propagação de bolhas especulativas e o ingresso descontrolado de capitais externos, com vistas a manter a estabilidade do câmbio nominal e limitar o endividamento externo do sistema financeiro.

A meta de inflação a ser perseguida pela autoridade monetária deve ser alta o suficiente para evitar o risco de deflação no caso em que a economia é atingida por um choque desinflacionário; mas não tão alta a ponto de afetar negativamente o crescimento econômico, em função do aumento da incerteza a respeito da evolução futura dos preços relativos. Os estudos empíricos recentes sobre a relação entre inflação e crescimento podem fornecer uma indicação a respeito do valor da meta de inflação a ser perseguida a médio e longo prazos. Com base nesses estudos, constata-se a presença de uma relação não linear entre inflação e crescimento econômico, que é positiva para níveis inflacionários abaixo de um certo patamar crítico e negativa para valores acima desse patamar. Não há, no entanto, convergência entre esses estudos a respeito de qual seria esse patamar crítico. Alguns estudos apontam para um patamar crítico entre 5 a 10 % a.a, outros para um patamar entre 10 a 12 % a.a, e alguns chegam a apontar em um patamar crítico de 20% a.a (Pollin e Zhu, 2009, pp. 118-20). Desconsiderando os valores extremos obtidos nesses estudos, uma meta de inflação inferior a 10 % a.a parece ser particularmente apropriada para os países em desenvolvimento.

Deve-se enfatizar que a convergência da taxa de inflação com respeito à meta deve ser feita apenas a médio e longo prazos (2 a 3 anos), conferindo assim graus de liberdade para a autoridade monetária acomodar choques de demanda ou de oferta que impliquem num desvio da taxa de crescimento com respeito à meta de crescimento

144 CAPÍTULO 6

do produto real. Dessa forma, a autoridade monetária poderá suavizar as flutuações do nível de atividade econômica, permitindo uma maior variabilidade da taxa de inflação a curto prazo. Essa menor variabilidade do nível de atividade econômica também contribui positivamente para a decisão de investimento em capital fixo, ao reduzir a incerteza a respeito do ritmo de expansão da demanda agregada (Herr e Kasandziska, 2011, p. 68).

No que se refere à política fiscal, o seu papel deve ser limitado à estabilização do nível de atividade econômica, minimizando as flutuações da taxa de crescimento do produto real em torno do patamar sustentável a longo prazo, o qual é definido pela taxa de crescimento de longo prazo das exportações, para o caso dos países em desenvolvimento sem moeda conversível. O uso da política fiscal como motor de crescimento de longo prazo não é compatível com o equilíbrio intertemporal do balanço de pagamentos, não sendo, portanto, sustentável.[viii]

A função de estabilização do nível de atividade econômica deve ser compatibilizada com a manutenção da relação dívida pública/PIB em patamares relativamente baixos no longo prazo. Isso porque uma elevada relação dívida pública/PIB gera uma série de efeitos negativos sobre o sistema econômico, a saber (Herr e Kasandziska, 2011, p. 96):

a) Piora na distribuição de renda à medida que os detentores de títulos públicos são, em geral, os indivíduos mais ricos da sociedade, ao passo que os impostos são pagos por toda a coletividade.

b) Aumento cumulativo do pagamento de juros sobre a dívida, reduzindo o espaço no orçamento público para o financiamento do investimento em infraestrutura ou a realização de políticas sociais.

c) Possibilidade de erosão da confiança do público na capacidade de pagamento de juros e amortizações do principal por parte do governo, o que levará a um aumento do prêmio de risco e, portanto, do custo de rolagem da dívida pública.

A manutenção de uma relação dívida pública/PIB em patamares relativamente baixos não é consensual entre os economistas que adotam uma abordagem do tipo *demand-led* para o crescimento de longo prazo. Com efeito, alguns economistas pós-keynesianos — como, por exemplo, Malcon Sawyer (2009) — argumentam que o déficit fiscal deve ser fixado no nível necessário para a manutenção do pleno emprego da força de trabalho. O montante do déficit fiscal irá depender da diferença entre poupança doméstica e investimento e do déficit comercial, ambos avaliados ao nível de renda de pleno emprego. Nesse contexto, para que o déficit fiscal seja sustentável, é necessário que a taxa de juros real seja fixada num patamar inferior à taxa de crescimento do produto real.

A adoção desse tipo de política fiscal exige, portanto, que a política monetária tenha como meta operacional um valor numérico para a taxa real de juros. Sendo assim, o controle da taxa de inflação não poderá ser feito por intermédio das políticas de administração da demanda agregada (política monetária e política fiscal), dado que as mesmas estarão comprometidas com a obtenção do pleno emprego. A tarefa de controle da inflação ficará totalmente a cargo da política de rendas (Sawyer, 2009, p. 564). Ainda que seja possível usar a política de rendas como o principal, se não o único, instrumento de controle inflacionário nos países em desenvolvimento,[ix] a sustentabilidade desse regime macroeconômico será comprometida no longo prazo se o mesmo gerar um crescimento dos gastos do governo em um ritmo superior à taxa de crescimento das exportações.

Um arcabouço de política fiscal que permita a estabilização do nível de atividade econômica a curto prazo e a estabilidade da dívida pública como proporção do PIB no longo prazo deve ter como meta operacional a *obtenção de um déficit fiscal ciclicamente ajustado próximo de zero*. Dessa forma, quando a economia for atingida por um choque negativo de demanda que faça com que a taxa de crescimento do produto real fique abaixo da taxa de crescimento de equilíbrio do balanço de pagamentos, a ação dos assim chamados "estabilizadores automáticos" será no sentido de aumentar o déficit público, reduzindo o impacto recessivo dos choques em consideração. Quando a economia retomar uma trajetória de crescimento compatível com o equilíbrio do balanço de pagamentos, a elevação concomitante da taxa de crescimento econômico se encarregará de eliminar o déficit público, garantindo assim a estabilidade da relação dívida pública/PIB no longo prazo. *Mutatis mutandis*, quando a economia for atingida por choques positivos de demanda que façam com que a taxa de crescimento do produto real fique acima da taxa de crescimento de equilíbrio do balanço de pagamentos, a atuação dos "estabilizadores automáticos" fará com que o setor público passe a operar com superávit nominal, o que atuará no sentido de moderar o ritmo de expansão da demanda agregada, bem como proporcionará uma redução da relação dívida pública/PIB.

Eventualmente a economia pode ser afetada por um choque negativo de demanda agregada tão grande que a simples atuação dos "estabilizadores automáticos" será insuficiente para permitir a estabilização do nível de atividade econômica. Nesse caso, a autoridade fiscal deverá executar uma *expansão fiscal discricionária*, focada na realização de um vasto programa de investimentos públicos em infraestrutura. Esses gastos excepcionais poderão ser financiados com a emissão de dívida pública, desde que os mesmos proporcionem expectativas minimamente confiáveis de geração de fluxo de caixa para o governo no futuro (Herr e Kasandziska, 2011, p. 96). Dessa forma, a política fiscal anticíclica deve estar apoiada na ação dos estabilizadores automáticos e na realização de gastos discricionários de investimento por parte do governo, quando necessários, desde que os mesmos sejam minimamente "produtivos". A geração de déficits fiscais de caráter permanente na conta-corrente do governo deve ser evitada.[x]

Outro elemento importante do regime de política macroeconômica é a política salarial. Essa política desempenha um papel fundamental tanto para a estabilidade de preços como para a competitividade da economia no longo prazo. Com efeito,

146 CAPÍTULO 6

observa-se nos países desenvolvidos uma forte correlação entre a evolução do custo unitário do trabalho e o deflator implícito do PIB (Herr e Kasandziska, 2011, p. 71). Dessa forma, a dinâmica dos salários nominais é particularmente relevante para a evolução da taxa de inflação.

A política salarial deve ser compatível com a estabilidade da distribuição funcional da renda no longo prazo. Isso porque a estabilidade da distribuição funcional da renda é condição necessária para a manutenção de uma taxa de câmbio real competitiva ao longo do tempo e, portanto, para o crescimento robusto das exportações. Se a taxa de crescimento dos salários reais for superior à taxa de crescimento da produtividade do trabalho, a participação dos salários na renda irá aumentar de forma cumulativa ao longo do tempo, gerando uma tendência à apreciação da taxa real de câmbio. Por outro lado, se os salários reais crescerem a uma taxa inferior à da produtividade do trabalho, haverá uma redistribuição de renda dos trabalhadores para os capitalistas, a qual irá resultar numa redução da taxa de crescimento dos gastos de consumo. Nesse caso, a taxa de crescimento da demanda efetiva será inferior à taxa de crescimento da demanda agregada autônoma, impondo assim uma redução do ritmo de crescimento do produto real no longo prazo.

A estabilidade da taxa de inflação é outro objetivo da política salarial. Dada a forte correlação verificada entre o custo unitário do trabalho e o deflator implícito do PIB, o controle da taxa de variação dos salários nominais é variável de importância fundamental para a estabilidade de preços a médio e longo prazos. Dessa forma, a política salarial deverá ter como meta operacional a obtenção de uma taxa de variação do custo unitário do trabalho que seja compatível com a meta de inflação fixada pela autoridade monetária.

Uma forma de compatibilizar os objetivos acima expostos é adotar, por intermédio da legislação trabalhista, uma regra ou norma de reajuste do salário nominal na qual a taxa de variação dos salários nominais seja igual à meta de inflação definida pela autoridade monetária acrescida da taxa tendencial de crescimento da produtividade do trabalho (Herr e Kasandziska, 2011, p. 74). Se a autoridade monetária for bem-sucedida na sua tarefa de garantir a estabilidade da taxa de inflação a médio e longo prazos, a adoção dessa norma irá permitir que o salário real cresça a uma taxa equivalente ao crescimento da produtividade do trabalho, garantindo assim a estabilidade da distribuição funcional da renda a longo prazo, condição necessária tanto para a manutenção da competitividade da economia ao longo do tempo como para a sustentação do ritmo de crescimento dos gastos de consumo. A adoção dessa norma salarial, por sua vez, irá facilitar a obtenção da meta de inflação por parte da autoridade monetária, permitindo assim um uso mais moderado da taxa de juros como instrumento de política de controle da taxa de inflação. Nesse contexto, verifica-se uma situação na qual a política monetária e a política salarial se reforçam mutuamente, gerando externalidades positivas uma sobre a outra.

O último elemento, mas não menos importante, a ser considerado do regime de política macroeconômica é a política cambial. A sustentabilidade de um regime de crescimento do tipo *export-led* depende criticamente da capacidade da política cambial de gerar uma taxa real de câmbio competitiva a médio e longo prazos. Se os fluxos de entradas de capitais externos impuserem uma tendência à apreciação da taxa real de câmbio, a deterioração resultante da competitividade externa da economia irá resultar numa redução progressiva da taxa de crescimento das exportações, a qual poderá ser de caráter permanente se induzir a uma transferência de atividades produtivas para o exterior, ou seja, se for a causa de um processo de desindustrialização. Daqui se segue que os fluxos de entrada de capitais devem ser rigorosamente controlados de maneira a proporcionar uma relativa estabilidade da taxa nominal e real de câmbio, no contexto de uma economia que opera num regime de câmbio flutuante.

A política cambial deverá ser executada pela autoridade monetária com base na utilização de instrumentos de natureza regulatória, entre os quais se destacam os *controles de capitais*. Esses controles podem dar-se na forma de taxação sobre a entrada de capitais externos ou ainda na forma de restrições de caráter administrativo ao ingresso de tipos específicos de capitais externos. É importante frisar que os controles de capitais devem ser *abrangentes* (ou seja, devem incidir sobre todos os fluxos de entrada de capitais externos) *e dinâmicos* (ou seja, devem mudar de forma à medida que os investidores internacionais forem descobrindo brechas na legislação que permitam burlar os mesmos) de maneira a reduzir a possibilidade de evasão desses controles por parte do sistema financeiro.

A política monetária terá um papel apenas indireto na tarefa de administração da taxa nominal de câmbio. Com efeito, a grande contribuição da política monetária para a obtenção de uma taxa de câmbio estável e competitiva a médio e longo prazos consiste na obtenção simultânea dos objetivos de estabilidade da taxa de inflação e suavização das flutuações da taxa de crescimento em torno da meta de crescimento de longo prazo por intermédio de uma taxa de juros nominal relativamente baixa na comparação internacional.

Em um contexto no qual o horizonte de convergência da inflação com respeito à meta é relativamente longo (dois a três anos), a autoridade monetária não tem apenas uma meta de inflação, como também uma meta (sustentável) de crescimento do produto real, e a política salarial desempenha um papel relevante na estabilização da taxa de inflação, as pressões inflacionárias deverão ser relativamente baixas de tal maneira que a taxa nominal (e real) de juros poderá ser mantida em patamares bastante reduzidos. Sendo assim, os ganhos de arbitragem entre a taxa de juros doméstica e a taxa de juros internacional serão pequenos, facilitando a tarefa dos controles de capitais no sentido de reduzir o fluxo de entrada de capitais externos para a economia.

A autoridade monetária deverá usar os controles de capitais de forma discricionária com vistas a obter uma *meta de taxa real efetiva de câmbio*, a qual deverá ser capaz de proporcionar um nível de competitividade externo satisfatório para a economia em consideração.

A Tabela 6.1 apresenta de forma sintética os objetivos, as metas operacionais e os instrumentos utilizados pelas políticas monetária, fiscal, salarial e cambial no contexto

CAPÍTULO 6

Tabela 6.1	Descrição dos componentes de um regime ideal de política macroeconômica		
Tipo de Política	**Objetivos**	**Metas Operacionais**	**Instrumentos**
Política Monetária	Inflação baixa e estável no médio e longo prazos; Crescimento robusto e sustentável do produto real.	Meta de inflação; Meta de crescimento do produto real compatível com o equilíbrio do balanço de pagamentos.	Taxa de juros de curto prazo; Depósito compulsório; Requerimento de capital próprio.
Política Fiscal	Estabilização do nível de atividade econômica; Dívida pública como proporção do PIB baixa e estável no médio e longo prazos.	Meta de déficit fiscal ciclicamente ajustado igual ou próxima de zero; Meta de crescimento do produto real compatível com o equilíbrio do balanço de pagamentos.	Estabilizadores automáticos; Gastos discricionários com investimento público em obras de infraestrutura.
Política Salarial	Estabilidade da participação dos salários na renda nacional; Inflação baixa e estável no médio e longo prazos.	Meta de variação do custo unitário do trabalho igual à meta de inflação.	Fixação da taxa de variação dos salários nominais numa magnitude igual à soma entre meta de inflação e a taxa de crescimento da produtividade do trabalho.
Política Cambial	Competitividade das exportações de manufaturados nos mercados internacionais.	Meta de taxa real de câmbio competitiva no médio e longo prazos.	Controle da entrada de capitais.

Fonte: Elaboração do autor.

de um regime macroeconômico ideal. Deve-se observar que as metas operacionais foram desenhadas de tal forma que a obtenção de uma facilita a obtenção das demais. Trata-se, portanto, de um *regime de política macroeconômica consistente no sentido de Tinbergen*. Além disso, as metas operacionais do regime de política macroeconômica são consistentes com um regime de crescimento do tipo *export-led*, o que garante a sua sustentabilidade a médio e longo prazos.

Os resultados esperados desse regime de política macroeconômica são a estabilidade da distribuição funcional da renda, o controle da taxa de inflação, a estabilidade da relação dívida pública/PIB, o crescimento dos salários reais em um ritmo aproximadamente igual ao aumento da produtividade do trabalho, a obtenção de uma taxa real de câmbio estável e competitiva, o crescimento do produto real em um ritmo robusto e sustentável a médio e longo prazos e a manutenção da taxa real de juros em patamares relativamente baixos a nível internacional.

6.5 O NOVO DESENVOLVIMENTISMO, *EXPORT-LED GROWTH* E REGIME DE POLÍTICA MACROECONÔMICA

O novo desenvolvimentismo, conceito desenvolvido no Brasil a partir dos trabalhos de Bresser-Pereira (2006; 2007; 2009), é definido como um conjunto de propostas de reformas institucionais e de políticas econômicas, por meio das quais as nações de desenvolvimento médio buscam alcançar o nível de renda *per capita* dos países desenvolvidos. Essa estratégia de "alcançamento" baseia-se explicitamente na adoção de um regime de crescimento do tipo *export-led*, no qual a promoção de exportações de produtos manufaturados induz a aceleração do ritmo de acumulação de capital e de introdução de progresso tecnológico na economia. A implantação dessa estratégia requer a adoção de uma *política cambial ativa*, que mantenha a taxa real de câmbio num nível competitivo a médio e longo prazos, combinada com uma *política fiscal responsável* que elimine o déficit público ao mesmo tempo em que permita o aumento sustentável do investimento público. A manutenção da taxa real de câmbio num patamar competitivo a médio e longo prazos exige não só a adoção de uma política cambial ativa, como também uma política salarial que promova a moderação salarial ao vincular o aumento dos salários reais ao crescimento da produtividade do trabalho, garantindo assim a *estabilidade da distribuição funcional da renda no longo prazo*. A combinação entre política fiscal responsável e moderação salarial se encarregaria de manter a inflação em um nível baixo e estável, permitindo assim que a política monetária seja utilizada para a estabilização do nível de atividade econômica, ao mesmo tempo em que viabiliza uma redução forte e permanente da taxa real de juros.

No modelo "novo desenvolvimentista", portanto, o crescimento econômico é "puxado" pelas exportações e sustentado pelo investimento privado e público na expansão da capacidade produtiva e na infraestrutura básica. O déficit público não desempenha nenhum papel relevante na indução e/ou sustentação do crescimento. Por fim, a estabilidade da distribuição funcional da renda assegura que os gastos de consumo cresçam em um ritmo aproximadamente igual ao PIB real a médio e longo prazos, garantindo assim a sustentação do ritmo de crescimento pelo lado da demanda doméstica.

Deve-se deixar claro que o "novo desenvolvimentismo" possui diferenças importantes e irreconciliáveis com o "velho desenvolvimentismo". Essas diferenças se originam das mudanças observadas no capitalismo mundial, que transitou dos "anos dourados" do pacto social-democrata das décadas de 1950 e 1960 para a fase de globalização a partir da década de 1970. Nessa transição verificamos o surgimento dos NICs (*new industrialized countries*), fato esse que aumentou a competição entre os países ricos e os países em desenvolvimento médio. Além disso, os países em desenvolvimento médio — como, por exemplo, o Brasil — mudaram seu próprio estágio de desenvolvimento, deixando de se caracterizar pela existência de "indústrias infantes". Dessa forma, o modelo de desenvolvimento que esses países adotaram na fase inicial de seu processo de industrialização, o qual era baseado na "substituição de importações", se esgotou no início da década de 1970.

Quais seriam, então, as diferenças entre o "velho" e o "novo" desenvolvimentismo?

Em primeiro lugar, ao contrário do velho desenvolvimentismo, *o novo desenvolvimentismo não é protecionista*. Como a fase de "indústria infante" foi superada, as empresas dos países de renda média devem ser competitivas em todos os setores industriais aos quais se dedicaram, devendo inclusive ser competitivas o suficiente para exportar. Dessa

150 CAPÍTULO 6

forma, a adoção de elevadas tarifas de importação deixa de ser necessária como estratégia de proteção à indústria nacional.

Além disso, *o novo desenvolvimentismo não padece do "pessimismo exportador"* típico do velho desenvolvimentismo. Dessa forma, a estratégia de desenvolvimento deve estar alicerçada na exportação de produtos manufaturados com alto conteúdo tecnológico como forma de superar a restrição externa ao crescimento. Sendo assim, o crescimento industrial, tido como indispensável para que os países de renda média *completem* a transição para os níveis de renda *per capita* verificados nos países desenvolvidos, deve ser baseado na "promoção de exportações", em vez de na substituição de importações.

Por fim, *o "novo desenvolvimentismo" rejeita a noção equivocada do "keynesianismo vulgar" de crescimento sustentado pelo déficit público.* Com efeito, os déficits fiscais devem ser usados apenas em momentos de recessão como instrumento para estimular a demanda agregada. As contas públicas devem ser mantidas razoavelmente equilibradas ao longo do tempo para garantir a solidez e a força do aparato estatal, o qual é estratégico para o desenvolvimento. Isso significa que a dívida pública deve ser pequena (como proporção do PIB) e com longo prazo de maturidade.

Isso posto, os eixos fundamentais da estratégia novo desenvolvimentista são os seguintes: (I) fortalecimento da capacidade competitiva das empresas nacionais a nível mundial e (II) fortalecimento do Estado como instrumento de ação coletiva da nação.

O primeiro eixo da estratégia novo desenvolvimentista exige a adoção de regime cambial que garanta um câmbio competitivo para as empresas nacionais, a existência de financiamento a custo baixo para o investimento em capital fixo e para o capital de giro das empresas, a existência de infraestrutura adequada para as necessidades das empresas, principalmente para a exportação, a existência de incentivos para a realização de investimentos em pesquisa e desenvolvimento de novas tecnologias e, por fim, a qualificação da mão de obra tanto a nível geral (educação básica) como técnico.

O segundo eixo da estratégia novo desenvolvimentista requer o aumento da poupança do setor público por intermédio da contenção do ritmo de crescimento dos gastos de consumo e de custeio, aumento (significativo) do investimento público em infraestrutura, aumento dos gastos em educação primária e secundária, juntamente com aumento de gastos na formação técnica da força de trabalho para a indústria e setor de serviços e o aumento do financiamento público para investimento em pesquisa e desenvolvimento de novas tecnologias a nível das empresas.

6.6 RESUMO DO CAPÍTULO

Ao longo deste capítulo argumentamos que para o caso de países desprovidos de moeda conversível, o crescimento de longo prazo é determinado pela taxa de crescimento das exportações de manufaturados.

A adoção de um modelo *export-led* exige, no entanto, a implantação de um regime de política macroeconômica consistente e sustentável no longo prazo, ou seja, um regime de política macroeconômica que seja capaz de conciliar a obtenção de uma taxa de inflação relativamente baixa e estável com uma taxa real de câmbio competitiva e relativamente estável ao longo do tempo, uma taxa real de juros significativamente inferior à taxa de retorno do capital, um déficit público (como proporção do PIB) ciclicamente ajustado próximo de zero, e um crescimento dos salários reais aproximadamente na mesma taxa que o ritmo de crescimento da produtividade do trabalho.

Se as metas operacionais relativas à inflação, câmbio real, juro real, déficit fiscal e salário real forem mutuamente consistentes, então o país poderá desfrutar de um regime de crescimento do tipo *export-led*, no qual o crescimento robusto das exportações de manufaturados permite uma elevada taxa de expansão do produto real, a qual induz um forte crescimento da produtividade do trabalho, viabilizando assim um crescimento não inflacionário dos salários reais e, portanto, a manutenção de uma taxa de juros baixa em termos nominais e reais. A expansão acelerada da demanda agregada num contexto de juros reais baixos e estáveis induz os empresários a realizar grandes investimentos na ampliação e modernização da capacidade produtiva, permitindo assim que a oferta agregada se ajuste ao ritmo de expansão da demanda agregada, o que contribui para manter a inflação sob controle.

Por fim, argumentamos que o "novo desenvolvimentismo" é uma estratégia de desenvolvimento adotada por países de renda média que têm como base a ideia de que o crescimento de longo prazo é liderado ou induzido pelo crescimento das exportações de manufaturados (e sustentado pelo investimento dos empresários na expansão e modernização da capacidade produtiva), o qual exige a adoção de um regime de política macroeconômica que seja capaz de conciliar a obtenção de uma taxa de inflação relativamente baixa e estável com uma taxa real de câmbio competitiva e relativamente estável ao longo do tempo, uma taxa real de juros significativamente inferior à taxa de retorno do capital, um déficit público (como proporção do PIB) ciclicamente ajustado próximo de zero, e um crescimento dos salários reais aproximadamente à mesma taxa que o ritmo de crescimento da produtividade do trabalho.

6.7 QUESTÕES PARA A DISCUSSÃO

1) No período compreendido entre 1999 e 2006, o regime de política macroeconômica prevalecente no Brasil era o assim chamado "Tripé Macroeconômico", constituído pelo sistema de metas de inflação, câmbio flutuante e metas de superávit primário. Você acha que esse regime de política macroeconômica era consistente no sentido de Tinbergen? Por quê?

2) A melhoria do perfil de distribuição de renda exige que a participação dos salários na renda nacional aumente durante certo intervalo de tempo. Para tanto os salá-

152 CAPÍTULO 6

rios devem crescer a uma taxa superior ao ritmo de crescimento da produtividade do trabalho. Quais os efeitos que a adoção de uma política salarial que tenha por objetivo aumentar a participação dos salários na renda pode ter sobre a condução das políticas monetária, fiscal e cambial? E sobre a sustentabilidade do regime de crescimento? Por quê?

3) Defina uma agenda de reformas macroeconômicas que são necessárias para a retomada do crescimento da economia brasileira a taxas robustas com base no modelo "novo desenvolvimentista" apresentado neste capítulo.

NOTAS

i) Em particular, a taxa esperada de retorno do capital deve ser superior ao custo de oportunidade do capital.

ii) Com base em Tinbergen (1988, p. 83), a política econômica é definida como a manipulação deliberada de certos meios ou instrumentos com vistas à obtenção de determinados fins ou objetivos. Os objetivos mais gerais da política macroeconômica são a obtenção do pleno emprego da força de trabalho, estabilidade da taxa de inflação, crescimento robusto e sustentável do produto real e equidade da distribuição de renda. Os instrumentos de política macroeconômica são a taxa básica de juros, os impostos, os gastos do governo, a taxa de câmbio (nas economias onde prevalece o regime de câmbio administrado) e os diversos instrumentos regulatórios (depósito compulsório, taxação sobre certos tipos de entrada de capitais e etc.) que permitem um controle mais ou menos direto da taxa de expansão do crédito bancário e do ingresso de capitais externos. Em função do hiato temporal envolvido entre a mudança nos valores dos instrumentos e a obtenção dos objetivos da política econômica, deve-se definir uma estratégia para a obtenção desses objetivos, o que envolve a fixação de valores numéricos para certas variáveis-chave como, por exemplo, a taxa de inflação e o ritmo de expansão do PIB. Esses valores numéricos são as *metas operacionais* da política econômica.

iii) Para um estudo sobre a existência de raiz unitária nas séries de tempo do PIB dos países da América Latina ver Libânio (2009).

iv) A histerese no mercado de trabalho se origina da perda de eficiência produtiva que os trabalhadores desfrutam por conta do tempo em que permanecem desempregados. Dessa forma, quanto maior for o tempo que um determinado trabalhador permanece desempregado, maior será a sua perda de eficiência produtiva, o que irá reduzir a probabilidade de recontratação do mesmo se e quando a economia retomar a trajetória de crescimento. A esse respeito ver Dutt e Ros (2007).

v) A adoção de um comportamento discricionário por parte do Banco Central não leva necessariamente ao problema de inconsistência dinâmica apontado no artigo de Kydland e Prescott (1977). Segundo esses autores, a autoridade monetária teria incentivos para criar surpresas inflacionárias, as quais permitiriam um aumento temporário do nível de produção e de emprego. Esses incentivos tornam toda a política anti-inflacionária não crível, gerando assim uma taxa de inflação de equilíbrio maior do que a meta de inflação perseguida pela autoridade monetária. Para evitar o "viés inflacionário" da política monetária discricionária, o Banco Central deve seguir algum tipo de "regra impositiva" que impeça a geração de "surpresas inflacionárias". O problema com essa argumentação, como bem ressalta Blinder (1999), é que Kydland e Prescott pressupõem que a autoridade monetária persegue uma meta de nível de produto real maior do que o nível de produto de equilíbrio da economia. Sendo assim, o "viés inflacionário" não resulta do comportamento discricionário *per se*, mas da *inconsistência* entre a meta perseguida pelo Banco Central e o nível de produto de equilíbrio da economia.

vi) Entende-se aqui por taxa de crescimento sustentável aquela taxa de crescimento do PIB real que é compatível com o equilíbrio do balanço de pagamentos. O conceito de "produto potencial" não deve desempenhar nenhum papel na definição das metas da política monetária uma vez que o mesmo é endógeno, sendo, portanto, dependente do histórico de crescimento registrado pela economia (Barbosa-Filho, 2009, p. 154).

vii) Deve-se ressaltar aqui que a autoridade monetária não deve utilizar regras de taxa de juros, como, por exemplo, a regra de Taylor, para guiar a sua decisão a respeito do nível da taxa básica de juros, devendo agir de forma discricionária com vistas à obtenção das metas operacionais da política monetária. No caso específico da regra de Taylor, ela é uma "função de reação" na qual a taxa de juros de curto prazo fixada pela autoridade monetária depende da taxa de juros de equilíbrio, do desvio previsto da inflação com respeito à meta fixada pela autoridade monetária e do desvio do produto (ou da taxa de crescimento) com respeito ao produto potencial (ou taxa natural de crescimento). O uso dessa regra gera dois tipos de problemas para a condução da política monetária. Em primeiro lugar, a taxa de juros de equilíbrio ou "neutra" é muito difícil de ser calculada, pois a mesma pode variar de forma não previsível em função de mudanças na tecnologia (paradigma neoclássico) ou nas convenções e expectativas a respeito da taxa de juros tida como "segura" no longo prazo (paradigma keynesiano). Em segundo lugar, o produto potencial e a taxa natural de crescimento são, em larga medida, endógenos, dependendo da evolução da demanda agregada ao longo do tempo. Dessa forma, o uso do "produto potencial" para guiar a condução futura da política monetária envolve um claro problema de histerese, uma vez que o produto potencial depende, ele próprio, do comportamento passado da política monetária. Nesse contexto, se a política monetária foi restritiva no passado, então a demanda agregada apresentará um histórico de baixo dinamismo, gerando um crescimento baixo para o produto potencial, o que levará a autoridade monetária a manter uma política monetária restritiva hoje para conter pressões inflacionárias vindas do lado da demanda agregada.

CAPÍTULO 6

viii) Um argumento similar é desenvolvido por Herr e Kasandziska (2011, p. 96). Nas suas palavras: "Essencialmente, o orçamento fiscal deve estar equilibrado no médio prazo (...). Dessa forma, consideramos um nível crescente de endividamento público como insustentável."

ix) A adoção de políticas de renda nos países em desenvolvimento é problemática devido ao baixo nível de centralização das negociações salariais prevalecente nesses países. Dessa forma, os sindicatos são pouco propensos a internalizar os efeitos sobre a taxa de inflação de suas demandas salariais, o que torna difícil, se não impossível, a implantação de uma política de moderação salarial. Sobre a relação entre centralização das negociações salariais e performance macroeconômica ver Calmfors e Driffil (1988).

x) Essa concepção de política anticíclica corresponde à visão de Keynes sobre o tema. Nas suas palavras: "Eu não creio que seja muito sábio pôr muita ênfase em expedientes que causam flutuações nos gastos de consumo em detrimento de expedientes que gerem uma flutuação do volume de investimento. As pessoas possuem padrões de vida estabelecidos. Nada irá irritá-las mais do que estar sujeitas à pressão para ajustar seu padrão de vida para cima e para baixo... Além disso, o fato de que os gastos de capital sao capazes de se autofinanciar faz com que os mesmos sejam mais amigáveis do ponto de vista do equilíbrio orçamentário e não levem a um aumento progressivo das dificuldades com o orçamento, o que ocorreria caso mudanças orçamentárias com vistas a estimular o consumo fossem implementadas" (Keynes, 1980, v. 27, p. 319-20).

CAPÍTULO 7

METAS DE INFLAÇÃO, MOBILIDADE DE CAPITAIS E TAXA DE CÂMBIO EM UM MODELO DE CRESCIMENTO PUXADO PELAS EXPORTAÇÕES

7.1 INTRODUÇÃO

Neste capítulo, iremos aprofundar a discussão sobre a relação entre a política macroeconômica e o crescimento de longo prazo apresentada no capítulo anterior, por intermédio de um modelo de crescimento puxado pelas exportações com o objetivo de discutir os efeitos de mudanças na operação da política monetária e no grau de abertura da conta de capitais e da taxa de crescimento das exportações sobre a trajetória temporal da taxa de crescimento do produto real, da taxa nominal de juros e da taxa de inflação.

A simulação computacional do modelo teórico apresentado a seguir mostra que a forma de condução da política monetária e o regime de abertura da conta de capitais do balanço de pagamentos são fatores pouco relevantes na determinação da taxa de crescimento do produto real no longo prazo; embora possam ser fatores importantes na determinação da amplitude das flutuações da taxa de crescimento do produto real no curto prazo. No modelo aqui proposto, a taxa de crescimento de longo prazo depende fundamentalmente da taxa de crescimento da renda do resto do mundo, da elasticidade-renda das exportações e do diferencial entre a inflação doméstica e a inflação internacional. A contribuição da política monetária para o crescimento resume-se, portanto, na manutenção da taxa de inflação

155

156 CAPÍTULO 7

doméstica em linha com a taxa de inflação prevalecente no resto do mundo, de forma a garantir a competitividade das exportações no longo prazo.

Deve-se ressaltar, contudo, que este modelo abstrai os efeitos da "conjuntura macroeconômica" sobre os determinantes estruturais do crescimento de longo prazo. Em particular, não estamos levando em conta o possível impacto que uma apreciação da taxa real de câmbio possa ter sobre a elasticidade-renda das importações. Essa relação será explorada com detalhe no final do capítulo, onde ficará claro que uma apreciação persistente da taxa real de câmbio, ao induzir um aumento do grau de especialização produtiva da economia, poderá reduzir a taxa de crescimento da economia no longo prazo.

7.2 A ESTRUTURA DO MODELO TEÓRICO

O modelo aqui proposto é uma extensão do modelo kaldoriano de causalidade cumulativa[i] apresentado por Setterfield (1997). O modelo-padrão de causalidade cumulativa possui quatro equações dinâmicas, a saber: uma equação relacionando a taxa de crescimento da produtividade do trabalho com a taxa de crescimento do produto real (a assim chamada lei de Kaldor-Verdoorn); uma segunda equação apresentando a taxa de inflação doméstica como resultado da diferença entre a taxa de variação dos salários nominais e a taxa de crescimento da produtividade do trabalho; uma terceira equação que apresenta a taxa de crescimento das exportações como uma função da evolução da competitividade-preço das exportações e da taxa de crescimento da renda do resto do mundo; e uma quarta e última equação que mostra a taxa de crescimento do produto real como uma função da taxa de crescimento das exportações.

Iremos fazer algumas extensões com respeito ao modelo-padrão de causalidade cumulativa. Em primeiro lugar, tal como sugerido por Thomas Palley (2002), iremos adicionar duas equações ao modelo-padrão com o objetivo de incluir a dinâmica da capacidade produtiva da economia. Com efeito, os modelos-padrão de causalidade cumulativa são omissos em relação ao "lado da oferta" da economia, ou seja, nada dizem a respeito de como evolui a capacidade produtiva da economia ao longo do tempo. Essa omissão será sanada por intermédio da introdução de uma equação dinâmica relacionando o crescimento da capacidade produtiva da economia com a taxa de investimento, à semelhança do feito por Evsey Domar (1946). A segunda equação a ser introduzida será uma função de investimento na qual a taxa de investimento no período t depende da taxa de crescimento do produto real observado no período anterior — em linha com a assim chamada hipótese do acelerador do investimento — e da taxa real de juros observada no período $t - 1$.

Em segundo lugar, iremos supor que a taxa de variação dos salários nominais não é igual em todos os países do mundo (Setterfield, 1997, p. 55), mas varia de país para país. Nesse contexto, será suposto que os sindicatos existentes nessa economia pressionam por reajustes salariais a cada período de maneira a cobrir a inflação observada no período anterior e incorporar a totalidade dos ganhos de produtividade ocorridos no período anterior.

Em terceiro lugar, iremos supor uma economia que opera com um regime de câmbio flutuante num contexto de liberdade (restrita) da conta de capitais do balanço de pagamentos. Dessa forma, a variação da taxa nominal de câmbio será suposta uma função linear da diferença entre a taxa de juros doméstica e a taxa de juros internacional ajustada pelo prêmio de risco-país. Sendo assim, o diferencial entre a taxa de juros doméstica e a taxa de juros internacional terá impacto tanto sobre a taxa de inflação doméstica (por intermédio de variações da taxa nominal de câmbio) como sobre a competitividade das exportações, abrindo-se um canal pelo qual a política monetária pode influenciar a taxa de crescimento da economia no longo prazo.

Por fim, iremos supor que a política monetária é conduzida sob o arcabouço institucional do regime de metas de inflação, e que o Banco Central fixa a taxa nominal de juros a cada período com base numa versão da assim chamada "regra de Taylor".

Isso posto, a estrutura do modelo aqui proposto pode ser apresentada por intermédio do seguinte sistema de equações:

$$\hat{q}_t = r + \alpha \hat{Y}_{t-1} \tag{7.1}$$

$$\hat{\bar{Y}}_t = \sigma \frac{I_{t-1}}{Y_{t-1}} \tag{7.2}$$

$$\frac{I_t}{Y_t} = \phi_1 \hat{Y}_{t-1} + \phi_2 \left(i_{t-1} - \hat{p}_{t-1} \right) \tag{7.3}$$

$$\hat{p}_t = \hat{w}_t + \hat{e}_t - \hat{q}_t \tag{7.4}$$

$$\hat{w}_t = \hat{p}_{t-1} + \hat{q}_{t-1} \tag{7.5}$$

$$\hat{X}_t = \beta_j \left(\hat{p}_{w,t} + \hat{e}_t - \hat{p}_t \right) + \gamma \hat{Y}_{w,t} \tag{7.6}$$

$$\hat{Y}_t = \lambda \hat{X}_t \tag{7.7}$$

$$\hat{e}_t = \vartheta \left(i_t - i_t^* - \rho \right) \tag{7.8}$$

$$i_t^d = \left(i_t^* + \rho \right) + \theta_1 \left(\hat{p}_{t-1} - \pi_t^* \right) + \theta_2 (\hat{Y}_{t-1} - \hat{\bar{Y}}_{t-1}) \tag{7.9}$$

CAPÍTULO 7

$$i_t = \theta_0 i_t^d + (1 - \theta_0) i_{t-1} \tag{7.9a}$$

$$\pi_t^* = \omega \pi_{t-1}^* + (1 - \omega) \pi_{LP} \tag{7.10}$$

Em que: $\hat{q}_t$ é a taxa de crescimento da produtividade do trabalho no período t; $\hat{Y}_t$ é a taxa de crescimento do produto real; $\bar{\hat{Y}}_t$ é a taxa de crescimento da capacidade produtiva no período t; I_t é o investimento desejado no período t; $\hat{p}_t$ é a taxa de inflação do período t; $\hat{w}_t$ é a taxa de variação dos salários nominais no período t; $\hat{e}_t$ é a taxa de variação do câmbio nominal no período t; $\hat{p}_{w,t}$ é a taxa de inflação do resto do mundo no período t; $\hat{Y}_{w,t}$ é a taxa de crescimento do produto real do resto do mundo no período t; $\hat{X}_t$ é a taxa de crescimento das exportações no período t; ρ é o prêmio de risco-país; i_t é a taxa de juros nominal fixada pelo Banco Central no período t; i_t^d é a taxa de juros nominal desejada para o período t; π_t^* é a meta de inflação fixada para o período t; e π_{LP} é a meta de inflação de longo prazo. Os coeficientes r, α, σ, β, γ, λ, θ_0, θ_1, θ_2, ϑ, ϕ_1, ω e γ são todos positivos; ao passo que φ_2 é negativo.

A Equação 7.1 do sistema acima representa a "lei de Kaldor-Verdoorn", segundo a qual – em função da existência de economias estáticas e dinâmicas de escala – a taxa de crescimento da produtividade do trabalho é positivamente influenciada pela taxa de crescimento do produto real.

A Equação 7.2 apresenta o crescimento da capacidade produtiva no período t como uma função da taxa de investimento realizada no período anterior. Nesse contexto, o coeficiente σ deve ser entendido, tal como em Domar (1946), como a "produtividade social do investimento", ou seja, como um coeficiente que determina o acréscimo da capacidade produtiva ou do "produto potencial" da economia de um acréscimo no volume realizado de gastos de investimento.

A Equação 7.3 apresenta a taxa de investimento desejada para o período t como uma função da taxa de crescimento do produto real observada no período anterior e da taxa real de juros do período $t - 1$. Dessa forma, a função investimento aqui proposta compatibiliza o assim chamado "princípio da aceleração" (Harrod, 1939) com a teoria keynesiana da "eficiência marginal do capital" (Keynes, 1936, Cap. 11) segundo a qual o investimento desejado pelos empresários é uma função inversa da taxa de juros.

A Equação 7.4 apresenta a taxa de inflação do período t como sendo igual à taxa de variação dos salários nominais mais a taxa de variação do câmbio nominal e menos a taxa de crescimento da produtividade do trabalho. Essa Equação é deduzida a partir de uma Equação de formação de preços com base num *mark-up* fixo sobre os custos diretos unitários de produção do tipo $p = (1 + z)\left[\dfrac{w}{q} + ae\right]$, em que : z é a taxa de *mark-up*; a é o requisito de matérias-primas importadas por unidade produzida; e é a taxa nominal de câmbio; e q é a produtividade do trabalho (Taylor, 1989).

A Equação 7.5 apresenta a taxa de variação dos salários nominais como sendo igual à soma entre a taxa de inflação do período anterior e a taxa de crescimento da produtividade do trabalho. Dessa forma, os sindicatos de trabalhadores seguem uma regra bastante simples de barganha salarial: a taxa de variação dos salários nominais desejada para o período corrente deve ser exatamente suficiente para compensar as perdas inflacionárias do período anterior e incorporar ao salário real a totalidade dos ganhos de produtividade.

A Equação 7.6 apresenta a taxa de crescimento das exportações como sendo uma função da taxa de variação do câmbio real (igual à taxa de inflação internacional mais a taxa de variação do câmbio nominal menos a taxa de variação do câmbio nominal) e da taxa de crescimento da renda do resto do mundo. Deve-se observar que o coeficiente γ nada mais é do que a *elasticidade-renda das exportações*.

A Equação 7.7 apresenta a taxa de crescimento do produto real como uma função da taxa de crescimento das exportações, em linha com a discussão feita na quinta seção deste capítulo. Nesse contexto, o coeficiente λ deve ser entendido como o multiplicador dos gastos autônomos dos não residentes no país.

A Equação 7.8 apresenta a taxa de depreciação do câmbio nominal como função linear da diferença entre a taxa de juros doméstica e a taxa de juros internacional ajustada pelo prêmio de risco-país. Dessa forma, estamos considerando uma economia na qual prevalece um regime de câmbio flutuante num contexto de conversibilidade (restrita) da conta de capitais do balanço de pagamentos.

As Equações 7.9 e 7.9a apresentam a regra de política monetária adotada pelo Banco Central. Na Equação 7.9 observamos que a taxa de juros nominal que o Banco Central deseja fixar no período t tem três componentes. O primeiro componente é o valor de equilíbrio de longo prazo da taxa nominal de juros, dado pela soma entre a taxa de juros internacional e o prêmio de risco-país. O segundo componente refere-se ao desvio da taxa de inflação com respeito à meta de inflação para o período t. O terceiro e último componente refere-se ao desvio da taxa de crescimento do produto real com respeito à taxa de crescimento da capacidade produtiva. Nesse contexto, estamos supondo que o Banco Central deseja aumentar ou reduzir a taxa nominal de juros com respeito ao seu valor de equilíbrio com vistas a alcançar dois objetivos de política, a saber: manter a taxa de inflação em linha com a meta de inflação definida para o período em consideração e minimizar os desvios da taxa de crescimento do produto real com respeito à taxa de crescimento da capacidade produtiva.

A Equação 7.9a mostra que o Banco Central ajusta a taxa nominal de juros de forma gradual ao valor desejado dessa taxa, determinado pela Equação 7.9. Essa Equação é, portanto, uma formalização simples do fato estilizado sobre o comportamento dos bancos centrais na condução da política monetária em que os mesmos procuram evitar movimentos súbitos da taxa nominal de juros, minimizando assim a volatilidade da mesma (Barbosa, 2004, p. 105).

Por fim, a Equação 7.10 apresenta a meta de inflação para o período t como uma média ponderada entre a taxa de inflação fixada para o período $t - 1$ e a meta de inflação

160 CAPÍTULO 7

de longo prazo. Dessa forma, estamos supondo que o Banco Central conduz a política monetária de forma a produzir uma convergência gradual com respeito à meta de inflação de longo prazo, definida exogenamente ao sistema.

Uma vez especificada a forma estrutural do modelo, devemos passar à determinação de sua forma reduzida. Para tanto, iniciemos substituindo as Equações 7.1, 7.5 e 7.8 em 7.4. Após os algebrismos necessários obtemos a seguinte equação:

$$\hat{p}_t = \hat{p}_{t-1} - \alpha\left(\hat{Y}_{t-1} - \hat{Y}_{t-2}\right) + \vartheta\left(i_t - i_t^* - \rho\right) \qquad (7.11)$$

Na Equação 7.11 podemos observar que a taxa de inflação do período t é uma função da taxa de inflação do período anterior, de forma que a economia em consideração possui um forte grau de inércia inflacionária. Além disso, observamos que uma aceleração do crescimento econômico entre $t - 1$ e $t - 2$ está associada a uma redução da taxa de inflação no período t. Isso se deve ao efeito positivo que uma aceleração do crescimento econômico tem sobre a produtividade do trabalho, causando assim uma redução da taxa de inflação. Por fim, observamos que a política monetária tem impacto sobre a taxa de inflação fundamentalmente por intermédio do canal da taxa de câmbio, o que parece estar de acordo com as evidências empíricas existentes para uma economia como a brasileira.

Substituindo 7.8 em 7.6 e a resultante em 7.7 obtemos, após os algebrismos necessários, que:

$$\hat{Y}_t = \lambda\beta\alpha\left(\hat{Y}_{t-1} - \hat{Y}_{t-2}\right) + \lambda\gamma\hat{Y}_{t,w} + \lambda\beta\left(\hat{p}_{w,t} - \hat{p}_{t-1}\right) \qquad (7.12)$$

A Equação 7.12 nos mostra que:

1. Uma aceleração da taxa de crescimento do produto entre $t - 1$ e $t - 2$ tem um impacto positivo sobre a taxa de crescimento do produto no período t.

2. Um aumento da taxa de crescimento da renda do resto do mundo irá acelerar a taxa de crescimento do produto real doméstico.

3. Uma redução da taxa de inflação doméstica relativa à taxa de inflação observada no resto do mundo irá atuar no sentido de aumentar a taxa de crescimento do produto real.

Defasando-se 7.3 em um período e substituindo a expressão resultante em 7.2, obtemos a seguinte expressão:

$$\hat{\bar{Y}}_t = \sigma\left(\phi_1\hat{Y}_{t-2} + \phi_2\left(i_{t-2} - \hat{p}_{t-2}\right)\right) \qquad (7.13)$$

Com base na Equação 7.13 podemos concluir que a taxa de crescimento da capacidade produtiva é uma função da taxa de crescimento do produto real ocorrida no período $t - 2$ e da taxa real de juros observada no referido período.

Substituindo 7.9 em 7.9a, obtemos a seguinte expressão:

$$i_t = \left(1 - \theta_0\right)i_{t-1} + \theta_0\left(i_t^* + \rho\right) + \theta_0\theta_1\left(\hat{p}_{t-1} - \pi_t^*\right) + \theta_0\theta_2\left(\hat{Y}_{t-1} - \hat{\bar{Y}}_{t-1}\right) \qquad (7.9b)$$

A Equação 7.9b mostra que a taxa de juros nominal fixada pelo Banco Central no período t depende: da taxa nominal de juros prevalecente no período anterior (*inércia da taxa de juros*); da taxa de juros internacional ajustada pelo prêmio de risco-país; da diferença entre a taxa de inflação observada no período $t - 1$ e a meta de inflação para o período t; e da diferença entre a taxa de crescimento do produto real no período anterior e a taxa de crescimento da capacidade produtiva.

Isso posto, a forma reduzida do modelo aqui apresentado é composta pelas equações:

$$i_t = \left(1 - \theta_0\right)i_{t-1} + \theta_0\left(i_t^* + \rho\right) + \theta_0\theta_1\left(\hat{p}_{t-1} - \pi_t^*\right) + \theta_0\theta_2\left(\hat{Y}_{t-1} - \hat{\bar{Y}}_{t-1}\right) \qquad (7.9b)$$

$$\pi_t^* = \omega\pi_{t-1}^* + \left(1 - \omega\right)\pi_{LP} \qquad (7.10)$$

$$\hat{p}_t = \hat{p}_{t-1} - \alpha\left(\hat{Y}_{t-1} - \hat{Y}_{t-2}\right) + \vartheta\left(i_t - i_t^* - \rho\right) \qquad (7.11)$$

$$\hat{Y}_t = \lambda\beta\alpha\left(\hat{Y}_{t-1} - \hat{Y}_{t-2}\right) + \lambda\gamma\hat{Y}_{t,w} + \lambda\beta\left(\hat{p}_{w,t} - \hat{p}_{t-1}\right) \qquad (7.12)$$

$$\hat{\bar{Y}}_t = \sigma\left(\phi_1\hat{Y}_{t-2} + \phi_2\left(i_{t-2} - \hat{p}_{t-2}\right)\right) \qquad (7.13)$$

7.3 A TRAJETÓRIA DE CRESCIMENTO EM ESTADO ESTÁVEL

A trajetória de crescimento em estado estável para o sistema formado pelas Equações 7.9b e 7.13 corresponde a uma situação na qual:

$$\hat{p}_t = \hat{p}_{t-1} = \hat{p}\; ;\; \hat{Y}_t = \hat{Y}_{t-1} = \hat{Y}\; \text{ e }\; \pi_t^* = \pi_{t-1}^* = \pi_{LP} \qquad (7.14)$$

Substituindo 7.14 em 7.11, obtemos a seguinte expressão[ii]:

$$i = i^* + \rho \qquad (7.15)$$

Em palavras: a taxa de juros de equilíbrio de longo prazo do sistema é igual à soma entre a taxa de juros internacional e o prêmio de risco-país. No longo prazo, a taxa nominal de juros é independente da política monetária.

De 7.12, obtemos a seguinte expressão:

$$\hat{Y} = \lambda\gamma\hat{Y}_w + \lambda\beta\left(\hat{p}_w - \hat{p}\right) \qquad (7.12a)$$

162 CAPÍTULO 7

A Equação 7.12a apresenta o valor da taxa de crescimento do produto real ao longo da trajetória de crescimento em estado estável. Podemos observar que a taxa de crescimento de longo prazo depende fundamentalmente de dois fatores, a saber: a taxa de crescimento da renda do resto do mundo, e a diferença entre a inflação internacional e a taxa de inflação doméstica. Dessa forma, constata-se que *a moeda não é superneutra* no modelo aqui apresentado; isso porque, variações da taxa de inflação doméstica relativas à taxa de inflação internacional têm efeito persistente sobre a taxa de crescimento do produto real. Contudo, como a relação entre crescimento e inflação é negativa, segue-se que a política monetária estará contribuindo positivamente para o crescimento de longo prazo na medida em que for capaz de manter a taxa de inflação doméstica, no máximo, ao mesmo nível da taxa de inflação internacional.

De 7.9b obtemos a seguinte expressão:

$$\hat{p} = \pi_{LP} - \left(\frac{\theta_2}{\theta_1}\right)\left(\hat{Y} - \hat{\bar{Y}}\right) \tag{7.9c}$$

Com base em 7.9c, observamos que a taxa de inflação de equilíbrio de longo prazo só será igual à meta de inflação de longo prazo se o produto real e a capacidade produtiva estiverem crescendo à mesma taxa.

Para saber se a inflação vai convergir ou não para a meta de longo prazo, devemos inicialmente obter a expressão para $\left(\hat{Y} - \hat{\bar{Y}}\right)$. Substituindo 7.12a em 7.13 obtemos:

$$\hat{\bar{Y}} = \sigma\phi_1\left[\lambda\gamma\hat{Y}_w + \lambda\beta\left(\hat{p}_w - \hat{p}\right)\right] + \sigma\phi_2\left(i - \hat{p}\right) \tag{7.13a}$$

Subtraindo 7.12a de 7.13, obtemos a seguinte expressão:

$$\hat{Y} - \hat{\bar{Y}} = \left(1 - \sigma\phi_1\right)\lambda\left[\gamma\hat{Y}_w + \beta\left(\hat{p}_w - \hat{p}\right)\right] - \sigma\phi_2(i - \hat{p}) \tag{7.16}$$

Substituindo 7.16 em 7.9c, obtemos após as manipulações necessárias:

$$
\begin{aligned}
\hat{p} = &\frac{\theta_1}{\theta_1 + \theta_2\left[\sigma\phi_2 - (1-\sigma\phi_1)\lambda\beta\right]}\pi_{LP} \\
&-\frac{\theta_1\theta_2}{\theta_1\left\{\theta_1 + \theta_2\left[\sigma\phi_2 - (1-\sigma\phi_1)\lambda\beta\right]\right\}}\left[(1-\sigma\phi_1)\lambda(\gamma\hat{Y}_w + \beta\hat{p}_w) - \sigma\phi_2(i^* + \rho)\right]
\end{aligned}
\tag{7.17}
$$

Na Equação 7.17 observamos que, em geral, a taxa de inflação ao longo da trajetória de crescimento em estado estável *diverge* da meta de inflação de longo prazo. Com base na referida equação, podemos constatar que $\theta_2 = 0$ é *condição suficiente* para haver convergência entre a inflação efetiva e a meta; ou seja, basta que o peso do desvio de produto para a fixação da taxa de juros de curto prazo na regra de Taylor — Equação 7.9 — seja nulo para que a taxa de inflação efetiva seja igual à meta de inflação ao longo da trajetória de crescimento em estado estável. Esse resultado é um desdobramento natural do *teorema de política econômica* de Tinbergen, visto no capítulo anterior, segundo o qual deve haver uma igualdade entre o número de objetivos de política econômica e o número de instrumentos à disposição do formulador de política econômica. Como, no modelo aqui proposto, o Banco Central só dispõe de um único instrumento de política – a taxa nominal de juros de curto prazo – segue-se que ele só pode buscar um único objetivo para a política monetária, a saber: a determinação da taxa de inflação.

Supondo que, na condição de suficiência para a convergência da taxa de inflação, a meta de longo prazo é atendida, ou seja, que $\theta_2 = 0$, devemos agora passar à análise do comportamento do desvio da taxa de crescimento do produto real com respeito à taxa de crescimento do produto potencial. Nesse contexto, uma *trajetória de crescimento balanceado* no longo prazo exige que a taxa de crescimento do produto real seja igual à taxa de crescimento da capacidade produtiva, de maneira a garantir um grau de utilização da capacidade produtiva constante no longo prazo.

Substituindo 7.14 e 7.15 em 7.16 obtemos o valor de equilíbrio de longo prazo da diferença entre a taxa de crescimento do produto real e a taxa de crescimento do produto potencial da economia, dada pela seguinte expressão:

$$\hat{Y} - \hat{\bar{Y}} = \left(1 - \sigma\phi_1\right)\lambda\left[\gamma\hat{Y}_w + \beta\hat{p}_w\right] - \sigma\phi_2\left(i^* + \rho\right) + [\sigma\phi_2 - \left(1 - \sigma\phi_1\right)\lambda\beta]\pi_{LP} \quad (7.17)$$

Os dois primeiros termos do lado direito de 7.17 são positivos,[iii] ao passo que o terceiro termo é negativo. Sendo assim, o valor de equilíbrio de longo prazo da diferença entre a taxa de crescimento do produto e a taxa de crescimento da capacidade produtiva pode, a princípio, ser positivo ou negativo. Contudo, *devemos observar que a política monetária desempenha um papel importante na estabilização de longo prazo do sistema econômico*. Com efeito, a diferença entre o crescimento do produto e da capacidade produtiva depende da meta de inflação de longo prazo. Dessa forma, as autoridades monetárias podem, em tese, ajustar a meta de inflação de longo prazo de maneira a garantir a igualdade entre a taxa de crescimento do produto e a taxa de crescimento da capacidade produtiva. Nesse contexto, iremos denominar a *meta ótima de inflação* como sendo o valor da meta de inflação de longo prazo, na qual a taxa de crescimento do produto se iguala à taxa de crescimento da capacidade produtiva no longo prazo. A meta ótima de inflação (π_{LP}^*) é determinada com base na Equação 7.18 abaixo:

$$\pi_{LP}^* = \frac{\sigma\phi_2\left(i^* + \rho\right) - \left(1 - \sigma\phi_1\right)\lambda\left[\gamma\hat{Y}_w + \beta\hat{p}_w\right]}{\left[\sigma\phi_2 - \left(1 - \sigma\phi_1\right)\lambda\beta\right]} \quad (7.18)$$

Na Equação 7.18 observa-se que a meta ótima de inflação de longo prazo é uma função da taxa de juros internacional, da taxa de crescimento da renda do resto do mundo

164 CAPÍTULO 7

e da taxa de inflação internacional. Daqui se segue que a meta de inflação de longo prazo não deve ser formulada independentemente do cenário econômico mundial, sob pena de se gerar instabilidade na economia doméstica na forma de taxas de crescimento diferenciadas para o produto real e para a capacidade produtiva. A inspeção da Equação 7.18 revela ainda que a meta ótima de inflação é uma função crescente da taxa de juros internacional e uma função decrescente da taxa de crescimento da renda do resto do mundo e da taxa de inflação internacional. Sendo assim, podemos concluir que, nas condições propostas pelo modelo em consideração, *a meta de inflação de longo prazo deve ser ajustável com base nas condições prevalecentes na economia mundial.*

Em suma, a análise da trajetória de crescimento em estado estável do modelo aqui apresentado nos permite chegar às seguintes conclusões:

- Existe uma relação inversa entre a taxa de crescimento do produto real e a taxa de inflação doméstica, dados a taxa de crescimento da renda do resto do mundo e a taxa de inflação internacional. Daqui se segue que a meta de inflação de longo prazo deve ser fixada a um nível similar ou inferior à taxa de inflação prevalecente no resto do mundo sob pena de se reduzir a competitividade das exportações e, consequentemente, a taxa de crescimento do produto real no longo prazo.

- A convergência da inflação doméstica com respeito à meta de longo prazo exige que o Banco Central tenha um único objetivo de política monetária, qual seja: o controle da taxa de inflação. Daqui se segue que, no processo de fixação da taxa de juros de curto prazo, o Banco Central não deve levar em conta os desequilíbrios existentes entre o crescimento do produto e o crescimento da capacidade produtiva, mas apenas os desvios da taxa de inflação com respeito à meta estabelecida.

- O crescimento equilibrado entre demanda e capacidade produtiva exige que o Banco Central fixe uma meta de longo prazo para a taxa de inflação que seja flexível e ajustável às condições prevalecentes na economia mundial. Em particular, a meta de inflação de longo prazo deve ser ajustada para cima nos períodos nos quais a taxa de juros internacional é alta e/ou a taxa de crescimento da economia mundial é baixa.

7.4 SIMULAÇÃO COMPUTACIONAL DO MODELO TEÓRICO

Uma vez apresentadas as propriedades da trajetória de crescimento balanceado da economia em consideração, podemos proceder a uma análise numérica com vistas ao mapeamento das distintas trajetórias dinâmicas que podem ser geradas pelo modelo aqui considerado, assim como o impacto sobre essas trajetórias de mudanças nos parâmetros do modelo que reflitam alterações na forma de condução da política monetária e/ou no regime de conversibilidade da conta de capitais.

Para a simulação do modelo teórico aqui apresentado, iremos considerar o seguinte conjunto de valores numéricos para os parâmetros e condições iniciais do sistema:

Tabela 7.1 Valores numéricos usados na simulação padrão do modelo teórico

Parâmetros		Condições Iniciais (taxas de crescimento)	
Alpha	0,1	Pt–1	0,03
Epslon	−0,25	Yt–1	0,035
Beta	1,1	Yt–2	0,021
Gama	0,5	Y0t–1	0,04
phi_2	−0,1	Rho	0,01
Lambda	0,75	Pw	0,025
Sigma	0,5	Yw	0,04
Phi	2	Pit–1	0,04
Theta_0	0,1	piLP	0,03
Theta_1	0,5	Iw	0,02
Theta_2	0,3	it_1	0,05
Omega	0,75		

Fonte: Elaboração do autor.

Alguns desses valores numéricos são baseados em "fatos estilizados" a respeito da dinâmica de longo prazo das economias capitalistas. Por exemplo, estamos supondo um valor da "produtividade social do investimento" (σ) igual a 0,5. Como a relação capital-produto é a recíproca de σ, segue-se que um valor de σ igual a 0,5 implica em uma relação capital-produto igual a 2, o que parece estar de acordo com os valores encontrados para essa variável em várias economias capitalistas desenvolvidas (Maddison, 1991). Analogamente, a evidência empírica disponível sobre o comportamento dos bancos centrais parece indicar que o coeficiente de inércia da taxa de juros (dado por θ_0) se situa no intervalo entre 0,1 e 0,2 (Barbosa, 2004, p. 105). Analogamente, uma meta de inflação de longo prazo da ordem de 3 % a.a. parece estar em conformidade com a prática dos bancos centrais em países que adotam o regime de metas de inflação. Por fim, uma taxa de crescimento da economia internacional da ordem de 4 % a.a. e uma taxa de inflação internacional da ordem de 2,5 % a.a. parecem ser estimativas plausíveis para os valores de longo prazo dessas variáveis.

A dinâmica da taxa de crescimento do produto efetivo, da taxa de inflação, da taxa nominal de juros e da taxa de crescimento do produto potencial pode ser observada por intermédio da Figura 7.1.

Na Figura 7.1 podemos constatar que, para os valores assumidos na simulação-padrão, as variáveis selecionadas convergem para os seus respectivos valores de equilíbrio de longo prazo. Com efeito, a taxa nominal de juros converge para o seu valor de *steady-state* de 3 % a.a. dado pela soma entre a taxa de juros internacional (2 % a.a.) e o prêmio de risco-país (1 % a.a.). Da mesma forma a taxa de inflação converge para a meta de inflação de longo prazo definida em 3 % a.a.

CAPÍTULO 7

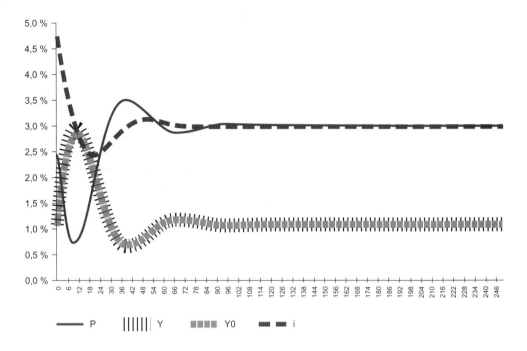

Figura 7.1 Dinâmica da taxa de crescimento do produto real, da taxa de inflação, da taxa nominal de juros e da taxa de crescimento do produto potencial na simulação-padrão. Fonte: Elaboração do autor.

A taxa de crescimento do produto real apresenta oscilações amortecidas em torno do seu valor de equilíbrio de longo prazo de 1 % a.a. Esse valor baixo da taxa de crescimento do produto potencial resulta da baixa elasticidade-renda das exportações – na simulação-padrão suposta em 0,5 – e do baixo multiplicador das exportações – na simulação-padrão suposta em 0,75. Esse baixo valor do multiplicador resulta, por sua vez, de uma elevada elasticidade-renda das importações. Daqui se segue, portanto, que a economia aqui representada é uma economia na qual se verifica um elevado grau de *especialização produtiva*, o que tem efeitos deletérios sobre a capacidade de crescimento das exportações e sobre os efeitos do crescimento das exportações sobre o crescimento do produto (Dosi *et alli*, 1990).

Por fim, a taxa de crescimento da capacidade produtiva apresenta um comportamento similar e muito próximo ao do produto real; o que reflete o fato de que na economia aqui considerada o crescimento de longo prazo é puxado pela demanda agregada, de tal forma que a capacidade produtiva se ajusta ao crescimento verificado da demanda e da produção.

A partir da simulação-padrão iremos conduzir dois tipos de experimentos. Primeiramente, iremos analisar o impacto sobre a dinâmica do sistema de variações nos parâmetros "estruturais" da economia, ou seja, nos parâmetros do sistema que refletem o grau de especialização produtiva da economia aqui considerada. Na sequência, iremos analisar o impacto sobre a dinâmica do sistema de mudanças nos parâmetros de política econômica, mais especificamente nos parâmetros das equações que representam a política monetária e o grau de conversibilidade da conta de capitais do balanço de pagamentos. O objetivo desses exercícios é estabelecer o papel da política industrial e o papel da política macroeconômica na promoção do crescimento de longo prazo, no contexto de um modelo de crescimento puxado pela demanda agregada.

No primeiro exercício, iremos considerar um aumento da elasticidade-renda das exportações de 0,5 para 0,8, o que refletiria a adoção de uma política com vistas à redução do grau de especialização produtiva da economia em consideração. As dinâmicas das variáveis selecionadas podem ser visualizadas por intermédio da Figura 7.2:

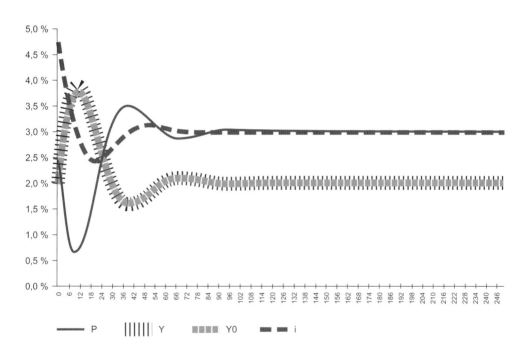

Figura 7.2 Dinâmica da taxa de crescimento do produto real, da taxa de inflação, da taxa nominal de juros e da taxa de crescimento do produto potencial supondo um aumento da elasticidade-renda das exportações. Fonte: Elaboração do autor.

Um aumento da elasticidade-renda das exportações tem um claro efeito sobre o valor de equilíbrio de longo prazo da taxa de crescimento do produto real. Com efeito, a visualização da Figura 7.2 mostra que a taxa de crescimento do produto real converge para um valor de 2,0 % a.a, praticamente o dobro daquele verificado na simulação-padrão. O mesmo pode ser observado para a taxa de crescimento da capacidade produtiva. Por outro lado, a dinâmica da taxa nominal de juros e da taxa de inflação não sofre nenhuma alteração perceptível. Daqui pode-se concluir, portanto, que uma política que vise o aumento da elasticidade-renda das exportações tem um impacto considerável sobre a taxa de crescimento de longo prazo da economia em consideração.

No segundo exercício, iremos considerar um aumento do "coeficiente de suavização" da taxa de juros; ou seja, do coeficiente que capta o grau de inércia da taxa de juros na economia em consideração[iv]. Para tanto, iremos supor que θ_0 se reduz de 0,1 para 0,05. A visualização da dinâmica das variáveis selecionadas pode ser feita por intermédio da Figura 7.3:

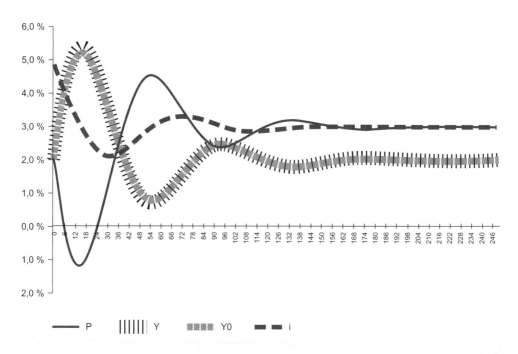

Figura 7.3 Dinâmica da taxa de crescimento do produto real, da taxa de inflação, da taxa nominal de juros e da taxa de crescimento do produto potencial supondo um aumento da elasticidade-renda das exportações e do coeficiente de inércia da taxa de juros. Fonte: Elaboração do autor.

Na Figura 7.3 podemos observar duas coisas. Em primeiro lugar que um aumento do coeficiente de inércia da taxa de juros não tem efeito sobre os valores de equilíbrio de longo prazo da taxa de crescimento do produto real, da taxa de inflação, da taxa nominal de juros e da taxa de crescimento do produto potencial. Dessa forma, o "grau de conservadorismo" na execução da política monetária é *irrelevante* sobre a trajetória de crescimento de longo prazo da economia aqui considerada. No entanto, o aumento do coeficiente de inércia da taxa de juros contribuiu para aumentar sensivelmente a amplitude das flutuações das variáveis aqui consideradas em torno de sua tendência de longo prazo. Desse exercício podemos concluir, portanto, que quanto mais conservador for o Banco Central na execução da política monetária — isto é, quanto maior for o grau de inércia da taxa de juros — maior tende a ser o grau resultante de instabilidade macroeconômica.

No terceiro exercício, iremos considerar um aumento da sensibilidade da variação da taxa nominal de câmbio às divergências entre a taxa de juros doméstica e a taxa de juros internacional ajustada pelo prêmio de risco-país.[v] Mais concretamente, iremos aumentar o valor (em módulo) de ε de -0,25 para -0,75. Esse experimento representa, portanto, uma política de aumento do grau de conversibilidade da conta de capitais do balanço de pagamentos. O impacto sobre a dinâmica das variáveis selecionadas pode ser observado na Figura 7.4.

A Figura 7.4 mostra que um aumento do grau de conversibilidade da conta de capitais do balanço de pagamentos não tem efeito sobre os valores de equilíbrio de longo prazo das variáveis selecionadas. Contudo, observa-se um claro aumento da amplitude das flutuações dessas variáveis em torno de seus valores de equilíbrio de longo prazo relativamente à situação apresentada na Figura 7.3. Dessa forma, podemos concluir que, em consonância com os resultados obtidos por Ono, Silva, Oreiro e Paula (2005), o grau de conversibilidade da conta de capitais do balanço de pagamentos é *irrelevante*

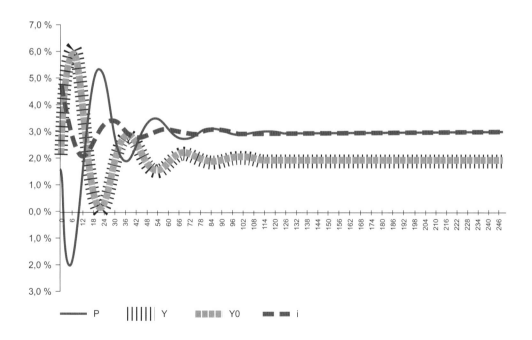

Figura 7.4 Dinâmica da taxa de crescimento do produto real, da taxa de inflação, da taxa nominal de juros e da taxa de crescimento do produto potencial supondo um aumento da elasticidade-renda das exportações, do coeficiente de inércia da taxa de juros e do grau de conversibilidade da conta de capitais. Fonte: Elaboração do autor.

sobre o crescimento de longo prazo. No entanto, uma política de aumento do grau de abertura da conta de capitais tende a resultar em uma maior instabilidade da taxa de crescimento do produto real, da taxa nominal de juros e da taxa de inflação.

Como último exercício, iremos avaliar o impacto sobre a dinâmica das variáveis selecionadas de um aumento da meta de inflação de longo prazo *relativamente* à inflação observada no resto do mundo. Para tanto, iremos supor que a autoridade monetária aumenta a meta de inflação de longo prazo de 3 % a.a. para 5 % a.a, mantidos os demais valores assumidos na simulação anterior. A visualização dos efeitos dessa variação da meta de inflação sobre as variáveis selecionadas pode ser feita por intermédio da Figura 7.5:

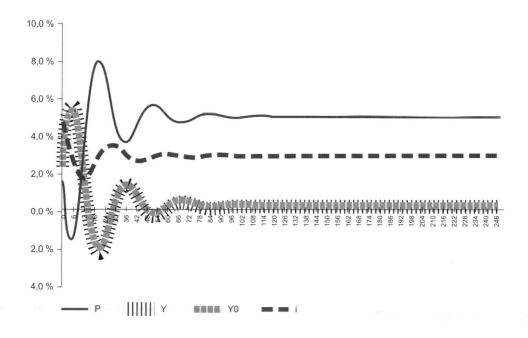

Figura 7.5 Dinâmica da taxa de crescimento do produto real, da taxa de inflação, da taxa nominal de juros e da taxa de crescimento do produto potencial supondo um aumento da elasticidade-renda das exportações, do coeficiente de inércia da taxa de juros, do grau de conversibilidade da conta de capitais e da meta de inflação de longo prazo. Fonte: Elaboração do autor.

Conforme podemos constatar por intermédio da Figura 7.5, o aumento da meta de inflação de longo prazo tem um claro impacto negativo sobre o valor de *steady-state* da taxa de crescimento do produto real e da capacidade produtiva. Mais especificamente, a economia converge para uma taxa de crescimento de longo prazo de 0,3 % a.a. Daqui se segue que existe uma clara relação inversa entre a taxa de crescimento de longo prazo e a taxa de inflação doméstica, para um dado nível da taxa de inflação internacional.

Em resumo, os exercícios de simulação numérica do modelo aqui apresentado nos permitem concluir que:

- A adoção de políticas que visem aumentar a elasticidade-renda das exportações gera um aumento da taxa de crescimento do produto real no longo prazo. Dessa forma, existe espaço para que uma política industrial ativa, que privilegie setores e empresas que produzam bens com elevada elasticidade-renda das exportações, tenha um impacto positivo sobre o crescimento econômico.

- O conservadorismo na condução da política monetária, expresso no coeficiente de inércia da taxa de juros de curto prazo, embora não tenha impacto sobre o crescimento de longo prazo, contribui para aumentar a amplitude das flutuações da taxa de crescimento do produto real. Em outras palavras, quanto maior o conservadorismo na condução da política monetária maior tende a ser a volatilidade da taxa de crescimento do produto real.

- De forma análoga ao caso anterior, políticas que visam aumentar o grau de conversibilidade da conta de capitais do balanço de pagamentos, embora não tenham efeito sobre a taxa de crescimento de longo prazo, aumentam a amplitude das flutuações da taxa de crescimento do produto real. Dessa forma, quanto maior for o grau de abertura da conta de capitais, *ceteris paribus*, maior será a instabilidade macroeconômica.

7.5 CRESCIMENTO E ESTRUTURA PRODUTIVA: UM MODELO RICARDIANO

No modelo apresentado nas seções anteriores, vimos que o crescimento de longo prazo depende fundamentalmente de dois fatores, a saber: a taxa de crescimento da renda do resto do mundo e a diferença entre a inflação internacional e a inflação doméstica.

Nesta seção, iremos completar a análise realizada na seção anterior, analisando agora os determinantes estruturais da elasticidade-renda das exportações e das importações. Como veremos na sequência, esses parâmetros estruturais são condicionados pelo grau de especialização produtiva da economia; ou seja, pelo número de diferentes bens que uma dada economia produz num ponto do tempo. Nesse contexto, abre-se um canal pelo qual as variações de caráter permanente da taxa real de câmbio podem ter efeito sobre a taxa de crescimento de longo prazo da economia em consideração.

O nosso ponto de partida será a reformulação do modelo ricardiano de comércio internacional por Dornbusch, Fischer e Samuelson (1977).

Consideremos uma economia mundial composta por dois países (A e B). O único insumo utilizado no processo produtivo é o trabalho e existe um *continuum* de mercadorias Z definidas no intervalo [0,1]. Essas mercadorias podem ser classificadas em ordem decrescente de vantagens comparativas de produção, tomando-se como base o requisito unitário de mão de obra nos dois países. Dessa forma, assumiremos que:

$$\frac{a_1^*}{a_1} > \frac{a_2^*}{a_2} > \ldots > \frac{a_n^*}{a_n} > \ldots \quad (7.19)$$

Onde: a_1^* é o requisito unitário de mão de obra para a produção da mercadoria 1 no país B; e a_1 é o requisito unitário de mão de obra para a produção da mercadoria 1 no país A.

Seja $A(Z) = \dfrac{a^*(Z)}{a(Z)}$ a produtividade relativa do trabalho empregado na produção da z-ésima mercadoria. Por hipótese temos que: $A'(Z) < 0$.

A especialização internacional para cada mercadoria em A ou B irá depender da estrutura de salários relativos. Dessa forma, a mercadoria Z só será produzida no país A se a seguinte condição for atendida:

$$a(z)w < a^*(z)w^* \quad \Leftrightarrow \quad \frac{a^*(z)}{a(z)} > \frac{w}{w^*} \quad (7.20)$$

Em que: w^* é o salário real prevalecente na economia B; w é o salário real prevalecente na economia A.

A determinação da especialização internacional pode ser feita com base na Figura 7.6:

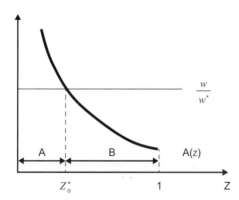

Figura 7.6 Determinação da Especialização Internacional.

Na versão modificada do modelo ricardiano por Dornbusch *et alli* (1977), a estrutura de salários relativos era determinada pela condição de equilíbrio no mercado de trabalho dos dois países. Na versão aqui proposta iremos supor que o salário real é determinado por um processo de barganha entre firmas e sindicatos e que existe uma relação inversa entre a taxa de salário real prevalecente num país e a taxa real de câmbio. Dessa forma, o salário real pago na economia A pode ser escrito da seguinte forma:

$$w = f(q) \; ; f' < 0 \quad (7.21)$$

Em que: q é a taxa real de câmbio.

Está claro que numa economia com apenas dois países, a apreciação da taxa de câmbio num país implica na depreciação da taxa de câmbio do outro país. Dessa forma, se a taxa real de câmbio se apreciar no país A, o salário real irá aumentar nessa economia. A contrapartida será uma depreciação da taxa de câmbio no país B e, portanto, uma redução do salário real nesse país. Sendo assim, uma apreciação da taxa real de câmbio no país A irá deslocar a estrutura de salários relativos para cima na Figura 7.6, fazendo com que o número de mercadorias produzidas na economia A diminua e que o número de mercadorias produzida no país B aumente. Dessa forma, uma apreciação da taxa real de câmbio no país A gera um aumento da especialização produtiva dessa economia.

Qual o reflexo do aumento da especialização produtiva da economia A sobre a sua taxa de crescimento de longo prazo? Conforme demonstrado por Dosi, Pavitt e Soete (1990, Cap. 7) um aumento do grau de especialização produtiva da economia A irá aumentar a *propensão marginal a importar* dessa economia, aumentando assim o valor da elasticidade-renda das importações. Dessa forma, a taxa de crescimento de equilíbrio do balanço de pagamentos irá se reduzir. Se essa redução for suficientemente grande, então a restrição externa pode se tornar *binding* (efetiva), acarretando assim uma redução da taxa de crescimento efetiva.

Daqui se segue que o nível da taxa real de câmbio tem um efeito de longo prazo sobre o crescimento do produto real, uma vez que o nível dessa taxa é um dos determinantes do grau de especialização produtiva da economia e, portanto, da elasticidade-renda das importações.

Como corolário dessa argumentação, segue-se que a taxa real de câmbio pode afetar o crescimento de longo prazo por intermédio do seu impacto sobre o *nível de especialização produtiva da economia* – e, portanto, sobre a elasticidade-renda das importações – e não pelo seu impacto direto sobre a taxa de crescimento das exportações e/ou das importações. Com efeito, a literatura internacional parece apontar para o fato de que as elasticidades-preço da demanda de exportações e de importações são baixas. Nas palavras de McCombie e Roberts:

> Existem numerosos estudos que estimam as funções de importação e exportação como parte do teste da Lei de Thirwall, e esses estudos geralmente apontam para elasticidades-preços que são baixas, estatisticamente não significativas ou que possuem sinais diferentes do esperado. (2002, p. 92, tradução nossa)

Contudo, esses estudos têm negligenciado o impacto de variações da taxa real de câmbio sobre as elasticidades-renda da demanda de exportações e de importações. Dessa forma, ignora-se um canal importante pelo qual a política cambial pode afetar o crescimento de longo prazo das economias capitalistas.

174 CAPÍTULO 7

Nesse contexto, uma depreciação da taxa real de câmbio pode contribuir para aumentar o crescimento de longo prazo à medida que atue no sentido de reduzir o grau de especialização produtiva da economia e, dessa forma, reduza a elasticidade-renda das importações ou aumente a elasticidade-renda das exportações.

7.6 TAXA REAL DE CÂMBIO, MUDANÇA ESTRUTURAL E CRESCIMENTO DE LONGO PRAZO

Nesta seção iremos analisar os efeitos de mudanças do grau de especialização produtiva induzidas por mudanças da taxa real de câmbio sobre a configuração de *steady-state* e sobre a trajetória temporal da economia descrita nas Seções de 7.2 a 7.4.

Conforme a argumentação apresentada na seção anterior, a propensão marginal a importar e, portanto, o multiplicador das exportações depende do grau de especialização produtiva da economia, que é, por sua vez, influenciado pelo nível da taxa real de câmbio. Para captar a influência da taxa real de câmbio sobre a propensão marginal a importar, iremos redefinir o coeficiente λ da Equação 7.7 da seguinte forma:

$$\lambda_t = \lambda_0 \left(\frac{e_{t-1} p_{t-1}^*}{p_{t-1}} \right) \tag{7.22}$$

A Equação 7.22 mostra que uma apreciação da taxa real de câmbio no período $t - 1$ gera uma redução do multiplicador das exportações no período t, uma vez que essa apreciação induz um aumento do grau de especialização produtiva da economia e, portanto, um aumento da propensão marginal a importar.

No que se segue iremos analisar apenas os efeitos sobre a trajetória de crescimento em estado estável da dependência do multiplicador dos gastos de exportação com respeito à taxa real de câmbio. Nesse contexto, sabemos que nessa trajetória é verdade que:

$$\lambda = \lambda_0 \varepsilon \tag{7.23}$$

em que: $\varepsilon = \dfrac{e p^*}{p}$ é a taxa real de câmbio no equilíbrio de *steady-state*.

Substituindo 7.2 em 7.12a obtemos a seguinte expressão:

$$\hat{Y} = \lambda_0 \varepsilon \left[\gamma \hat{Y}_w + \beta \left(\hat{p}_w - \hat{p} \right) \right] \tag{7.12b}$$

Na Equação 7.12b observamos que a taxa de crescimento do produto real da economia doméstica depende da taxa de crescimento da renda do resto do mundo, da diferença entre a taxa de inflação internacional e a taxa de inflação doméstica e da taxa real de câmbio. Dessa forma, podemos observar que uma apreciação da taxa real de câmbio irá, tudo mais mantido constante, reduzir a taxa de crescimento do produto doméstico.

Mantidas as condições supostas na Seção 7.3, em particular a hipótese que $\theta_2 = 0$, sabemos que a taxa de inflação na trajetória de crescimento em estado estável será igual à meta de inflação de longo prazo e que o produto e a capacidade produtiva estarão crescendo à mesma taxa — de forma a manter o grau de utilização da capacidade produtiva constante ao longo do tempo — quando a seguinte condição for atendida:

$$0 = \left(1 - \sigma\phi_1\right)\lambda_0\varepsilon\left[\gamma\hat{Y}_w + \beta\hat{p}_w\right] - \sigma\phi_2\left(i^* + \rho\right) + [\sigma\phi_2 - \left(1 - \sigma\phi_1\right)\lambda_0\varepsilon\beta]\pi_{LP} \quad (7.24)$$

Na Equação 7.24 podemos constatar que a igualdade entre a taxa de crescimento do produto real e da capacidade produtiva pode ser atendida para *toda uma constelação de valores da meta de inflação de longo prazo e da taxa real de câmbio*. Em outras palavras, existem várias combinações possíveis entre a meta de inflação de longo prazo e a taxa real de câmbio para as quais a economia estará trilhando uma trajetória de crescimento balanceado. Com o intuito de especificar a relação entre a meta de inflação de longo prazo e a taxa real de câmbio de forma que a taxa de crescimento do produto real e a taxa de crescimento da capacidade produtiva sejam constantes ao longo do tempo, devemos diferenciar a Equação 7.24 com respeito a ε e π, obtendo assim a seguinte expressão:

$$\frac{\partial\varepsilon}{\partial\pi_{LP}} = -\frac{\left[\sigma\phi_2 - \left(1 - \sigma\phi_1\right)\lambda_0\varepsilon\beta\right]}{\left(1 - \sigma\phi_1\right)\lambda_0\left[\left(\gamma\hat{Y}_w + \beta\hat{p}_w\right) - \beta\pi_{LP}\right]} \quad (7.25)$$

A Equação 7.25 apresenta a relação entre a meta de inflação de longo prazo e a taxa real de câmbio para que a economia apresente uma taxa de crescimento balanceado ao longo do tempo. O sinal do numerador é claramente negativo, mas o denominador pode ser positivo ou negativo dependendo da magnitude da meta de inflação de longo prazo. Com efeito, para valores muito baixos da meta de inflação de longo prazo, o denominador será positivo de tal forma que a derivada parcial apresentada em 7.25 será também positiva.

Isso significa que, para valores muito baixos da meta de inflação de longo prazo, *a taxa real de câmbio e a meta de inflação estão positivamente relacionadas ao longo da trajetória de crescimento balanceado*. Ou seja, para tais valores da meta de inflação de longo prazo, qualquer redução da meta de inflação será acompanhada por uma apreciação da taxa real de câmbio. Por outro lado, para valores muito altos da meta de inflação de longo prazo, o denominador será negativo de forma que o sinal da derivada parcial será também negativo, indicando que a taxa real de câmbio e a meta de inflação estão negativamente relacionadas. Nesse contexto, uma desinflação será acompanhada por uma depreciação da taxa real de câmbio, com efeitos claramente positivos sobre a taxa de crescimento do produto real, conforme pode ser constatado na Equação 7.12b.

Desse razoado se segue que, ao longo da trajetória de crescimento balanceado, a relação entre a meta de inflação de longo prazo e a taxa real de câmbio é não linear na forma de um U invertido conforme pode ser visualizado por intermédio da Figura 7.7:

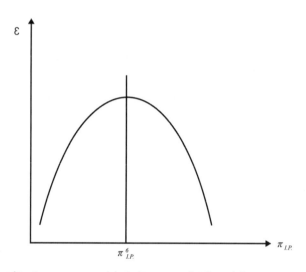

Figura 7.7 *Locus* das combinações entre a taxa real de câmbio e a meta de inflação de longo prazo para as quais a economia se encontra na sua trajetória de crescimento em estado estável.

Para fechar o modelo, iremos supor que as autoridades monetárias fixam a meta de inflação de longo prazo e que a taxa real de câmbio, no longo prazo, se ajusta de forma a manter a economia ao longo da sua trajetória de crescimento balanceado. Claramente, as autoridades monetárias não têm incentivo para fixar a meta de inflação de longo prazo num patamar superior a π_{LP}^c, pois nesse caso uma redução da meta de inflação de longo prazo teria um efeito nitidamente positivo sobre a taxa de crescimento do produto real ao longo da trajetória de crescimento balanceado. Contudo, uma redução da meta de inflação de longo prazo além do valor dado por π_{LP}^c tem efeitos ambíguos sobre a taxa de crescimento do produto real ao longo da trajetória de crescimento balanceado. Isso porque, por um lado, a economia entra no ramo positivamente inclinado da curva que relaciona o câmbio real e a meta de inflação de longo prazo, de forma que níveis baixos da meta de inflação de longo prazo são acompanhados por uma apreciação da taxa real de câmbio e, portanto, por um aumento da especialização produtiva da economia e por uma redução do multiplicador dos gastos de exportação. Por outro lado, uma redução da taxa de inflação de longo prazo relativamente à taxa de inflação internacional aumenta a competitividade das exportações domésticas, aumentando assim a taxa de crescimento das exportações.

Como corolário dessa argumentação segue-se que se as autoridades monetárias fixarem uma meta de inflação muito baixa, a apreciação resultante da taxa real de câmbio pode resultar em uma redução da taxa de crescimento de longo prazo do produto real. Dessa forma, o modelo aqui apresentado estabelece a possibilidade lógica de que *metas de inflação muito ambiciosas* sejam contraproducentes ao crescimento de longo prazo, embora não seja verdade que seja possível acelerar de forma contínua o crescimento econômico por intermédio de um aumento da taxa de inflação.

Um último resultado a ser ressaltado é que o coeficiente que capta a sensibilidade dos fluxos de capitais, a diferença entre a taxa de juros doméstica e a taxa de juros internacional ajustada pelo prêmio de risco, não tem nenhum impacto sobre a relação de longo prazo entre câmbio real e inflação, representada pela Equação 7.24. *Daqui se segue que políticas que visem mudar o grau de conversibilidade da conta de capitais do balanço de pagamentos – tanto no sentido de aumentar como no de reduzir a conversibilidade da conta de capitais – não interferem no valor de equilíbrio de longo prazo da taxa real de câmbio e, portanto, não afetam a taxa de crescimento de longo prazo do produto real.* Esse último resultado está de acordo com os achados de Ono *et alli* (2005) onde se constata que o regime de conversibilidade da conta de capitais do balanço de pagamentos não tem influência sobre o ritmo de crescimento de uma série de países selecionados.

7.8 REPRISE DAS CONCLUSÕES

Neste capítulo apresentamos um modelo kaldoriano de crescimento puxado pelas exportações com o objetivo de discutir o impacto da condução da política macroeconômica sobre o crescimento de longo prazo das economias capitalistas.

No modelo sem mudança estrutural, ou seja, tomando como constante o grau de especialização produtiva da economia, concluímos que:

- Existe uma relação inversa entre a taxa de crescimento do produto real e a taxa de inflação doméstica, dados a taxa de crescimento da renda do resto do mundo e a taxa de inflação internacional. Daqui se segue que a meta de inflação de longo prazo deve ser fixada a um nível similar ou inferior à taxa de inflação prevalecente no resto do mundo sob pena de se reduzir a competitividade das exportações e, consequentemente, a taxa de crescimento do produto real no longo prazo.

- A convergência da inflação doméstica com respeito à meta de longo prazo exige que o Banco Central tenha um único objetivo de política monetária, qual seja: o controle da taxa de inflação. Daqui se segue que no processo de fixação da taxa de juros de curto prazo o Banco Central não deve levar em conta os desequilíbrios existentes entre o crescimento do produto e o crescimento da capacidade produtiva, mas apenas os desvios da taxa de inflação com respeito à meta estabelecida.

CAPÍTULO 7

- O crescimento equilibrado entre demanda e capacidade produtiva exige que o Banco Central fixe uma meta de longo prazo para a taxa de inflação que seja flexível e ajustável às condições prevalecentes na economia mundial. Em particular, a meta de inflação de longo prazo deve ser ajustada para cima nos períodos nos quais a taxa de juros internacional é alta e/ou a taxa de crescimento da economia mundial é baixa.
- A adoção de políticas que visem aumentar a elasticidade-renda das exportações tem um impacto positivo sobre a taxa de crescimento do produto real no longo prazo. Dessa forma, existe espaço para que uma política industrial ativa, que privilegie setores e empresas que produzam bens com elevada elasticidade-renda das exportações, tenha um impacto positivo sobre o crescimento econômico.
- O conservadorismo na condução da política monetária, expresso no coeficiente de inércia da taxa de juros de curto prazo, embora não tenha impacto sobre o crescimento de longo prazo, contribui para aumentar a amplitude das flutuações da taxa de crescimento do produto real. Em outras palavras, quanto maior o conservadorismo na condução da política monetária maior tende a ser a volatilidade da taxa de crescimento do produto real.
- De forma análoga ao caso anterior, políticas que visem aumentar o grau de conversibilidade da conta de capitais do balanço de pagamentos, embora não tenham efeito sobre a taxa de crescimento de longo prazo, aumentam a amplitude das flutuações da taxa de crescimento do produto real. Dessa forma, quanto maior for o grau de abertura da conta de capitais, tudo o mais mantido constante, maior será a instabilidade macroeconômica.

Na versão do modelo que leva em conta o impacto que variações do nível da taxa real de câmbio têm sobre o grau de especialização produtiva da economia, concluímos que:

- A relação entre a taxa real de câmbio e a meta de inflação é não linear ao longo da trajetória de crescimento balanceado. Em particular, mostramos que para patamares da meta de inflação que superem certo nível crítico, uma redução da meta de inflação será acompanhada de uma depreciação da taxa real de câmbio, tendo impacto positivo sobre o crescimento econômico. Contudo, para patamares inferiores a esse nível crítico, uma redução da meta de inflação será acompanhada por uma apreciação da taxa real de câmbio, o que pode ter impacto negativo sobre o crescimento de longo prazo ao induzir um aumento do grau de especialização produtiva da economia.
- Políticas que visem mudar o grau de conversibilidade da conta de capitais do balanço de pagamentos — tanto no sentido de aumentar como no de reduzir a conversibilidade da conta de capitais — não interferem no valor de equilíbrio de longo prazo da taxa real de câmbio e, portanto, não afetam a taxa de crescimento de longo prazo do produto real.

7.9 QUESTÕES PARA A DISCUSSÃO

1) Suponha que o governo decida proibir a entrada de capitais externos na economia. Qual seria o impacto dessa medida sobre a trajetória de crescimento balanceado? Na sua resposta derive as expressões formais para a taxa de crescimento do produto e para a taxa de inflação ao longo da trajetória de crescimento balanceado.

2) Quais as políticas que o governo deve adotar, no bojo do modelo apresentado ao longo deste capítulo, para acelerar a taxa de crescimento de longo prazo do produto real? Em particular, a política industrial poderia ter algum papel importante nesse sentido? Por quê?

3) Um conservadorismo excessivo na condução da política monetária pode afetar o crescimento de longo prazo da economia? Se não, quais os efeitos do mesmo sobre a trajetória da economia ao longo do tempo?

4) Com base nas conclusões que foram obtidas a partir do modelo kaldoriano apresentado neste capítulo, como deve ser formatado o regime de política econômica (política monetária, fiscal e cambial) de forma a (i) obter a mais elevada taxa de crescimento possível do produto real compatível com uma taxa de inflação baixa e estável e (ii) minimizar as flutuações da taxa de crescimento do produto real ao longo do tempo? Explique.

NOTAS

i) O conceito de causalidade cumulativa foi inicialmente introduzido por Veblen (1919) e discutido *a posteriori* por Myrdal (1957). Define-se causalidade cumulativa como uma situação na qual existe uma interação circular entre as variáveis econômicas de tal forma que uma mudança inicial numa variável x induz mudanças num vetor de variáveis Z as quais terminam por reforçar a variação inicial em x (Setterfield, 1997, p. 36).

ii) No que se segue, iremos supor que a taxa de inflação internacional, a taxa de crescimento da renda do resto do mundo e o prêmio de risco-país são constantes ao longo do tempo.

iii) Supondo $1 > \sigma\varphi_1$.

iv) Nesse segundo exercício, iremos manter o valor da elasticidade-renda das exportações suposta no exercício anterior.

v) Mantidos inalterados todos os parâmetros da simulação anterior.

CAPÍTULO 8

EVOLUÇÃO DO REGIME DE POLÍTICA MACROECONÔMICA NO BRASIL (1999-2014): DO "TRIPÉ MACROECONÔMICO" À "NOVA MATRIZ MACROECONÔMICA"

8.1 INTRODUÇÃO

A condução das políticas macroeconômicas no Brasil passou por uma transformação nos últimos 15 anos. Com efeito, entre 1999 e 2005, o regime de política macroeconômica prevalecente no Brasil era caracterizado pelo "tripé macroeconômico", no qual a política monetária era conduzida no arcabouço de um regime de metas de inflação, a política cambial seguia um padrão de flutuação relativamente livre da taxa nominal de câmbio e a política fiscal era pautada pela geração de expressivos superávits primários como proporção do PIB. Nesse contexto, as políticas macroeconômicas tinham por meta a estabilidade da taxa de inflação, o equilíbrio "automático" do balanço de pagamentos e a estabilidade/redução da dívida pública como proporção do PIB.

O crescimento econômico não era tido como uma meta para a política macroeconômica, uma vez que o mesmo dependeria essencialmente de fatores do lado da oferta da economia, ao passo que a política macroeconômica está relacionada tradicionalmente

182 CAPÍTULO 8

com a administração da demanda agregada. A contribuição que o regime de política macroeconômica poderia dar ao crescimento de longo prazo seria a construção de um ambiente de negócios estável e seguro no qual os empresários se sentissem estimulados a aumentar a taxa de acumulação de capital físico, permitindo assim uma aceleração do crescimento da economia brasileira no médio prazo. Deve-se destacar ainda que, com base na visão que embasava o "tripé macroeconômico", uma aceleração do crescimento da economia brasileira no longo prazo só seria possível por intermédio de políticas que aumentassem a eficiência e a produtividade dos fatores de produção, o que demandaria doses adicionais de abertura comercial e investimentos mais elevados na formação de capital humano. Daqui se segue, portanto, que o regime de políticas macroeconômicas era tido como essencialmente irrelevante para a tendência de crescimento de longo prazo da economia brasileira.

O regime de política macroeconômica prevalecente no Brasil começa a mudar em 2006, ao final do primeiro mandato do Presidente Lula. O "tripé macroeconômico", embora mantido, começa a ser flexibilizado. Um primeiro elemento importante dessa flexibilização foi a retirada dos investimentos realizados pela União do cálculo da meta de superávit primário, em particular os investimentos previstos no Programa de Aceleração do Crescimento a partir de julho de 2009. Essa retirada sinalizou de forma inequívoca que a condução da política fiscal seria, a partir daquele momento, pautada pela obtenção de duas metas, a saber: a estabilidade/redução da relação dívida pública/PIB e o aumento do investimento público como proporção do PIB.

No que se refere ao regime de metas de inflação, a saída de Antônio Palocci do Ministério da Fazenda e sua substituição por Guido Mantega levou ao abandono da sistemática de "metas de inflação declinantes", na qual a autoridade monetária perseguia metas de inflação cada vez mais baixas ano a ano de maneira a obter uma meta de inflação de longo prazo de 3% a.a. A partir de 2005, com efeito, o Conselho Monetário Nacional manteve a meta de inflação constante em 4,5 % a.a. O abandono desse sistema de metas declinantes abriu espaço para uma maior redução da taxa de juros (tanto em termos nominais como em termos reais), permitindo que a taxa real de juros ficasse abaixo da "convenção" de 9 % a.a., valor mantido durante os primeiros anos da administração petista.

Por fim, no que se refere à política cambial, a forte valorização observada na taxa nominal e real de câmbio após 2005 levou o Banco Central a adotar, no final de 2006 e início de 2007, uma política de compra em massa de reservas internacionais com o objetivo implícito de reduzir a velocidade de apreciação da taxa nominal de câmbio, tentando com isso preservar a competitividade da indústria brasileira nos mercados internacionais.

A flexibilização do "tripé macroeconômico" tinha, portanto, como objetivo conciliar a estabilidade macroeconômica obtida com o "tripé rígido" ao mesmo tempo em que abria espaço para um estímulo maior ao crescimento econômico pelo lado da demanda agregada (maior investimento público, redução da taxa de juros). Essa ampliação do escopo de objetivos do regime de política macroeconômica revela uma mudança na percepção da equipe econômica do governo a respeito da natureza do crescimento econômico. Se na era do "tripé rígido" o crescimento econômico era visto como determinado pelo lado da oferta da economia, na era do "tripé flexível", o crescimento é visto como essencialmente determinado pelo lado da demanda agregada. Daqui se segue que as políticas macroeconômicas serão orientadas, a partir desse momento, para a geração de uma elevada taxa de crescimento da demanda agregada doméstica.

Um elemento importante na obtenção desse objetivo foi a política de valorização do salário mínimo adotada pelo governo Lula. Com efeito, o salário mínimo passa a crescer de forma expressiva em termos reais, reduzindo-se assim a diferença com relação ao salário médio prevalecente na economia brasileira. Como consequência disso, a dispersão salarial se reduz, permitindo assim uma melhoria na distribuição pessoal e funcional da renda, o que estimulou o crescimento dos gastos de consumo da classe trabalhadora. Daqui se segue que o regime de crescimento decorrente da interação entre essas políticas macroeconômicas é do tipo *wage-led*.

A forte expansão da demanda agregada doméstica no período em consideração, alimentada pelo crescimento dos gastos primários do governo a um ritmo maior do que o crescimento do PIB a partir de 2006, foi acompanhada por uma forte valorização da taxa real de câmbio, a qual levou ao ressurgimento dos déficits em conta-corrente a partir de 2007. A valorização cambial também foi um dos fatores responsáveis pelo déficit comercial crescente da indústria de transformação e, dessa forma, um dos fatores a impulsionar uma "segunda onda de desindustrialização". A perda de competitividade e dinamismo do setor industrial em conjunto com o tamanho ainda reduzido do investimento público no PIB levou à interrupção do crescimento da taxa de investimento da economia brasileira, a qual vinha aumentando de forma contínua desde o início do governo Lula. A perda de dinamismo das exportações de manufaturados e da formação bruta de capital fixo ameaça a sustentabilidade da trajetória de crescimento da economia brasileira, uma vez que essa trajetória passa a ser limitada tanto pela restrição do equilíbrio intertemporal do balanço de pagamentos como pela "barreira inflacionária", decorrente do desequilíbrio entre a taxa de crescimento da capacidade produtiva e a taxa de crescimento da demanda agregada doméstica.

Para enfrentar esses problemas, o governo da Presidente Dilma Rousseff tentou se libertar definitivamente do "tripé macroeconômico", substituindo-o por uma "nova matriz macroeconômica" caracterizada pela combinação entre juros baixos, câmbio "competitivo" e política fiscal "amigável" ao investimento público.[i] O problema é que a "nova matriz macroeconômica" não rompeu com o "desenvolvimentismo inconsistente" iniciado no segundo mandato do Presidente Lula, após a erupção da crise financeira internacional, herdando, portanto, o dilema de política econômica inerente a esse regime de crescimento, qual seja: o dilema (*trade-off*) entre competitividade externa e controle de taxa de inflação. Nesse contexto, a política macroeconômica do governo Dilma Rousseff se comportou como uma espécie de "biruta de aeroporto", ora adotando medidas no sentido de acelerar a desvalorização do câmbio nominal de maneira a recuperar a competitividade externa da economia brasileira, ora desistindo dessas

184 CAPÍTULO 8

medidas com o intuito de reduzir a pressão inflacionária decorrente do crescimento dos salários num ritmo superior ao da produtividade do trabalho. O resultado desse comportamento errático da política macroeconômica foi a manutenção da sobrevalorização cambial e do patamar elevado da taxa real de juros, ou seja, a perpetuação da "armadilha câmbio-juros".

Este capítulo tem por objetivo avaliar a evolução e a consistência do regime de política macroeconômica no Brasil nos últimos 15 anos e suas implicações sobre a sustentabilidade da trajetória de crescimento da economia brasileira. Iremos argumentar que o regime de política macroeconômica (doravante RPM) denominado de "nova matriz macroeconômica", derivado do "desenvolvimentismo inconsistente", é *inconsistente no sentido de Tinbergen*, ou seja, o RPM brasileiro define objetivos de política econômica que não podem ser obtidos todos ao mesmo tempo, de tal forma que, na operação do regime no dia a dia, alguns objetivos são priorizados em detrimento de outros.[ii] Em particular, as metas de crescimento do salário real, de expansão dos gastos primários do governo e de crescimento do produto real são incompatíveis com a obtenção de uma taxa de câmbio competitiva e com a estabilidade da taxa de inflação estável. Essa incompatibilidade é resolvida, na prática, pela subordinação do objetivo de competitividade externa aos demais objetivos de política macroeconômica, dando origem a um regime de crescimento insustentável no médio e longo prazo. Dessa argumentação segue-se que a sustentabilidade da trajetória de crescimento da economia brasileira exige uma redefinição do RPM, definindo-se os objetivos de política macroeconômica de forma que o atendimento simultâneo dos mesmos seja factível. O redesenho do RPM permitirá a remoção dos entraves ao crescimento das exportações de manufaturados e da formação bruta de capital fixo, levando assim à substituição do regime de crescimento *wage-led* por um regime *export-led*.

8.2 A EVOLUÇÃO DO REGIME DE POLÍTICA MACROECONÔMICA NO BRASIL (1999-2008)

Entre 1999 e 2005, o regime de política macroeconômica prevalecente no Brasil era baseado no assim chamado "tripé macroeconômico" constituído de metas de inflação, metas de geração de superávit primário e flutuação relativamente livre da taxa nominal de câmbio[iii]. O fundamento teórico do "tripé" era o "novo consenso macroeconômico" segundo o qual a estabilidade da taxa de inflação é o objetivo fundamental, se não o único, da política macroeconômica (Sawyer, 2009). Com efeito, não só a política monetária passou a ser orientada diretamente para o controle da inflação, relegando a um segundo plano o objetivo de estabilização do nível de atividade econômica, como também as políticas fiscal e cambial passaram a ser subordinadas ao objetivo da estabilidade de preços. De fato, a geração de um robusto superávit primário como proporção do PIB com vistas à estabilização do endividamento do setor público era tida como condição necessária para impedir a monetização da dívida pública a longo prazo, consolidando assim o controle do processo inflacionário. Analogamente, o regime de

Evolução do Regime de Política Macroeconômica no Brasil (1999-2014): do "Tripé Macroeconômico" à "Nova Matriz Macroeconômica" **185**

câmbio flutuante era tido como indispensável à estabilidade de preços à medida que confere ao Banco Central o grau de autonomia necessário para conduzir a política monetária com vistas ao atendimento de objetivos domésticos, em vez de ser pautada pela situação do balanço de pagamentos.

Na Tabela 8.1 apresentamos os objetivos, metas e instrumentos das políticas que compõem o "tripé macroeconômico". Podemos observar na tabela a preponderância do objetivo "estabilidade de preços" e uma despreocupação com a estabilização do nível de atividade econômica e/ou com o crescimento de longo prazo. Com efeito, a política monetária está orientada para a estabilização da taxa de inflação a curto prazo (no interior do ano calendário) e a obtenção de uma taxa de inflação baixa no médio e longo prazo. Para tanto, adota-se a sistemática de "metas declinantes de inflação" em conjunto com um prazo de convergência de apenas um ano para a meta de inflação de curto prazo. O único instrumento utilizado pela política monetária é a taxa de juros básica. A política fiscal, por seu turno, tem por objetivo a estabilização/redução da dívida pública como proporção do PIB. Esse objetivo impõe a fixação de uma meta de superávit primário superior a 3,5 % do PIB para o setor público como um todo. A ausência de uma regra formal de controle do ritmo de crescimento dos gastos de consumo e de custeio do governo faz com que, na prática, o instrumento utilizado para a obtenção da meta de superávit primário seja o controle, quando não a redução, do investimento público. Por fim, a política cambial está totalmente subordinada à política monetária, tendo por objetivo conferir a esta última os graus de liberdade necessários para a obtenção da meta de inflação de curto prazo. Não existe qualquer tipo de meta para a taxa nominal de câmbio, e as intervenções do Banco Central no mercado cambial são esporádicas.

Tabela 8.1 Descrição dos componentes do "tripé macroeconômico"			
Tipo de Política	**Objetivos**	**Metas Operacionais**	**Instrumentos**
Política Monetária	Estabilidade da taxa de inflação a curto prazo; Inflação baixa a longo prazo	Metas declinantes de inflação	Taxa de juros de curto prazo
Política Fiscal	Dívida pública como proporção do PIB baixa e estável no médio e longo prazo	Meta de superávit primário	Redução do investimento público
Política Cambial	Autonomia da política monetária	Nenhuma	Livre flutuação da taxa nominal de câmbio

Fonte: Elaboração própria.

O resultado desse regime de política macroeconômica em termos de crescimento foi desapontador, para se dizer o mínimo. Com efeito, o crescimento médio do PIB foi de apenas 2,65 % a.a. no período 1999-2005, ao passo que no período 1995-1998 o PIB cresceu a uma taxa média de 3,06 % a.a. A redução do ritmo de crescimento se explica,

186 CAPÍTULO 8

em larga medida, pela contração da taxa de investimento que se verificou durante o período de vigência do "tripé macroeconômico", o que levou a uma redução do crescimento potencial da economia. A formação bruta de capital fixo a preços constantes passa de 16,76 %, no período 1995-1998, para 14,76 % a.a., no período 1999-2005. Cerca de 50 % dessa queda da taxa de investimento é explicada pela redução do investimento público, induzida pela política de geração de expressivos superávits primários a partir de 1999. De fato, o investimento público como proporção do PIB passa de uma média de 3,62 % no período 1995-1998, para 2,7% no período 1999-2005; ou seja, uma redução de 0,91 p.p. com respeito ao PIB.

Tabela 8.2 Performance comparada entre os regimes de política macroeconômica prevalecentes no Brasil (1995-2005)

Período	Taxa Média de Crescimento do PIB Real	Taxa de Investimento a Preços Constantes[1]	Investimento Público como Proporção do PIB
Âncora Cambial (1995-1998)	3,06	16,76	3,62
Tripé Macroeconômico (1999-2005)	2,65	14,76	2,7

Fonte: IPEADATA. Elaboração própria.
[1]A preços de 2006.

Outro fator que explica o fraco desempenho em termos de crescimento econômico durante o período de vigência do "tripé macroeconômico" foi a manutenção de uma elevada taxa real de juros (Figura 8.1). Se a adoção de um regime de câmbio flutuante permitiu uma rápida redução da taxa real de juros – que passa de 20,65 % em janeiro de 1999 para 10,74 % a.a. em dezembro desse ano –, a sistemática de "metas declinantes de inflação" adotada pelo Conselho Monetário Nacional,[iv] em conjunto com o reduzido prazo de convergência da inflação para a meta de curto prazo, impediu que a taxa real de juros pudesse cair abaixo de 10 % a.a. de forma permanente, ao menos até o final de 2006 (Oreiro e Passos, 2005, p. 164).

O regime de política macroeconômica começa a mudar após a substituição de Antonio Palocci por Guido Mantega no Ministério da Fazenda em março de 2006. No período compreendido entre março de 2006 e setembro de 2008 tem início uma "flexibilização" do tripé macroeconômico por intermédio da redução do superávit primário como proporção do PIB, eliminação da sistemática de "metas declinantes de inflação" e acúmulo expressivo de reservas internacionais por parte do Banco Central. Com efeito, o superávit primário como proporção do PIB cai de 3,61 % do PIB na média do período 2003/01-2006/03 para 3,48 % do PIB na média do período 2006/04-2008/09. Em 2006, a meta de inflação foi fixada em 4,5 % a.a., mantendo-se constante a partir de então. Por fim, o Banco Central do Brasil passou a intervir pesadamente no mercado de câmbio por intermédio da compra de reservas internacionais, as quais aumentaram 127,8 % no período compreendido entre janeiro de 2007 e setembro de 2008, substituindo o regime de "flutuação cambial" pelo regime de "câmbio administrado". Esse regime de política macroeconômica pode ser denominado de "tripé flexibilizado".

Evolução do Regime de Política Macroeconômica no Brasil (1999-2014): do "Tripé Macroeconômico" à "Nova Matriz Macroeconômica"   **187**

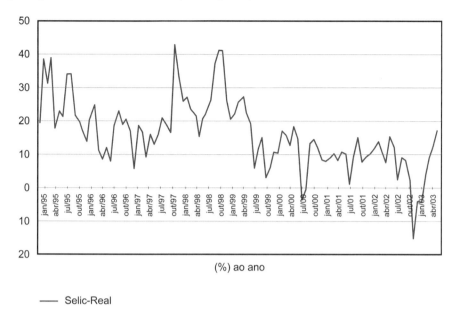

FIGURA 8.1 Taxa real de juros no Brasil (1995-2003). Fonte: Elaboração própria a partir de dados do IPEADATA.

Outro elemento importante na flexibilização do "tripé macroeconômico" é a política salarial, mais especificamente a política de reajuste do salário mínimo. Entre janeiro de 1999 e fevereiro de 2006, o salário mínimo teve um aumento de 30,87 % em termos reais, ou seja, um aumento médio real de 4,44 % a.a. no período em consideração. No período compreendido entre março de 2006 e fevereiro de 2008, contudo, o salário mínimo teve um aumento de 16,82 % em termos reais, isto é, um aumento real médio de 8,4 % a.a., quase o dobro do valor observado no período anterior. A elevação do valor real do salário mínimo a uma taxa superior ao aumento da produtividade média do trabalho da economia brasileira é institucionalizada a partir de 2007, quando o Presidente Lula negocia com as centrais sindicais uma fórmula de reajuste salarial segundo a qual a taxa de variação do salário mínimo no ano t seria igual à taxa de inflação observada no ano $t - 1$ acrescida da taxa de variação do PIB ocorrida no ano $t - 2$.

Esses elementos nos permitem concluir que o regime macroeconômico do "tripé flexibilizado" tem por objetivo não apenas a estabilidade do nível de preços, como também a indução de um ritmo mais acelerado de crescimento econômico, a estabilidade da taxa real de câmbio e o crescimento forte dos salários reais. A aceleração do crescimento econômico seria resultado da elevação do investimento público, viabilizada pela redução da meta de superávit primário, do aumento do consumo induzido pela forte elevação do salário real e da redução da taxa real de juros, permitida pela extinção da sistemática de "metas declinantes de inflação". A estabilidade da taxa real de câmbio seria obtida por intermédio das operações de compra de reservas internacionais, as quais seriam responsáveis pela absorção dos enormes fluxos de entrada de capitais que

188 CAPÍTULO 8

a economia brasileira começou a observar a partir de meados da década de 2000. Por fim, o crescimento forte dos salários reais seria consequência da política salarial adotada pelo governo, uma vez que a estrutura de salários relativos na economia brasileira é fortemente atrelada ao comportamento do salário mínimo.

Os objetivos, as metas e os instrumentos do tripé flexibilizado podem ser visualizados na Tabela 8.3.

Tabela 8.3 Descrição dos componentes do "tripé flexibilizado"

Tipo de Política	Objetivos	Metas Operacionais	Instrumentos
Política Monetária	Estabilidade da taxa de inflação tanto no curto prazo como no longo prazo	Metas constantes de inflação	Taxa de juros de curto prazo
Política Fiscal	Dívida pública como proporção do PIB estável no médio e longo prazo; Aumento do investimento público	Redução da meta de superávit primário	Aumento da carga tributária; Aumento das despesas primárias como proporção do PIB; Estabilidade do superávit primário como proporção do PIB
Política Salarial	Elevação do salário real; Aumento da participação dos salários na renda	Não definida	Reajuste do salário mínimo pela inflação de $t-1$ e pelo crescimento do PIB real de $t-2$
Política Cambial	Autonomia da política monetária; Estabilidade da taxa real de câmbio	Nenhuma	Compra de reservas internacionais em larga escala

Fonte: Elaboração própria.

A performance do "tripé flexibilizado" em termos de crescimento econômico foi indiscutivelmente superior à performance do regime anterior. Com efeito, a taxa média de crescimento do PIB real se acelera para 5,07 % a.a. no período 2006-2008, contra uma média de 2,65 % a.a. no período 1999-2005. Essa aceleração do crescimento do produto real é acompanhada por uma forte elevação da taxa de investimento, a qual passa de 14,76 % a.a., no período 1999-2005, para 16,05 % a.a., na média do período 2006-2008. O investimento público aumenta para 3,2 do PIB na média do período 2006-2008, contra um valor médio de 2,7 % no período 1999-2005.

Tabela 8.4 Performance comparada entre os regimes de política macroeconômica prevalecentes no Brasil (1999-2008)

Período	Taxa Média de Crescimento do PIB Real	Taxa de Investimento a Preços Constantes[1]	Investimento Público como Proporção do PIB
Tripé Macroeconômico (1999-2005)	2,65	14,76	2,7
Tripé Flexibilizado (2006-2008)	5,07	16,05	3,2

Fonte: IPEADATA. Elaboração própria.
[1]A preços de 2006.

O "tripé flexibilizado" não foi, contudo, capaz de deter a tendência à apreciação da taxa real de câmbio, verificada a partir de março de 2005 (ver Figura 8.2). Com efeito, a

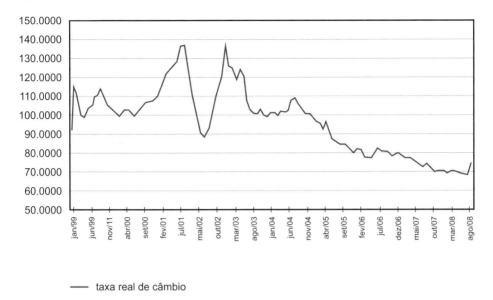

Figura 8.2 Taxa Real Efetiva de Câmbio (1999/01–2008/09). Fonte: Elaboração do autor a partir de dados do IPEADATA. Série Taxa Real Efetiva de Câmbio, INPC Exportações.

taxa real de câmbio efetiva se reduz de 112,61 em março de 2005 para 83,28 em agosto de 2008, às vésperas da falência do *Lehman Brothers*. No mesmo período, as reservas internacionais à disposição da economia brasileira passaram de US$ 61,95 bilhões para US$ 205,11 bilhões, ou seja, um aumento de 231 % no período em consideração.

A combinação entre aceleração do crescimento econômico e apreciação da taxa real de câmbio resultou numa forte deterioração do saldo em conta-corrente do balanço de pagamentos, o qual passou de um superávit de 1,4 % do PIB no primeiro trimestre de 2006 para um déficit de 1,56 % do PIB no terceiro trimestre de 2008 (ver Figura 8.3); ou seja, uma variação de quase três pontos percentuais com relação ao PIB num espaço de pouco mais de dois anos.

A apreciação da taxa real de câmbio teve um papel importante para a redução da taxa de inflação observada no período 2006-2008 com respeito ao período 1999-2005. Enquanto a taxa anual de variação do IPCA foi de 8,24 % a.a. durante o período do "tripé macroeconômico", no período do "tripé flexibilizado" a mesma se reduz em quase 50 %, ficando em 4,50 % a.a. Essa forte desaceleração da taxa de inflação durante o período do "tripé flexibilizado" é explicada fundamentalmente pelo resultado do ano 2006, quando o IPCA registrou uma variação de 3,14 %, a menor taxa já registrada após a implantação do regime de metas de inflação em 1999. É interessante ressaltar que esse comportamento da taxa de inflação coincide no tempo com o movimento de apreciação da taxa real de câmbio, verificado após março de 2005.

Os efeitos combinados da apreciação da taxa real de câmbio, da redução correspondente da taxa de inflação e da extinção da sistemática de metas declinantes de inflação

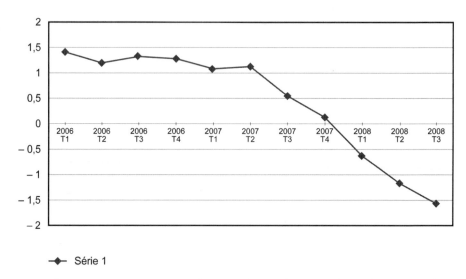

Figura 8.3 Déficit em conta-corrente como proporção do PIB 2006/T1–2008/T3). Fonte: Elaboração do autor a partir de dados do IPEADATA.

permitiram uma redução significativa da taxa real de juros no período 2006-2008 relativamente ao período 1999-2005 (Figura 8.4). Com efeito, a taxa real média de juros se reduz de 11,07 % a.a., durante o período do "tripé macroeconômico", para 8,26 % a.a., durante o período do "tripé flexibilizado".

Apesar da aceleração do crescimento verificada no período de vigência do "tripé flexibilizado", a permanência da taxa real de juros em patamares elevados na comparação internacional terminou por gerar uma forte apreciação da taxa real de câmbio, a qual, por um lado, se mostrou funcional para o controle da taxa de inflação, mas, por outro, contribuiu para uma forte deterioração da conta de transações correntes do balanço de pagamentos.

Nesse contexto, pode-se constatar que os objetivos de aceleração do crescimento, controle da taxa de inflação e estabilidade da taxa real de câmbio se mostraram, na prática, inconsistentes entre si, levando os formuladores de política econômica a sacrificar o objetivo da estabilidade da taxa real de câmbio em prol da aceleração do crescimento e do controle da taxa de inflação.

Essa inconsistência entre os objetivos do regime de política macroeconômica decorre, em parte, da *falta de coordenação* entre as políticas monetária, fiscal, salarial e cambial. Por exemplo, a política salarial tem produzido uma elevação real do salário mínimo a taxas sistematicamente superiores a qualquer estimativa razoável de crescimento da produtividade do trabalho, o que atua no sentido de produzir pressões inflacionárias do lado dos custos de produção, dificultando assim a tarefa de controle da inflação por parte da política monetária. Isso porque, à medida que a estrutura de salários relativos da economia brasileira está ancorada de forma mais ou menos direta na dinâmica do salário mínimo, o crescimento real do salário mínimo a taxas superiores ao crescimento

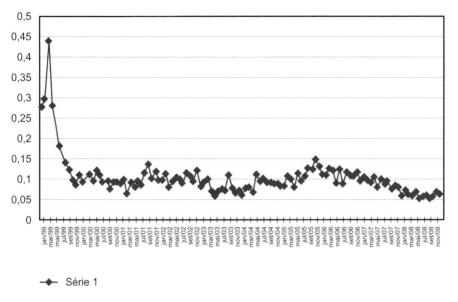

Figura 8.4 Taxa real de juros (1999/01–2008/08). Fonte: Elaboração do autor a partir de dados do IPEADATA. Taxa real de juros *ex-post*, calculada a partir da variação acumulada do IPCA nos últimos 12 meses.

da produtividade do trabalho induz comportamento similar por parte de todos os estratos salariais, gerando assim uma tendência à elevação do custo unitário do trabalho[v].

A maior falta de coordenação se deu, no entanto, entre a política fiscal e monetária. Com efeito, as despesas primárias do governo central passaram de 15,37 % do PIB, na média do período 1999-2005, para 16,83 % do PIB, na média do período 2006-2008. Em função da relativa estabilidade do superávit primário como proporção do PIB no período 2003-2008, segue-se que o aumento das despesas primárias foi fundamentalmente financiado com aumento de carga tributária, gerando assim um impacto sobre a demanda agregada equivalente ao aumento observado das despesas primárias como proporção do PIB.[vi] Em outras palavras, o "tripé flexibilizado" promoveu uma política fiscal expansionista num contexto de "inflação de custos" por parte da forte elevação do salário real, dificultando assim o controle da inflação por parte da política monetária, o que contribuiu para a manutenção da taxa real de juros em patamares elevados na comparação internacional e, dessa forma, para a tendência à apreciação da taxa real de câmbio.

A inconsistência entre os objetivos das políticas macroeconômicas do "tripé flexibilizado" deveu-se também à escolha feita a respeito do regime de crescimento para a economia brasileira. Mais especificamente, o governo brasileiro optou, a partir de 2006, por um regime de crescimento no qual a expansão da demanda doméstica, particularmente o aumento dos gastos de consumo das famílias, é o motor do crescimento de longo prazo da economia. Com efeito, se no período 1999-2005 os gastos de consumo das famílias aumentaram a uma taxa média de 2,14 %, abaixo da taxa de crescimento

192   CAPÍTULO 8

do PIB real, no período 2006-2008, os gastos de consumo se expandiram à taxa de 5,14 % a.a., ligeiramente acima da taxa de crescimento do PIB real.

A escolha pela demanda doméstica em vez da demanda externa como motor de crescimento implica necessariamente em se privilegiar o objetivo de aumento do salário real em detrimento do objetivo de estabilidade da taxa real de câmbio. Sendo assim, embora o objetivo da estabilização da taxa real de câmbio fosse um elemento do "tripé flexibilizado", a opção por um regime de crescimento do tipo *wage-led* fez com que, na operação diária da política macroeconômica, esse objetivo fosse sacrificado em prol de outros objetivos, particularmente o crescimento robusto do salário real.

8.3 "NOVO DESENVOLVIMENTISMO" OU "DESENVOLVIMENTISMO INCONSISTENTE"? (2008-2011)

A crise financeira de 2008, ocorrida após a falência do *Lehman Brothers* no dia 15 de setembro daquele ano, levou a um aprofundamento do processo de flexibilização do "tripé macroeconômico", estabelecendo as bases de um novo regime de política macroeconômica no Brasil. Com efeito, as quedas de quase 30 % da produção industrial e de 14 % do PIB ocorridas no último trimestre de 2008 (Oreiro e Araújo, 2009) levaram a uma forte expansão fiscal seguida,[vii] após certo intervalo de tempo, por uma redução bastante significativa da taxa básica de juros da economia brasileira. Simultaneamente, os bancos públicos (Banco do Brasil e Caixa Econômica Federal) aumentaram de maneira bastante significativa as suas linhas de crédito com o intuito de resolver o problema de "evaporação de crédito" surgido após o colapso dos mercados financeiros internacionais em setembro de 2008. O efeito combinado da expansão fiscal, expansão monetária e creditícia permitiu que a economia brasileira se recuperasse rapidamente da crise de 2008, exibindo uma taxa de crescimento de 7,6 % do PIB real em 2010.

O sucesso inegável das políticas anticíclicas no Brasil permitiu uma mudança no discurso econômico do governo, com o abandono progressivo da retórica do "tripé macroeconômico" e sua substituição por um discurso "novo desenvolvimentista". Com efeito, na campanha presidencial de 2010, a candidata do governo, Dilma Rousseff, assumiu explicitamente o discurso "novo desenvolvimentista", afirmando que a política econômica de seu governo seria pautada pelos princípios básicos desse discurso (*O Estado de S. Paulo*, 27/12/2009).

O novo desenvolvimentismo, conceito desenvolvido no Brasil a partir dos trabalhos de Bresser-Pereira (2006; 2007; 2009), é definido como um conjunto de propostas de reformas institucionais e de políticas econômicas, por meio das quais as nações de desenvolvimento médio buscam alcançar o nível de renda *per capita* dos países desenvolvidos. Essa estratégia de "alcançamento" baseia-se explicitamente na adoção de um regime de crescimento do tipo *export-led*, no qual a promoção de exportações de produtos manufaturados induz a aceleração do ritmo de acumulação de capital e de introdução de progresso tecnológico na economia.

A implantação dessa estratégia requer a adoção de uma *política cambial ativa*, que mantenha a taxa real de câmbio num nível competitivo no médio e longo prazo, combinada com uma *política fiscal responsável* que elimine o déficit público, ao mesmo tempo em que permite o aumento sustentável do investimento público. A manutenção da taxa real de câmbio num patamar competitivo no médio e longo prazo exige não só a adoção de uma política cambial ativa, como também uma política salarial que promova a moderação salarial ao vincular o aumento dos salários reais ao crescimento da produtividade do trabalho, garantindo assim a *estabilidade da distribuição funcional da renda no longo prazo*.

A combinação entre política fiscal responsável e moderação salarial se encarregaria de manter a inflação a um nível baixo e estável, permitindo assim que a política monetária seja utilizada para a estabilização do nível de atividade econômica, ao mesmo tempo em que viabiliza uma redução forte e permanente da taxa real de juros.

No modelo "novo desenvolvimentista", portanto, o crescimento econômico é "puxado" pelas exportações e sustentado pelo investimento privado e público na expansão da capacidade produtiva e na infraestrutura básica. O déficit público não desempenha nenhum papel relevante na indução e/ou sustentação do crescimento. Por fim, a estabilidade da distribuição funcional da renda assegura que os gastos de consumo irão crescer a um ritmo aproximadamente igual ao PIB real no médio e longo prazo, garantindo assim a sustentação do ritmo de crescimento pelo lado da demanda doméstica.

O modelo "novo desenvolvimentista" assim definido guarda muitas semelhanças como o regime ideal de política macroeconômica definido no Capítulo 6. Dessa forma, podemos afirmar que o "novo desenvolvimentismo" implica na adoção de um regime consistente de política macroeconômica.

Apesar da retórica oficial do governo, o regime de política macroeconômica adotado pós-2008 tem muito pouco a ver com o modelo "novo desenvolvimentista". Isso porque, em primeiro lugar, o novo regime de política macroeconômica permitiu um aumento considerável dos gastos primários do governo federal como proporção do PIB, conforme podemos visualizar na Figura 8.5. Embora o superávit primário tenha se mantido num patamar suficiente para garantir uma modesta redução da relação dívida pública/PIB, a forte expansão dos gastos primários do governo sinalizou a realização de uma política fiscal eminentemente expansionista no período 2008-2010.

A evolução das despesas primárias no período posterior à crise de 2008 reflete uma escolha a respeito do regime de crescimento desejado para a economia brasileira. Com efeito, os dados da economia brasileira parecem apontar para um crescimento puxado pelo aumento dos gastos do governo no período 2008–2010.

Em segundo lugar, no que se refere à dinâmica da taxa real de câmbio, verifica-se no período compreendido entre setembro de 2008 e abril de 2011 uma *forte valorização da taxa real efetiva de câmbio*, justamente o oposto defendido pelo "novo desenvolvimentismo", conforme podemos visualizar por intermédio da Figura 8.6.

CAPÍTULO 8

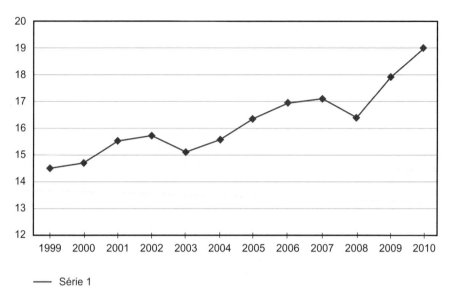

Figura 8.5 Evolução das despesas primárias do Governo Federal (% PIB). Fonte: Tesouro Nacional. Elaboração do autor.

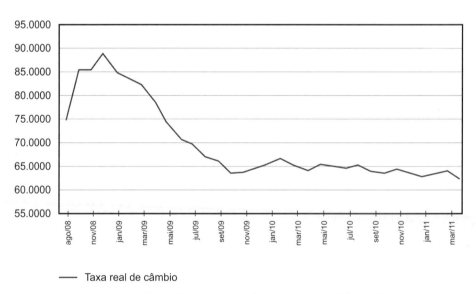

Figura 8.6 Taxa real de Câmbio (2008/09–2011/04). Fonte: IPEADATA. Elaboração do autor.

O governo tentou impedir essa valorização da taxa real de câmbio por intermédio da continuidade da política de acumulação de reservas internacionais, bem como pela progressiva introdução de *controles à entrada de capitais* na economia brasileira. Embora essas políticas tenham se mostrado eficazes no sentido de deter o processo de valorização da taxa real de câmbio entre outubro de 2009 e janeiro de 2011, as mesmas não só não foram capazes de restaurar o nível de taxa real efetiva de câmbio prevalecente antes da crise de 2008, como ainda não conseguiram evitar o recrudescimento do processo de valorização da taxa real de câmbio no início de 2011.

A política de crescimento do valor real do salário mínimo tem continuidade no período posterior à crise financeira de 2008, em função da institucionalização da regra de reajuste do salário mínimo, ocorrida em 2007. Essa regra de reajuste do salário mínimo permitiu um forte crescimento do salário mínimo em termos reais, conforme podemos verificar na Tabela 8.5.[viii]

Tabela 8.5 Evolução do salário mínimo (2009–2011)

Reajuste	Salário Anterior	Salário Reajustado	Percentual de Reajuste	Aumento Real[1]
02/2009	R$ 415,00	R$ 465,00	12,05%	5,79%
01/2010	R$ 465,00	R$ 510,00	9,68%	6,02%
03/2011	R$ 510,00	R$ 545,00	6,86%	0,37%

Fonte: Ministério do Trabalho. Elaboração do autor.
[1]Considerando a variação acumulada do IPC nos 12 meses anteriores ao reajuste.

Um dos efeitos colaterais da continuidade da tendência à apreciação da taxa real de câmbio no pós-crise de 2008 foi uma desaceleração do ritmo de crescimento da formação bruta de capital fixo (FBKF). Com efeito, conforme podemos visualizar na Tabela 8.6, se no período compreendido entre o segundo trimestre de 2006 e o terceiro trimestre de 2008 a formação bruta de capital fixo apresentou uma taxa de crescimento de 5,31 % por trimestre (uma taxa anualizada de 23 %), no período compreendido entre o quatro trimestre de 2008 e o segundo trimestre de 2011, a taxa de crescimento trimestral da formação bruta de capital fixo se reduziu para 0,46 %, ou seja, uma taxa anualizada de apenas 1,18 %. Parte dessa desaceleração do ritmo de crescimento do investimento deve-se, é claro, à queda da formação bruta de capital fixo ocorrida no Brasil em função dos efeitos da crise de 2008. Contudo, considerando o período compreendido entre o último trimestre de 2009 — que marca o processo de retomada do crescimento da formação bruta de capital pós-crise de 2008 — e o segundo trimestre de 2011, verifica-se que a taxa trimestral de crescimento da formação de capital fixo foi de 4,52 %; ou seja, uma taxa anualizada de 19,38%, uma queda de quase quatro pontos percentuais com relação ao período 2006-2008.

Tabela 8.6 Dinâmica da formação bruta de capital fixo (2006/T2-2011/T2)

Período	Taxa Trimestral de Crescimento da FBKF	Taxa Anualizada de Crescimento da FBKF
2006/T2-2008/T3	5,31%	23,0%
2008/T4-2011/T2	0,46%	1,18%
2009/T4-2011/T2	4,52%	19,38%

Fonte: IPEADATA. Dados deflacionados pelo IPCA. Taxas calculadas a partir da média móvel da FBKF dos últimos 12 meses. Elaboração do autor.

CAPÍTULO 8

A combinação entre política monetária expansionista (até o início de 2010) e política fiscal expansionista, num contexto de desaceleração da taxa de crescimento da formação bruta de capital fixo, gerou uma tendência à aceleração da taxa de inflação, a qual passou de 4,15 % a.a., no acumulado de 12 meses, em outubro de 2009 para 6,73 % a.a., no acumulado de 12 meses, em junho de 2011 (Figura 8.7). Com a aceleração da inflação a partir do final de 2009, o Banco Central do Brasil inicia um ciclo de ajuste da taxa Selic, permitindo assim uma elevação da taxa real de juros para um patamar de 5 % a.a. ao longo do ano de 2010. Contudo, no início de 2011, a continuidade das pressões inflacionárias levou o BCB a mudar o *modus operandi* da política monetária.

A taxa básica de juros deixa de ser o único instrumento de política monetária, passando a ser usada em conjunto com "medidas macroprudenciais" como, por exemplo, os depósitos compulsórios e as exigências de capital próprio dos bancos. Na prática, essas medidas tiveram reduzida eficácia sobre a escalada do processo inflacionário, obrigando o BCB a reiniciar o ciclo de elevação da taxa básica de juros. Contudo, o prazo de convergência da inflação para a meta de 4,5 % a.a. foi estendido para o final de 2012, sinalizando assim uma "flexibilização" do regime de metas de inflação, a qual sinaliza a substituição, na prática, do regime de "metas de inflação" por um regime de "mandato duplo" para a autoridade monetária.

Com base nesse razoado podemos apresentar os objetivos, metas e instrumentos do regime de política macroeconômica surgido após a crise financeira de 2008. Por motivos que iremos apresentar a seguir, esse regime será denominado de "desenvolvimentismo inconsistente".

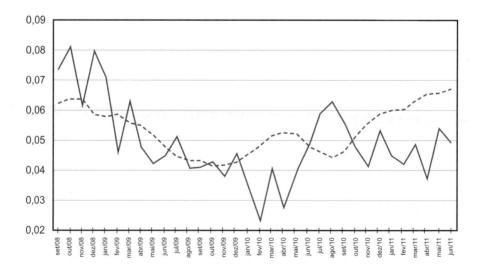

Figura 8.7 Taxa de inflação e taxa real de juros no Brasil (09/2008–06/2011). Fonte: IPEADATA. Elaboração do autor.[ix]

Evolução do Regime de Política Macroeconômica no Brasil (1999-2014): do "Tripé Macroeconômico" à "Nova Matriz Macroeconômica" **197**

Tabela 8.7 Descrição dos componentes do "desenvolvimentismo inconsistente"

Tipo de Política	Objetivos	Metas Operacionais	Instrumentos
Política Monetária	Estabilidade da taxa de inflação no longo prazo; Crescimento robusto (sustentável?) do produto real.	Metas constantes de inflação, mas como alongamento do prazo de convergência.	Taxa de juros de curto prazo; Medidas macroprudenciais.
Política Fiscal	Dívida pública como proporção do PIB estável no médio e longo prazo; Aumento do investimento público; Aumento da demanda agregada doméstica.	Meta de superávit primário em torno de 3% do PIB.	Aumento da carga tributária; Aumento das despesas primárias como proporção do PIB; Redução do superávit primário como proporção do PIB.
Política Salarial	Elevação do salário real; Aumento da participação dos salários na renda nacional.	Não definida.	Reajuste do salário mínimo pela inflação de $t-1$ e pelo crescimento do PIB real de $t-2$.
Política Cambial	Autonomia da política monetária; Estabilidade da taxa real de câmbio.	Nenhuma.	Compra de reservas internacionais em larga escala; Controles à entrada de capitais.

Fonte: Elaboração do autor.

Com base na Tabela 8.7 podemos constatar que o novo regime de política macroeconômica tem por objetivos manter a estabilidade da taxa real de câmbio, aumentar a participação dos salários na renda nacional, garantir a estabilidade da taxa de inflação no longo prazo, induzir um crescimento robusto do produto real e viabilizar um forte aumento da demanda agregada doméstica por intermédio de um crescimento acelerado dos gastos primários do governo. Esses objetivos não são mutuamente consistentes, ou seja, não podem ser obtidos simultaneamente. Com efeito, a expansão fiscal e o aumento da participação dos salários na renda são incompatíveis com os objetivos de estabilidade da taxa real de câmbio e estabilidade da taxa de inflação. Isso porque a forte expansão da demanda agregada doméstica num contexto de elevação do custo unitário do trabalho e crescimento acelerado do produto real deverá resultar na aceleração da taxa de inflação, caso o governo decida impedir a valorização da taxa real de câmbio resultante dessa combinação de políticas. Por outro lado, se a decisão do governo for manter a inflação estável e dentro das metas definidas pelo Conselho Monetário Nacional, as taxas de juros nominal e real deverá ser mantida em patamares elevados, induzindo assim uma forte entrada de capitais externos, a qual irá produzir a continuidade da apreciação da taxa real de câmbio.

Em outras palavras, o regime de política macroeconômica do período 2008–2011 mostrou-se incompatível com a obtenção simultânea de uma taxa real de câmbio competitiva e uma taxa de inflação baixa e estável, razão pela qual o mesmo não pode ser considerado como uma aplicação do "novo desenvolvimentismo". Como o regime de política macroeconômica desse período é inconsistente no sentido de Timbergen, iremos denominá-lo de "desenvolvimentismo inconsistente".

198 CAPÍTULO 8

8.4 DO "DESENVOLVIMENTISMO INCONSISTENTE" AO FRACASSO DA "NOVA MATRIZ MACROECONÔMICA"

O regime de crescimento adotado pelo Brasil a partir da crise financeira internacional de 2008 baseia-se na ideia do "desarollo hacia dentro", a qual guarda grande similaridade com o regime *wage-led* discutido no Capítulo 6.[x] Trata-se de um modelo no qual as políticas de redistribuição de renda e de aumento real do salário mínimo, em conjunto com uma forte expansão do crédito bancário, deveriam estimular um vigoroso crescimento dos gastos de consumo, o que levaria os empresários a aumentar os gastos de investimento, permitindo assim um aumento simultâneo da capacidade produtiva e da produtividade do trabalho. Nesse caso, seria possível obter um elevado crescimento do PIB e dos salários reais, ao mesmo tempo em que a inflação seria mantida sob controle.

Esse regime de crescimento, no entanto, resultou num dilema de política econômica, qual seja, um *trade-off* entre competitividade externa e estabilidade da taxa de inflação, de tal maneira que o referido regime pode ser, na verdade, caracterizado como "desenvolvimentismo inconsistente".

Com efeito, o forte crescimento da demanda doméstica no período (2007-2012) levou o desemprego a níveis historicamente baixos, fazendo com que os salários reais crescessem acima da produtividade do trabalho, exacerbando a perda de competitividade decorrente da apreciação cambial acumulada desde 2005, ao mesmo tempo em que alimentava as pressões inflacionárias latentes na economia brasileira. O resultado disso foi um aumento significativo do custo unitário do trabalho, principalmente na indústria de transformação, conforme podemos observar na Figura 8.8.

A reversão da perda de competitividade externa decorrente do aumento significativo do custo unitário do trabalho exigiria uma grande desvalorização cambial, o que causaria uma forte elevação da taxa de inflação, já pressionada pelo crescimento dos salários

		2000	2001	2002	2003	2004	2005	2006	2007	2008	2009
AGRO		100	77,25	65,29	61,92	71,28	103,84	112,99	108,51	105,87	108,10
Indústria		100	88,82	80,60	79,86	78,12	104,69	114,99	130,96	142,71	147,51
IE	Extrativa	100	102,90	89,52	93,56	95,29	95,39	96,12	129,18	112,43	200,18
Transformação		100	87,02	80,43	79,93	77,93	106,72	117,39	134,08	144,93	142,60
IAIT	Alta	100	94,74	90,72	94,40	93,73	114,93	125,86	144,34	145,57	140,19
IMAIT	Média-Alta	100	92,11	86,94	90,44	79,66	115,85	117,09	131,44	134,51	137,64
IMBIT	Média-Baixa	100	84,57	75,21	64,34	64,43	84,92	106,32	117,32	145,62	123,94
IBIT	Baixa	100	83,05	75,96	76,20	79,06	106,59	119,32	139,15	149,16	153,47
SIUP	SIUP	100	90,66	74,98	63,77	57,40	75,13	85,45	91,67	109,30	114,37
CC	Construção	100	91,66	80,69	83,23	83,52	110,72	123,85	136,08	159,83	188,83
Serviços		100	86,42	79,29	78,48	82,73	101,41	116,68	123,33	129,75	130,21
SAIC	Alta	100	85,89	75,60	74,94	80,97	97,13	113,53	118,27	126,76	124,45
SMIC	Média	100	84,78	76,68	76,42	81,42	100,11	116,90	127,23	136,97	140,78
SBIC	Baixa	100	87,68	84,48	83,36	85,31	107,12	120,56	128,57	132,08	135,07
Total		100	86,56	78,90	77,89	80,96	102,35	116,16	124,43	131,58	133,36

Figura 8.8 Evolução do custo unitário do trabalho por setor de atividade produtiva e por intensidade tecnológica (2000–2009). Fonte: Elaboração do autor.

acima da produtividade do trabalho, a não ser que seu efeito fosse contrabalançado por uma política fiscal mais apertada. O problema é que, desde 2008, a política fiscal brasileira tem sido expansionista – além de ter um viés em consumo e custeio, em vez de em investimento – tornando impossível um ajuste não inflacionário da taxa real de câmbio.

O dilema entre competitividade externa e inflação estável, herdado do segundo mandato do Presidente Lula, foi administrado pelo governo Dilma Rousseff com base numa espécie de "solução de compromisso".

Nos momentos nos quais a pressão inflacionária se tornasse menos intensa devido a choques externos favoráveis, deveria se aproveitar o espaço para desvalorizar o câmbio nominal de maneira a atenuar a perda de competitividade externa. Essa janela de oportunidade surgiu no segundo semestre de 2011 com o recrudescimento da crise financeira mundial em função dos efeitos da turbulência nos mercados de dívida soberana na área do Euro. Foi nesse momento que a assim chamada "nova matriz macroeconômica" foi implantada, com o início de um longo ciclo de redução da taxa básica de juros pelo Banco Central do Brasil e a desvalorização gradual da taxa nominal de câmbio. Contudo, se e quando a pressão inflacionária voltasse a recrudescer – algo que, de fato, ocorreu no início de 2013 – a recomposição da competitividade externa da economia brasileira deveria ser interrompida e parcialmente revertida, e o ciclo de elevação da taxa de juros deveria ser iniciado, de forma a garantir a estabilização dos patamares inflacionários. Nesse contexto, a política macroeconômica do governo Dilma Rousseff tornou-se, por assim dizer, uma "biruta de aeroporto", condenando ao fracasso a "nova matriz macroeconômica", à medida que não conseguiu eliminar a sobrevalorização cambial existente na economia brasileira e nem reduzir, de forma permanente, o patamar da taxa de juros.

Com efeito, no final do ano de 2012, o secretário de política econômica do Ministério da Fazenda, Márcio Holland, afirmara que o governo brasileiro havia adotado uma "nova matriz macroeconômica" caracterizada pela combinação entre juros baixos, câmbio competitivo e política fiscal "amigável" ao investimento público (*Valor Econômico*, 17/12/2012). Essa nova matriz macroeconômica deveria levar a um aumento considerável do ritmo de crescimento do investimento ao longo do ano de 2013, de maneira a permitir a aceleração do crescimento da economia brasileira.

Essas expectativas, contudo, não se concretizaram. Embora a economia brasileira tenha, de fato, acelerado o seu crescimento com respeito ao ano de 2012 (2,28 % em 2013 contra 1,03 % em 2012), o valor registrado em 2013 foi muito inferior à média do período Lula (4,05 % na média do período 2003-2010). Além disso, a partir de meados de 2013, o Banco Central do Brasil iniciou um novo ciclo de elevação da taxa de juros fazendo com que a taxa Selic superasse o nível prevalecente no início do governo Dilma Rousseff (10,75 % a.a.). Por fim, a desvalorização da taxa nominal de câmbio ocorrida nos últimos dois anos aparentemente não foi capaz de recuperar a competitividade da indústria brasileira, cuja produção física se encontra estagnada há aproximadamente 36 meses (ver Figura 8.9).

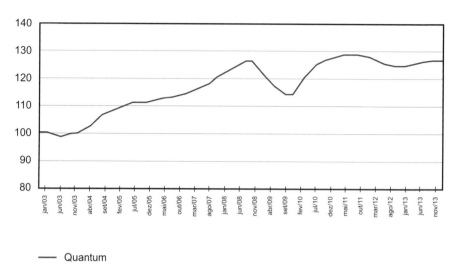

Figura 8.9 Produção Física da Indústria de Transformação, Média Móvel dos últimos 12 meses (Jan. 2003–Jan. 2014). Fonte: IPEADATA. Elaboração do autor.

Por que as expectativas com a "nova matriz" não se concretizaram? Embora a implantação da "nova matriz macroeconômica" tenha permitido uma desvalorização bastante significativa da taxa *nominal* de câmbio, ela *não foi suficientemente grande* para eliminar a sobrevalorização da taxa *real* de câmbio que se processou na economia brasileira ao longo de toda a década passada (ver Figura 8.10). Com efeito, na comparação com junho de 2004, a taxa real efetiva de câmbio se encontrava sobrevalorizada em 23,85 % em dezembro de 2013. Isso significa que, para voltar ao valor prevalecente em meados de 2004,[xi] a taxa de câmbio real-dólar deveria ser aproximadamente igual a R$ 2,90.

Outra razão do fracasso é a permanência da taxa real de juros em patamares elevados. Com efeito, a taxa Selic representa a taxa de retorno da aplicação financeira livre de risco no Brasil, uma vez que ela é a taxa que remunera as assim chamadas *letras financeiras do tesouro*, as quais são um tipo de título de dívida emitido pelo governo federal que tem liquidez diária. No momento em que escrevo este capítulo a taxa Selic se encontra em 11,00 % a.a. Supondo uma expectativa de inflação para os próximos 12 meses de 6 %, então a taxa real de juros da aplicação financeira livre de risco na economia brasileira é igual a 4,71 % a.a. *Em poucos lugares do mundo uma aplicação livre de risco gera uma taxa de retorno tão alta.*

O efeito disso sobre a decisão de investimento é perverso. Como a taxa de juros das aplicações livres de risco é muito alta, os empresários só estarão dispostos a realizar aqueles projetos de investimento cuja taxa de retorno supere a taxa de juros livre de risco por uma elevada margem (essa margem é o que se conhece como prêmio de risco). O problema é que, numa economia que se defronta com uma forte sobrevalorização cambial e que possui sérias deficiências de infraestrutura — problemas esses que se somam

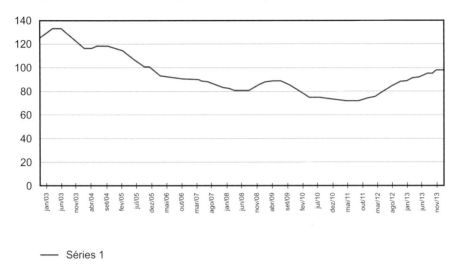

Figura 8.10 Taxa Real Efetiva de Câmbio — Exportação — Manufaturados, Média Móvel 12 meses (2003/01-2014/02). Fonte: IPEADATA. Elaboração do autor.

à incerteza oriunda da política macroeconômica que se comporta como uma "biruta de aeroporto" —, poucos são os projetos de investimento cuja taxa de retorno supera, por uma margem suficientemente grande para se tornar atrativa para os empresários, a taxa de juros livre de risco.

8.5 PÓS-NOVA MATRIZ MACROECONÔMICA: OS DESAFIOS DO SEGUNDO MANDATO DA PRESIDENTE DILMA ROUSSEFF

A Presidente Dilma Rousseff iniciou o seu segundo mandato em primeiro de janeiro de 2015 com uma agenda econômica bastante complicada. O seu primeiro mandato se encerrou com um crescimento econômico pífio, próximo de 0 % para o ano de 2014 e abaixo de 2 % para a média do período 2011-2014, com a taxa de inflação teimosamente no teto do regime de metas, com um déficit em conta-corrente do balanço de pagamento de 4,16 % do PIB e com um déficit nominal de mais de 6 % do PIB para o setor público consolidado. Deve-se ressaltar, no entanto, que a desaceleração do crescimento nos últimos quatro anos foi acompanhada por uma redução, não por um aumento, da taxa de desemprego; o que sinaliza, de forma inequívoca, para uma redução da taxa potencial de crescimento da economia brasileira.

Uma parte significativa da redução do crescimento potencial da economia brasileira decorre da redução do crescimento da produtividade do trabalho. Esta tende a crescer em função da realização de investimentos em máquinas e equipamentos que incorporem as novas tecnologias de produção. Dessa forma, um importante determinante do ritmo de crescimento da produtividade do trabalho é o investimento por trabalhador. Outro determinante importante do crescimento da produtividade do trabalho consiste nas

202   CAPÍTULO 8

economias dinâmicas de escala, ou seja, na redução do custo de produção que decorre da experiência acumulada dos trabalhadores no manuseio do equipamento de capital.

O investimento por trabalhador e a experiência acumulada no manuseio do equipamento de capital são fatores que dependem, por sua vez, do dinamismo da produção industrial. A indústria de transformação é o motor de crescimento da economia no longo prazo porque é o setor que utiliza mais intensamente máquinas e equipamentos na produção de bens, sendo assim o setor responsável pela geração e difusão do progresso técnico para a economia como um todo. Quando a indústria de transformação perde dinamismo, o ritmo de crescimento da produtividade do trabalho se desacelera, pois o investimento por trabalhador diminui, bem como o ritmo de acumulação de experiência no manuseio do equipamento de capital existente por parte da força de trabalho.

Como vimos ao longo deste capítulo, desde o final de 2010 a produção física da indústria de transformação está estagnada. Essa desaceleração do crescimento da produção industrial veio acompanhada por uma redução significativa da participação da indústria de transformação no PIB, fenômeno esse conhecido como *desindustrialização*.[xii] Esse é um fenômeno estrutural causado pela perda de competitividade da indústria em função da sobrevalorização crônica da taxa de câmbio e do crescimento dos salários num ritmo superior à produtividade do trabalho.

Esse fenômeno fica bastante claro quando olhamos para o saldo comercial da indústria de transformação. Após registrar um saldo comercial recorde de US$ 22,37 bilhões em 2005, a indústria de transformação viu seu saldo comercial ser sistematicamente reduzido, passando a um déficit de US$ 4,08 bilhões em 2008 até alcançar US$ 49,18 bilhões no período de janeiro a novembro de 2014. Trata-se de uma reversão de mais de US$ 70 bilhões em pouco mais de nove anos.

É interessante notar que, se a indústria de transformação tivesse mantido o mesmo saldo comercial que tinha em 2005, o déficit em conta-corrente cairia dos atuais US$ 85 bilhões para menos de US$ 15 bilhões, ou seja, de 3,7 % do PIB para pouco mais de 0,5 % do PIB. Nesse caso, as contas externas estariam praticamente equilibradas.

Nesse contexto, a única forma de recuperar o potencial de crescimento da economia brasileira é recuperar a competitividade da indústria de transformação, o que passa obrigatoriamente pela desvalorização da taxa real de câmbio. Como a taxa real de câmbio é definida como sendo igual à razão entre o preço dos bens comercializáveis e o preço dos bens não comercializáveis, a desvalorização da taxa real de câmbio exige uma redução da demanda por bens não comercializáveis, notadamente serviços. É aqui que o ajuste fiscal se torna absolutamente necessário.

Enquanto a inflação dos bens não comercializáveis — que roda atualmente em torno de 8 % ao ano — não ficar abaixo da inflação dos bens comercializáveis, o ajuste da taxa real de câmbio será impossível, independente da taxa de desvalorização do câmbio nominal. Em outros termos, a desvalorização do câmbio nominal só servirá para alimentar as pressões inflacionárias latentes na economia brasileira, fazendo com que, em algum momento nos próximos anos, a taxa de inflação supere a marca psicológica dos dois dígitos. Se isso ocorrer, então as condições para o retorno ao passado inglório da inflação alta estarão postas, via reativação dos mecanismos de indexação de preços e salários.

Está claro também que a situação atual da economia brasileira não permite a realização de um ajuste fiscal draconiano. Um ajuste fiscal moderado deve ser feito no início do segundo mandato da presidente Dilma Rousseff. Se esse ajuste for feito, então será possível realizar um ajuste não inflacionário da taxa real de câmbio, o qual é condição necessária para a recuperação da competitividade da economia brasileira.

Nas primeiras semanas de 2015 a nova equipe econômica do governo anunciou os contornos gerais e alguns detalhes do pacote de ajuste fiscal. Para o ano de 2015, a meta é um superávit primário de 1,2 % do PIB para o setor público consolidado e 1 % para o governo federal. No ano passado, o setor público consolidado incorreu num *déficit primário* de 0,6 % do PIB, o que levou o *déficit nominal* para o patamar de 6,7 % do PIB, um dos maiores do mundo. Para que a meta de superávit primário do setor público de 2015 seja cumprida será necessário um esforço fiscal de 1,8 % do PIB, o que não chega a ser um esforço draconiano; mas também não é desprezível, ainda mais num contexto em que as previsões para o PIB de 2015 apontam para uma retração de 0,5 %. Dessa forma, ainda que o ajuste fiscal pretendido para o ano de 2015 seja efetivamente obtido, o que está longe de ser uma certeza, o déficit nominal deverá cair para pouco mais de 5 % do PIB no final do ano.

Para o ano de 2016, a equipe econômica pretende elevar a meta de superávit primário para 2 % do PIB. Esse esforço fiscal adicional de 0,8 % do PIB em conjunto com o início (oremos) do ciclo de redução da taxa Selic a partir do final de 2015 (oremos de novo) deverão ser suficientes para levar o déficit nominal do setor público consolidado para algo como 3,0 a 3,5 % do PIB no final de 2016. Nesse cenário, é possível que a dívida bruta como proporção do PIB comece a cair a partir do segundo semestre de 2016, afastando assim a hipótese de *default soberano* da cabeça dos investidores internacionais e, portanto, eliminando o risco de ocorrência de uma fuga dos investidores estrangeiros do mercado de *dívida pública interna*, a qual poderia detonar uma crise cambial de grandes proporções. Esse risco não pode ser subestimado, haja vista que uma parte não desprezível da dívida pública interna está nas mãos de investidores estrangeiros e que o déficit em conta-corrente fechou o ano de 2014 acima do nível crítico de 4 % do PIB, sendo que apenas 70 % desse valor foi financiado com investimento externo direto.

O leitor pode perceber pela exposição acima que no cenário relativamente otimista que estou traçando o resultado final terá sido apenas impedir a ocorrência de um desastre de proporções bíblicas. Evitaremos o pior, mas a situação fiscal continuará delicada, pois o déficit nominal ainda será alto, os serviços relativos ao pagamento de juros da dívida pública continuarão sendo uma fração expressiva do PIB (acima de 4 %) e, mais importante que tudo isso, a economia brasileira continuará crescendo pouco. Isso porque o ajuste fiscal, embora necessário para evitar um desastre a médio prazo, não será capaz de induzir os empresários a investir mais, pois não irá atuar no sentido de aumentar a competitividade da indústria de transformação. Esta continuará

204 CAPÍTULO 8

estagnada, deixando assim de gerar os necessários ganhos de produtividade (dentro e fora da indústria) decorrentes das economias estáticas e dinâmicas de escala.

Para que seja possível retomar o crescimento da economia brasileira a taxas robustas – entre 3 a 4 % a.a. –, é absolutamente necessário recuperar a competitividade da indústria de transformação. Isso exige duas coisas. Em primeiro lugar, uma expressiva – embora não necessariamente súbita – desvalorização da taxa real de câmbio. Os analistas de mercado e alguns economistas liberais acham que o "mercado" irá resolver o problema da sobrevalorização cambial, pois os efeitos combinados da expectativa de normalização da política monetária norte-americana e do déficit em conta-corrente no Brasil deverão pressionar para uma desvalorização da taxa de câmbio. Economistas keynesianos são céticos quanto à capacidade autorreguladora do mercado. Embora seja verdade que o cenário internacional irá pressionar o câmbio para cima no médio prazo, não podemos esquecer que no curto prazo a permanência de um elevado diferencial entre as taxas de juros interna e externa, em conjunto com o afrouxamento quantitativo do Banco Central Europeu, deverão induzir um fluxo não desprezível de entrada de capitais na economia brasileira, ainda mais se a equipe econômica for bem-sucedida em ganhar a confiança do "mercado". Dessa forma, não há razão para acreditar que o mercado fará, nos próximos meses, a correção requerida no valor da taxa de câmbio.

Em segundo lugar, o governo precisa aumentar significativamente o investimento público em infraestrutura para reduzir os custos das empresas com energia, logística, transporte etc. Mas como isso pode ser feito no bojo de um ajuste fiscal como o que está sendo proposto pela equipe econômica? A resposta para isso passa, obrigatoriamente, pela redução dos serviços da dívida pública. No acumulado entre janeiro e novembro de 2014 o setor público comprometeu 5,64 % do PIB com o pagamento de juros da dívida pública. É um valor totalmente anômalo face à magnitude da dívida pública brasileira. A Espanha, por exemplo, compromete apenas 3 % do PIB com o pagamento de juros, embora tenha uma dívida de 99 % do PIB.

Não existem respostas fáceis para a questão da redução dos encargos da dívida pública no Brasil, mas a nova equipe econômica não pode se furtar a dar um tratamento para essa questão.

8.6 REPRISE DAS CONCLUSÕES

Ao longo deste capítulo analisamos a evolução do regime de política macroeconômica vigente no Brasil ao longo dos últimos 15 anos, mostrando o progressivo abandono do "tripé macroeconômico" e sua substituição pelo "desenvolvimentismo inconsistente" seguido pela "nova matriz macroeconômica".

Argumentamos também que os dois últimos regimes de política macroeconômica, adotados no Brasil após a erupção da crise financeira de 2008, são inconsistentes no sentido de Tinbergen, bem como insustentáveis no longo prazo. Com efeito, as metas de política econômica do "desenvolvimentismo inconsistente", em larga medida partilhadas pela "nova matriz macroeconômica" – a saber, a estabilidade da taxa real de câmbio, o aumento da participação dos salários na renda nacional, a estabilidade da taxa de inflação no longo prazo, o crescimento robusto do produto real e o aumento da demanda agregada doméstica –, não podem ser obtidas simultaneamente.

Nesse contexto, cria-se um dilema entre a estabilidade/competitividade da taxa real de câmbio e a estabilidade da taxa de inflação. Mais especificamente, o RPM vigente atualmente no Brasil não permite que se obtenha simultaneamente uma taxa real de câmbio competitiva e uma taxa de inflação estável no longo prazo, razão pela qual ele não pode ser classificado como "novo desenvolvimentista".

O segundo mandato da Presidente Dilma Rousseff se inicia com a economia em processo de estagnação e com um forte desequilíbrio fiscal herdado do ano de 2014. Um ajuste fiscal moderado – tal como a anunciado pela nova equipe econômica – pode evitar a ocorrência de uma crise cambial de grandes proporções, motivada pela "parada súbita" de financiamento externo em decorrência do risco de *default* soberano, mas não é suficiente para restaurar a competitividade da indústria de transformação, a qual é absolutamente necessária para a retomada do crescimento da economia brasileira. Para tanto, é necessária a ocorrência de uma desvalorização expressiva da taxa real de câmbio, bem como o aumento do investimento em obras de infraestrutura.

8.7 QUESTÕES PARA DISCUSSÃO

1) Com base no que foi apresentado ao longo deste capítulo, você acha que o "tripé macroeconômico" cumpre os requisitos necessários para ser considerado um regime ideal de política macroeconômica, tal como foi definido no Capítulo 6? Por quê?

2) Apresente o esboço de um regime de política macroeconômica que seja capaz de induzir uma retomada sustentada do crescimento da economia brasileira. Quais as principais dificuldades de natureza política para a implantação desse regime? Explique.

NOTAS

i) Ver as declarações do Secretário de Política Econômica, Márcio Holland, na matéria "Transição para a nova matriz macroeconômica, afetou o PIB", *Valor Econômico*, 17/12/2012.

ii) Nas palavras de Tinbergen: "Por inconsistência nas metas entendemos uma situação em que algumas coisas são almejadas, mas são, em última análise, incompatíveis com outras metas perseguidas ao mesmo tempo" (1988, p. 81).

iii) Esse regime de política macroeconômica substituiu o regime de âncora cambial prevalecente no Brasil entre 1995 e 1998.

iv) O Conselho Monetário Nacional estabeleceu as metas de inflação em 8% para 1999, 6 % para 2000, 4 % para 2001 e 3,75 % a.a. para 2002. Após o *stress* cambial de

CAPÍTULO 8

2002, gerado pela expectativa de *default* da dívida pública em função da perspectiva de vitória do PT nas eleições presidenciais, o qual levou a inflação a fechar esse ano em 12,53 %, o Conselho Monetário Nacional alterou as metas de inflação para os anos seguintes, mas manteve a sistemática de "metas declinantes". A meta de inflação para 2003 foi elevada para 8,5 % a.a.; e a meta para 2004 foi alterada para 5,5 % a.a.

v) Entre 2006 e 2008, o custo unitário do trabalho, segundo dados do Banco Central do Brasil, aumentou 21,21 % em termos reais.

vi) Conforme o resultado tradicional do assim chamado *multiplicador de Haavelmo*, segundo o qual o efeito multiplicador de um aumento simultâneo dos gastos do governo e dos impostos é igual a um (Haavelmo, 1945).

vii) Conforme dados do Tesouro Nacional, entre 2008 e 2009 os gastos primários do governo federal aumentaram R$ 74,28 bilhões, ou seja, um acréscimo de 14,91 % em termos nominais.

viii) Para 2012, a regra de reajuste do salário mínimo prevê um salário mínimo de R$ 619,27, ou seja, um aumento de 13,6 % em termos nominais. Supondo uma variação de 6,1 % do IPCA, isso significa um aumento real de 7,5 %.

ix) A taxa de inflação é medida pela variação do IPCA acumulada nos últimos 12 meses. A taxa real de juros é medida a partir da Selic/over mensal anualizada, descontada da taxa de variação do IPCA acumulada nos últimos 12 meses.

x) Esse regime de crescimento é denominado de "social desenvolvimentismo" em contraposição ao "novo desenvolvimentismo" mais em linha com o regime ideal de política macroeconômica discutido na terceira seção deste artigo. Sobre o "novo desenvolvimentismo", ver Bresser-Pereira (2009).

xi) A escolha do ano 2004 como base de comparação justifica-se pelo fato de que foi o último ano no qual o custo unitário do trabalho (em US$) da indústria de transformação permaneceu abaixo do nível observado no ano 2000 (ver Tabela 8.2).

xii) A esse respeito ver Oreiro e Feijó (2010) e Oreiro e Marconi (2014).

BIBLIOGRAFIA

AMADEO, E.J. (1987). Expectativas, Demanda Efetiva e Centros de Gravitação. In Lopes, C (org.). *Ensaios de Economia Pós-Keynesiana*. Imprensa Universitária. Universidade Federal do Ceará.

ARROW, K. (1962). Economic Welfare and the Allocation of Resources for Invention. The Rate and Direction of Inventive Activity: Economic and Social Factors, *National Bureau of Economic Research*, pp. 609-626.

ATESOGLU, H.S. (1997). Balance of Payments-Constrained Growth Model and Its Implications for the U.S. *Journal of Post Keynesian Economics*, 19(3).

_____. (2002). Growth and Fluctuations in the USA: a demand oriented approach. In SETTERFIELD, M. (org.). *The Economics of Demand-Led Growth*. Edward Elgar: Aldershot.

BARBOSA, F.H. (2006). Brasil × Coreia do Sul. *Boletim Economia & Tecnologia*, Ano 02, Vol. 4. CEPEC: UFPR.

_____ (2004). A Inércia da Taxa de Juros na Política Monetária. *Ensaios Econômicos Nº 534*. Fundação Getúlio Vargas: Rio de Janeiro.

BARRO, R; SALA-I-MARTIN, X. (1995). *Economic Growth*. McGraw Hill: Nova Iorque.

BHADURI, A; MARGLIN, S. (1990). Unemployment and the Real Wage: the economic basis for contesting political ideologies. *Cambridge Journal of Economics*, 14(4).

BLINDER, A. (1999). *Bancos Centrais: teoria e prática*. Edições 34: São Paulo.

BRESSER-PEREIRA, L.C. (1986). *Lucro, Acumulação e Crise*. Brasiliense: São Paulo.

_____. (2006). "O Novo-Desenvolvimentismo e a Ortodoxia Convencional". *São Paulo em Perspectiva*, Vol. 20, N. 3.

_____ (2007). *Macroeconomia da Estagnação*. Editora 34: São Paulo.

_____ (2008). Dutch disease and its neutralization: a Ricardian approach. *Revista de Economia Política*, 28 (1): 47-71.

BIBLIOGRAFIA

_____ (2009). *Globalização e Competição*, Rio de Janeiro: Elsevier-Campus.

_____ (2014). *A Construção Política do Brasil: Sociedade, Economia e Estado desde a Independência*. Editora 34: São Paulo.

BRESSER-PEREIRA, L.C; OREIRO, J.L; MARCONI, N. (2015). *Developmental Macroeconomics: new developmentalism as a growth strategy*. Routledge: Londres.

CALMFORS, L; DRIFFIL, J. (1988). Centralization of Wage Bargaining: bargaining structure, corporatism and macroeconomic performance. *Economic Policy*, Vol. 23, N.1, pp. 13-61.

CARVALHO, F.C. (1992). Mr. *Keynes and the Post Keynesians: principles of macroeconomics for a monetary production economy*. Edward Elgar: Aldershot.

DARITY, W. (1994). What's so 'New' About the 'New' Theories of Technical Change? Adam Smith, Robert Lucas Jr and Economic Growth. In DAVIDSON, P.; KREGEL, J. *Employment, Growth and Finance: Economic Reality and Economic Growth*. Edward Elgar Publishing Company Limited, pp. 97-111.

DAVIDSON, P. (1986). Finance, Funding, Saving and Investment. *Journal of Post Keynesian Economics*, 9(1).

DE LA FUENTE, A (1996). *Notas sobre la economía del crecimiento, II: ¿Convergencia?* P.T.51.96 (Vol.I), Barcelona: Department d'Economia i d'Història Econòmica e Institut d'Anàlisi Econòmica, Maio, pp. 1-128.

DE PAULA, L.F. (2014). *Sistema Financeiro, Bancos e Financiamento da Economia: uma abordagem pós-keynesiana*. Campus: Rio de Janeiro.

DOMAR, E. (1946). Capital Expansion, Rate of Growth and Employment. *Econometrica*, Vol. 14.

DORNBUSCH, R.; FISHER, S.; SAMUELSON, P. (1977). Comparative advantage, trade and payments in a Ricardian Model with continuum of goods. *American Economic Review*, Vol. 67, Nº 5.

DOSI, G.; FABIANI, S. (1994). Convergence and Divergence in the Long-Term Growth of Open Economies. In SILVERBERG, G., SOETE, L. *The Economics of Growth and Technical Change: Technologies, nations, agents*. Edward Elgar Publishing Company Limited, pp. 119-153.

DOSI, G; PAVITT, K; SOETE, L. (1990). *The Economics of Technical Change and International Trade*. Macmillan Press: Londres.

DUTT, A.K; ROS, J. (2007). Aggregate demand shocks and economic growth. *Structural Change and Economic Dynamics*, Vol. 18, pp. 75-99.

FAGERBERG, J. (1994). Technology and International Differences in Growth Rates. *Journal of Economic Literature*, vol. XXXII, pp. 1147-1175.

HARCOURT, G. (1972). *Some Cambridge Controversies in the Theory of Capital*. Cambridge: Cambridge University Press.

HARROD, R. (1939). An Essay in Dynamic Theory. *The Economic Journal*, Vol. 49.

HAAVELMO, T. (1945). Multiplier effects of balanced budget. *Econometrica*, Vol. 13, pp. 311-318.

HERR, H; KAZANDZISKA, M. (2011). *Macroeconomic Policy Regimes in Western Industrial Countries*. Routdlege: Londres.

IEDI. (2006). Produto Potencial e Crescimento. *Texto para Discussão*, Março.

JONES, C. I. (2000). *Introdução à Teoria do Crescimento Econômico*. Rio de Janeiro: Editora Campus.

JONES, H. (1979). *Modernas Teorias do Crescimento Econômico*. Atlas: São Paulo.

KALDOR, N. (1956). Alternative Theories of Distribution. *Review of Economic Studies*, 23, pp. 83-100.

_____ (1957). A Model of Economic Growth. *Economic Journal*, 67.

_____ (1958). Capital Accumulation and Economic Growth. *Further Essays on Economic Theory*. Holmes & Meier Publishers: Nova Iorque.

_____ (1966). Marginal Productivity and the Macro-Economic Theories of Distribution. *Review of Economic Studies*, XXXIII, pp. 309-319.

_____ (1988). The Role of Effective Demand in the Short and the Long-Run. In BARRÉRE, A. (org.). *The Foundations of Keynesian Analysis*. Macmillan: Londres.

KALECKI, M. (1954). *Theory of Economic Dynamics*. Londres: Allen e Unwin.

KEYNES, J.M. (1930). Economic Possibilities of our Grandchildren. *The Nation and the Athenaeum*. 11 e 18 de outubro. Reimpresso em *Essays in Persuation* (1931). Macmillan: Londres.

_____ (1936). *The General Theory of Employment, Interest and Money*. Macmillan Press: Cambridge.

_____ (1980). Activities 1940-1946 shaping the Post-War World: Employment and Commodities. *Collected Writings of John Maynard Keynes*, Vol. 27. MacMillan: Londres.

KYDLAND; F.E; PRESCOTT, E. (1977). Rules rather than discretion: the inconsistency of optimal plans. *Journal of Political Economy*, Vol. 85, pp. 473-492.

LEDESMA, M.L. (2002). Accumulation, Innovation and Catching-up: an extended cumulative growth model. *Cambridge Journal of Economics*, Vol. 26, n.2.

LIBANIO, G. (2009). Aggregate demand and the endogeneity of the natural rate of growth: evidence from Latin American economies. *Cambridge Journal of Economics*, Vol. 33, pp. 967-984.

MADDISON, A. (1991). *Historia del Desarrollo Capitalista. Sus Fuerzas Dinámicas: Una Visión Comparada a Largo Plazo*. Tradução de Jordei Beltrán Ferrer. Barcelona: Editorial Ariel, S.A.

MANKIW, N; ROMER, D; WEIL, D. (1992). A Contribution to the Empirics of Economic Growth. *Quarterly Journal of Economics*, 107, Maio.

MARGLIN, S.A; SCHOR, J.B. (1990) *The Golden Age of Capitalism*. Clarendom Press: Oxford.

BIBLIOGRAFIA

McCOMBIE, J.S.L; DE RIDER, J.R. (1984). The Verdoorn Law Controversy: some new empirical evidence using U.S. state data. *Oxford Economic Papers*, Vol. 36, pp. 268-284.

McCOMBIE, J.S.L; ROBERTS, M. (2002). The Role of the Balance of Payments in Economic Growth. In SETTERFIELD, M. (org.). *The Economics of Demand-Led Growth*. Edward Elgar: Aldershot.

MORENO-BRID, J.C. (1998-1999). On Capital Flows and the Balance of Payments Constrained Growth Model. *Journal of Post Keynesian Economics*, Vol. 21, N. 2.

NELSON, R. (1994). What Has Been The Matter With Neoclassical Growth Theory? In SILVERBERG, G., SOETE, L. *The Economics of Growth and Technical Change: Technologies, nations, agents*. Edward Elgar Publishing Company Limited, pp. 290-324.

O ESTADO DE S. PAULO. Novo-Desenvolvimentismo de Dilma prega Estado Forte. 26/12/2009.

ONO, F.H; JONAS, G.; OREIRO, J.L; PAULA, L.F. (2005). Conversibilidade da Conta de Capital, Taxa de Juros e Crescimento Econômico: uma avaliação da proposta de plena-conversibilidade do Real. *Revista de Economia Contemporânea*, Vol. 09, N. 02.

OREIRO, J. L. (1999). Progresso Tecnológico, Crescimento Econômico e as Diferenças Internacionais nas Taxas de Crescimento da Renda *Per-Capita*. *Economia e Sociedade*. Campinas, v. 12, n.12, p. 41-67.

_____ (2000). O Debate entre Keynes e os Clássicos sobre os Determinantes da Taxa de Juros. *Revista de Economia Política*, Vol. 20, N. 2.

_____ (2004). Accumulation Regimes, Endogenous Desired Rate of Capacity Utilization and Income Distribution. *Investigacíon Económica*. Cidade do México, v. 63, n. 248, abril-junho, p. 1-20.

OREIRO, J.L; ARAÚJO, E. (2009). A crise de 2008 e os Erros do Banco Central. *VI Fórum de Economia de São Paulo*, Fundação Getúlio Vargas.

OREIRO, J.L; FEIJÓ, C. (2010). Desindustrialização: conceituação, causas, efeitos e o caso brasileiro. *Revista de Economia Política*, Vol. 30, N. 2.

OREIRO, J.L; ONO, F.H. (2007). Um modelo Macrodinâmico de Simulação. *Revista de Economia* Política, Vol. 27, N. 1.

OREIRO, J.L; MARCONI, N. (2014). Câmbio, Indústria e Crescimento. *Valor Econômico*, 17 de Setembro.

OREIRO, J.L; NAKABASHI, L; SOUZA, G. (2010). A Economia Brasileira Puxada pela Demanda Agregada. *Revista de Economia Política*, Vol. 30, N. 4.

OREIRO, J. L. C., PASSOS, M. O. (2005) A governança da política monetária brasileira: análise e proposta de mudança. *Indicadores Econômicos*, FEE, Porto Alegre, v. 33, n.1, p. 157-168.

OREIRO, J. L.; SILVA, G.J; FORTUNATO, W. (2008). Gasto Público com Infra-Estrutura, Acumulação Privada de Capital e Crescimento de Longo Prazo: uma avaliação teórica e empírica para o Brasil (1985-2003). *XIII Encontro Nacional de Economia Política*, João Pessoa.

PALLEY, T. (2002). Keynesian Macroeconomics and the Theory of Economic Growth: putting aggregate demand back in the Picture. In SETTERFIELD, M. (ORG.). *The Economics of Demand-led Growth*. Edward Elgar: Aldershot.

PARK, M.S. (2000). Autonomous Demand and the Warranted Rate of Growth. *Metroeconomica*.

PASINETTI, L. (1961-1962). The rate of profit and income distribution in relation toe the rate of economic growth. *Review of Economic Studies*, Vol. 29, nº.4.

PIKETTY, T. (2014). O *Capital no Século XXI*. Editora Intrínseca: Rio de Janeiro.

POLLIN, R; ZHU, A. (2009). Inflation and Economic Growth: a cross-country non-linear analysis. In Epstein, G; Yeldan, A.E (orgs.). *Beyond Inflation Targeting*. Edward Elgar: Aldershot.

POSSAS, M.L. (1987). *Dinâmica da Economia Capitalista*. Brasiliense: São Paulo.

POSSAS, M.; DWECK, E. (2005). A Multisectoral Micro-Macrodynamic Model. *Revista Economia*, ANPEC, número especial ("Selecta").

ROMER, P. (1986). Increasing Returns and Long Run Growth. *Journal of Political Economy*, 94(5).

_____ (1990). Endogenous Technological Change. *Journal of Political Economy*. 98(5).

ROWTHORN, B. (1981). Demand, Real Wages and Economic Growth. *Thames Papers in Political Economy*, Outono.

SALA-I-MARTIN (1990a). *Apuntes de Crescimiento Económico*. Antoní Bosch: Barcelona.

SAWYER, M. (2009). Fiscal and interest rate policies in the "new consensus" framework: a different perspective. *Journal of Post Keynesian Economics*, Vol. 31, N. 4.

SEBASTIANI, M. (1994). *Kalecki and Unemployment Equilibrium*. Macmillan Press: Cambridge.

SETTERFIELD, M. (1997). *Rapid Growth and Relative Decline*. Macmillan Press: London.

SCHMOOKLER, J. (1966). *Invention and Economic Growth*. Harvard University Press: Cambridge (mass.).

SKOTT, P. (2012). Theoretical and Empirical Shortcomings of the Kaleckian Investment Function. *Metroeconomica*, Vol. 63 (1).

_____ (2010). Growth, Instability and Cycles: Harrodian and Kaleckian models of accumulation and income distribution. In SETTERFIELD, M. (org.). *Handbook of Alternativa Theories of Economic Growth*. Edward Elgar: Aldershot.

_____ (1989). *Conflict and Effective Demand in Economic Growth*. Cambridge University Press: Cambridge.

SKOTT, P; RYOO, S. (2008). Macroeconomic Implications of Financialization. *Cambridge Journal of Economics*, 32(6).

SOLOW, R. (1956). A Contribution to the Theory of Economic Growth. *The Quarterly Journal of Economics* , LXX, Fevereiro.

_____ (1957). Technical Change and the Aggregate Production Function. *The Review of Economics and Statistics* , Vol. 39, Agosto.

212 BIBLIOGRAFIA

_____ (1994). Perspectives on Growth Theory. *The Journal of Economic Perspectives*, 8(1).

SPENCE, M. (1977). Entry, Capacity, Investment and Oligopolistic Pricing. *Bell Journal of Economics*. 8(2).

STEINDL, J. (1956). *Maturity and Stagnation in American Capitalism*. Basil Blackwell: Oxford.

TAYLOR, L. (1989). *Macroeconomia Estruturalista*. Cidade do México: Trillas.

_____. (1994). Gap Models. *Journal of Development Economics*, 45.

TEMPLE, J. (1999). The New Growth Evidence. *Journal of Economic Literature*, Vol. XXXVII, Março, pp. 112-156.

TINBERGEN, J. (1988). *Política Econômica: princípios e planejamento*. Nova Cultural: São Paulo.

THIRLWALL, A. P. (1979). The Balance of Payments Constraint as an Explanation of International Growth Rate Differences. *Banca Nazionale del Lavoro Quarterly Review*, nº 128, March, 1979.

_____ (2001). "The relation between the warranted growth rate, the natural growth rate and the balance of payments equilibrium growth rates". *Journal of Post Keynesian Economics*, 24(a), pp. 81-88.

_____ (2002). *The Nature of Economic Growth*. Edward Elgar: Aldershot.

VALOR ECONÔMICO. Transição para a nova matriz macroeconômica, afetou o PIB, 17/12/2012.

VEBLEN, T.B. (1919). *The Place of Science in Modern Civilization and Other Essays*. Huebsch: Nova Iorque.

VERSPAGEN, B. (1993). *Uneven Growth Between Interdependent Economies*. Avebury: Aldershot.

YOUNG, A.A (1928). Increasing Returns and Economic Progress. *The Economic Journal*, 38(152), pp. 527-542.

ÍNDICE

A

Amit Bhaduri, 12
Arcabouço institucional, 14
Assimetrias
   na estrutura produtiva, 5
   tecnológicas, ausência de, 4

B

Barões hereditários, 55
Blueprint, 32

C

Capacidade
   absortiva, 49
   de aprendizado, 49
   produtiva, 111
      de equilíbrio, 114
Capital
   acumulação e crescimento
      balanceado, 51-53
   e trabalho como
      complementares perfeitos, 46
   físico, 32
   humano, 32
   mobilidade de, 155
Catching-up, 7
Ciclo
   e tendência, relação entre, 141
   econômico, 23
Coeficientes fixos *a la Leontieff*, 46
Comunidade Europeia para o
   Carvão e Aço e GATT, 21
Conhecimento
   efeitos de transbordamento
      positivo, 67
   tecnológico, 32
Contabilidade de crescimento, 23

Conteúdo tecnológico dos bens
   exportados, 88
Controvérsia do Capital, 25
Crescimento
   balanceado, 8, 118
   com oferta limitada de mão de
      obra, 73-109
   de longo prazo
      puxado pelas exportações, 74
      restrições, 86
   do tipo
      liderado pelos salários, 10
      stop-and-go, 8
      wage-led, 10
   econômico, determinantes de
      longo prazo do, 78, 79
   endógeno, modelo de
      Romer, 31-38
   puxado pelas exportações, 79

D

Demanda
   autônoma, 73, 139
   efetiva, 138
   induzida, 139
Dependência de trajetória, 141
Desenvolvimento
   desigual, 3-16
      causa principal, 6
   inconsistente, 192
Desindustrialização, 104, 140
Dilma Rousseff, 182
Distribuição de renda, 111
Doença holandesa, 13, 74, 104

E

Economia(s)
   dinâmicas de escala, 80

213

214 ÍNDICE

industrializadas, 74
maduras, 4
nível de especialização produtiva da, 74
primário-exportadoras, 74
Equação
de Cambridge, 64
fundamental de crescimento de Solow, 28
Equilíbrio
alto, 10
baixo, 10
industrial, 13
macroeconômico, investimento e poupança, 53-57
Escola
de Cambridge, 4
pós-keynesiana, 4
Estado das artes da economia, 23
Exportações
conteúdo tecnológico das, 75
elasticidade das, 159

F

Fatores de produção, endogeneidade de longo prazo da disponibilidade, 75
Fenômeno da dependência de trajetória, 25
Finance, 77
Formação de preços, 111
Fronteira tecnológica, 4
Função
de progresso técnico, 27, 46, 48
equação, 50
poupança
crescimento balanceado, 58-66
harrodiana, 57
kaldoriana, 57
pasinettiana, 57
ricardiana, 57
Funding, 77

G

Grau
de diversificação da estrutura produtiva, 13
de especialização produtiva, 88, 166
normal de utilização endógeno, 118

H

Hiato tecnológico, 11, 49

I

Industrialização
crescimento de longo prazo, 95
papel no crescimento, 12
Inflação, metas de, 155
declinantes, 182
Investimento
e capacidade produtiva de equilíbrio, 114
realizado, 28
requerido, 28

J

Joan Robinson, 3
John Maynard Keynes, 3

L

Learning-by-doing, 78
Lei
de Kaldor-Verdoorn, 78, 80
de Say, 23, 75
de Thirwall, 87
Lula, 184

M

Macroeconomia do desenvolvimento, 3-16
Magnum Opus, 3
Mão de obra, crescimento com oferta limitada de, 73-109
Mickael Kalecki, 12
Modelo(s)
de crescimento
a la Romer, 6
a la Solow, 6
com restrição de trabalho, 67
de inspiração keynesiana, 10
do tipo
demand-led, 5
puxado pela demanda, 5
endógeno, 6
exógeno, 6
Keynesiano-estruturalista, 101-103
Thirwall-Harrod-Kaldor, 91

de Dixon-Thirwall, 79
de Mankiw, Romer e Weill, 30, 31
de Romer, 31-38
de Solow com progresso técnico
exógeno, 26-30
harrodiano, 59-61
Kaldor-Thirwall, 11
kaldoriano, 61-65
kaleckiano(s)
de crescimento, 9
fatores de desenvolvimento, 123
regimes de acumulação, 127
trajetória de crescimento
balanceado, 117
keynesianos de crescimento, com
restrição de oferta de trabalho, 45-72
neoclássicos de crescimento, 22, 23
avaliação, 38
pasinettiano, 65, 66
ricardiano, 171
teórico
estrutura, 156
simulação computacional, 164

N

Natureza da renda empresarial, 78
Nickolas Kaldor, 3
Nível de produção de pleno-emprego, 78
Nova matriz macroeconômica, 184
fracasso, 198
Novo desenvolvimentismo, 15, 148, 192

P

Paradoxo da parcimônia, 10
Política
cambial ativa, 149, 193
fiscal responsável, 149, 193
Pós-nova matriz macroeconômica, 201
Poupança e capacidade produtiva de
equilíbrio, 114
Produto
potencial, 78
real
ciclo, 25
tendência, 25

Profit-led, 127
Progresso
técnico desincorporado, 48
tecnológico desincorporado
(*disembodied*), 27

R

Regime
de crescimento
profit-led, 7
puxado pelos lucros, 7
de política macroeconômica, 14
ideal, 142
no Brasil, 184
export-led, 14
induzido pelas exportações, 14
Regra de Taylor, 157
Relação estrutural, taxa de crescimento da
produtividade e nível de produção, 139
Restrição
de balanço de pagamentos, 86
de capacidade, 90
Retornos crescentes de escala, 12
Robert Rowthorn, 12
Roy Harrod, 3

S

Sala-i-Martín, 38
Sobrevalorização da taxa de câmbio, 13
Stephen Marglin, 12

T

Taxa
de câmbio, 155
papel no crescimento, 12
sobrevalorização, 13
de crescimento do produto real, equação,
24
de *mark-up*, 81
excessiva flexibilidade, 111
garantida de crescimento, 46
natural de crescimento, 4, 11, 45, 46
real
de câmbio, 97
e crescimento de longo prazo, 174
efetiva de câmbio, forte valorização, 193

216 ÍNDICE

Tecnologia
  como um bem
    não rival, 32
    público, 27
  de produção, 46
  no estado da arte mundial, 74
Tendência e ciclo econômico, 23
Teorema
  da exaustão do produto, 27
  de *Euller-Wicksteed*, 27, 32
  de política econômica de Tinbergen, 163
Teoria
  do desenvolvimento econômico, 3
  geral do emprego, do juro e da moeda, 77
  keynesiana do desenvolvimento, 10

Tipologia dos modelos de crescimento de inspiração keynesiana, 12
Trabalho, 32
Trajetória de crescimento
  balanceado (*balanced growth*), 14, 15, 28
  em estado estável (*steady-state growth*), 28
  insustentável a longo prazo, 47
Tripé
  flexibilizado, componentes, 188
  macroeconômico, 182
    componentes, 185
  rígido, 182

W

Wage-led, 127